OBJETIVOS DO TRATAMENTO PSICANALÍTICO

OBJETIVOS DO TRATAMENTO PSICANALÍTICO

Leopoldo Fulgencio (Org.)

São Paulo - 2020

Copyright © Leopoldo Fulgencio

Supervisão editorial: *Sergio Rizek*
Revisão: *Esdra Campos*
Diagramação e Capa: *José Maria Faustino*

Catalogação na publicação
Biblioteca Dante Moreira Leite
Instituto de Psicologia da Universidade de São Paulo

```
Fulgencio, Leopoldo, org.
   Objetivos do tratamento psicanalítico / Leopoldo Fulgencio.
- São Paulo : Concern;  Attar, 2020.
   276 p.

   ISBN 978-85-5893-002-4

   1. Psicanálise 2. Clínica 3. Tratamento I. Título

                                                    RC504
```

Edições Concern / Attar Editorial
Rua Madre Mazzarello, 336
São Paulo - SP - 05454-040
Tel.: (11) 3021-2199 - attar@attar.com.br
www.attar.com.br

Edições Concern

Conselho editorial
Joel Birman (Universidade Federal do Rio de Janeiro)
Richard Simanke (Universidade Federal de Juiz de Fora)
Leopoldo Fulgencio (Universidade de São Paulo)
Daniel Kupermann (Universidade de São Paulo)
Rita Sobreira Lopes (Universidade Federal do Rio Grande do Sul)
Leonardo Niro Nascimento (Essex, Inglaterra)
Christian Hoffmann (Paris 7, Paris, França)
Eduardo Leal Cunha (Universidade Federal de Sergipe)
Paulo de Carvalho Ribeiro (Universidade Federal de Minas Gerais)
Elias Mallet da Rocha Barros (Soc. Bras. de Psicanálise de São Paulo, IPA)
Paulo Sandler (Soc. Bras. de Psicanálise de São Paulo, IPA)

Coordenação
Leopoldo Fulgencio
Eduardo Leal Cunha

Os textos encaminhados à Edições Concern, selo da Attar Editorial (fundada em 1986), serão avaliados por membros do conselho editorial, cujos pareceres críticos circunstanciados serão enviados para os autores.

Sumário

PREFÁCIO
Oito autores em busca de um ator
Paulo Cesar Sandler 13

INTRODUÇÃO
Leopoldo Fulgencio 29

CAPÍTULO 1
Objetivos do tratamento psicanalítico
Renato Mezan 39

CAPÍTULO 2
Freud e os objetivos do tratamento psicanalítico
Leopoldo Fulgencio 55

CAPÍTULO 3
Ferenczi e os objetivos do tratamento psicanalítico: autenticidade, neocatarse, crianceria
Daniel Kupermann 63

CAPÍTULO 4
O que é desenvolver-se para Melanie Klein?
Elias Mallet da Rocha Barros 83

CAPÍTULO 5
Objetivos do tratamento psicanalítico, acrescidos de contribuições de Wilfred Bion
Paulo Cesar Sandler 109

CAPÍTULO 6
Winnicott e os objetivos do tratamento psicanalítico
Leopoldo Fulgencio 227

CAPÍTULO 7
Para se chegar a um lugar, deve-se saber para onde ir: considerações sobre a direção e o final da análise
Ivan Ramos Estevão 251

CAPÍTULO 8
Os objetivos do tratamento psicanalítico: historicidade e polifonia
Gilberto Safra 267

Sobre a origem e a organização do livro

Este livro é um dos frutos de uma série de Reuniões Científicas do Grupo de Pesquisa *Psicanálise* e *Desenvolvimento*, coordenado por Leopoldo Fulgencio, no departamento de Psicologia da Aprendizagem, do Desenvolvimento e da Personalidade da Universidade de São Paulo. De 2016 a 2017, foram realizados diversos encontros visando o diálogo e a análise desse tema, convidando psicanalistas de diferentes perspectivas semântico-teóricas para explicitarem esse *télos* psicoterápico. Todas as reuniões foram gravadas e colocadas na rede YouTube, permanecendo ainda hoje disponível para acesso, guardando, assim, a vivacidade da apresentação pessoal e podendo, agora, com os textos escritos (ampliados e editados) pelos conferencistas, apresentar num material que atende às exigências e rigores necessários para um formato impresso. Com isto, o leitor tem acesso às duas versões analítico-críticas da análise de um tema que orienta toda prática clínica, podendo colher e apreender o melhor de cada um desses modos de comunicação e divulgação do conhecimento.

As conferências foram revistas e reformuladas, então, para serem publicadas, cabendo a mim o trabalho de editoração, organização e padronização das referências bibliográficas, dando o formato final do livro. Mantive, no entanto, a tonalidade expressa em forma de conferências no quadro de participação numa reunião científica, que aparece em diversas das intervenções, com o objetivo de ser fiel às intervenções feitas, seja na sua forma seja no seu conteúdo e tonalidade, reafirmando o caráter dos encontros pessoais realizados ao longo dessas atividades.

No que se refere às referências a Freud, resolvi usar a classificação feita por Tyson & Strachey (1956), de maneira que os textos de Freud são sempre indicados da mesma maneira (por exemplo, Freud 1915c, será sempre "As pulsões e seus destinos"), diferenciando, no entanto, qual a edição utilizada por um ou outro autor (GW corresponde à *Gesammelte Werke*, uma das edições em alemão; GS corresponde à *Gesammelte Schriften*, outra edição em alemão; SA corresponde à

Sigmund Freud Studienausgabe, também uma edição em alemão; BN corresponde à *Biblioteca Nueva*, a primeira edição em Espanhol das obras de Freud; AE corresponde à edição em espanhol, feita pela *Ammortu Editores*; SE corresponde à inglesa *Standard Edition*; SEB corresponde à *Standard Edition Brasileira*, traduzida e publicada em português a partir da edição inglesa; e OCF.P corresponde à *Oeuvres Complètes de Sigmund Freud*, em francês, feita pela PUF). Caso Freud tenha sido citado a partir de alguma outra publicação, isto será indicado.

Referências

Tyson, Alan, & Strachey, James. (1956). A chronological hand-list of Freud's works. *International Journal of Psychoanalysis, 37*(1), 19-33.

Sobre os autores

Paulo Cesar Sandler. Analista didata pela Sociedade Brasileira de Psicanálise de São Paulo. Psiquiatra no Instituto de Reabilitação de Medicina Física do Hospital das Clínicas da Faculdade de Medicina da Universidade de São Paulo (Setores de Dinâmica de Grupo e de Pesquisa Clínica). Sócio honorário da Academia Lancisiana de Medicina, Roma. Foi psiquiatra executor do Serviço de Saúde Mental da Faculdade de Saúde Pública da Universidade de São Paulo (Convênio Secretaria da Saúde). Foi professor no Curso de Pós-Graduação *Lato Sensu* em Psiquiatria Psicanalítica no IP-USP. Autor de diversos livros, dentre eles: *A apreensão da realidade psíquica*, em sete volumes (1997-2003); *The language of Bion, a dictionary of concepts* (2005); *A clinical application of Bion's concepts*, em três volumes; *An introduction to W. R. Bion's 'A memoir of the future'*, em dois volumes (2015), publicados pela Editora Imago e a Karnac Books. Tradutor da obra de Wilfred Ruprecht Bion (com a Dra. Ester Hadassa Sandler) e de outros autores, tais como Winnicott, Meltzer, Milner.

Elias Mallet da Rocha Barros. Analista didata e supervisor da Sociedade Brasileira de Psicanálise de São Paulo, Fellow da British Society of Psychoanalysis and Institute, premiado com o *Sigourney Award*, em 1999; ex-editor para a América Latina do *International Journal of Psychoanalysis*; e, correntemente, presidente para a América Latina da Task Force, que tem como um de seus objetivos criar o Dicionário Enciclopédico de Psicanálise da *International Association of Psychoanalysis* (IPA).

Renato Mezan. Professor titular da Pontifícia Universidade Católica de São Paulo. Em 2015, recebeu o Prêmio Jabuti por seu livro *O tronco e os ramos – Estudos de história da psicanálise*, na categoria Psicologia, Psicanálise e Comportamento. Atua na área de Psicologia, com ênfase em Tratamento e Prevenção Psicológica.

Gilberto Safra. Professor titular do Instituto de Psicologia da USP, cocoordenador do Laboratório Prosopon, coordenador do Programa de Pós-Graduação em Psicologia Clínica.

Daniel Kupermann. Professor doutor do Departamento de Psicologia Clínica do Instituto de Psicologia da Universidade de São Paulo (USP). Bolsista de produtividade em pesquisa do CNPq, nível 1. Autor dos livros *Transferências cruzadas: uma história da psicanálise e suas instituições* (editora Escuta), *Ousar rir: humor, criação e psicanálise*, e *Presença sensível: cuidado e criação na clínica psicanalítica*, ambos publicados pela editora Civilização Brasileira; coautor de *A fabricação do humano* (Zagodoni, 2014, Prêmio Jabuti 2015), *Amar a si mesmo e amar o outro* (Zagodoni, 2016), *Por que Ferenczi?* (2019, Zagodoni). Autor de vários artigos publicados em revistas especializadas nacionais e estrangeiras.

Ivan Ramos Estevão. Psicanalista, professor da Escola de Artes, Ciências e Humanidades de USP; membro do Fórum do Campo Lacaniano de São Paulo; membro do laboratório de Psicanálise e Sociedade do Instituto de Psicologia da USP.

Leopoldo Fulgencio (organizador). Professor associado (livre-docente) do Instituto de Psicologia da USP, Departamento de Psicologia da Aprendizagem, do Desenvolvimento e da Personalidade. Bolsista Produtividade CNPq, nível 1. Autor dos livros *O método especulativo em Freud* (EDUC, 2008), Mach & Freud: influências e paráfrases (Concern, 2016), Por que Winnicott? (Zagodoni, 2016); coautor de *Freud na filosofia brasileira* (Escuta, 2004), *A fabricação do humano* (Zagodoni, 2014, Prêmio Jabuti 2015), *Amar a si mesmo e amar o outro* (Zagodoni, 2016, um dos 10 finalistas do Prêmio Jabuti 2017), *A bruxa metapsicologia e seus destinos* (2018, Blucher), *Modalidades de pesquisa em psicanálise: métodos e objetivos* (2018, Zagodoni), *Psicanálise do Ser. A teoria winnicottiana do desenvolvimento emocional como uma psicologia de base fenomenológica* (2020, EDUSP).

Prefácio

Oito autores em busca de um ator

O professor Leopoldo Fulgencio organiza contribuições evocativas, para que haja alguma conversa entre membros do *movimento psicanalítico*.[1] Já o fez sob duas formas:

1. Conferências/aulas transmitidas por internet no meio universitário, descritas brevemente na Introdução;
2. Esse livro, para o qual me honrou com a gentil solicitação que eu tentasse fazer o prefácio (solicitação de amigo – como um dia me disse outro amigo, Gley Pacheco Costa – é missão).

O livro teve um princípio organizador: inclusão – *e não exclusão* – de uma série de textos, constituindo, na palavra dele mesmo, que empresto, por me parecer precisa: oito "perspectivas". Estas versam sobre noções, conceitos e/ou teorias de oito autores de referência, conhecidos como psicanalistas – como eles mesmos se consideravam quando estavam vivos, e pelo meio social que os circundou durante o século XX, e que continuam sendo reconhecidos como tais. Penso que todo nome atribuído a pessoas precisa ser respeitado. Para tanto, uso o recurso gráfico da maiúscula: seus Nomes constam do índice, aparecem na introdução e encimam os capítulos desse livro. Por brevidade, não os repito agora.

O leitor poderá fazer algumas interpretações dos termos que usei: *Nomes* e *autor*. Caso o faça, multiplicará as oito "perspectivas", já que os dois termos – *Nome* e *autor* – podem ser atribuídos tanto aos

---

[1] Freud 1914d.

colegas que escreveram os textos como aos que primeiro observaram, nomearam e delimitaram as várias noções, conceitos e/ou teorias sobre os quais versam as oito perspectivas – que, por si mesmas, também são perspectivas a respeito da natureza humana, de seus sofrimentos e vicissitudes. De modo principal, os termos Nome e autor também podem ser atribuídos ao leitor: você, ou o senhor, ou a senhora, que esperançosamente lerá ou já está lendo o livro. Portanto, oito perspectivas podem se tornar dezesseis, ou vinte e uma, ou...

O leitor já está lendo? Afinal, leitores há que já vão direto ao final do livro; outros podem já manter um autor preferido; leitores há para quem prefácios não são lá nada atraentes...

Reitero que, a meu ver, o livro, ao reunir oito "perspectivas", tem intuito evocativo e não provocativo, sendo também imbuído de conclamação: *"Talvez cada uma dessas perspectivas possa evidenciar certos aspectos da existência que seriam interessantes de serem considerados por outras perspectivas!"* (p. 227). O recurso gramatical "!" marca a *conclamação evocativa*.

Todos os leitores dos trabalhos do professor Fulgencio reconhecem que seu objeto de estudo é algo que pode ser denominado "natureza humana". Cito, aqui, a hipótese de um fator importante: sua dedicação à obra de Winnicott (autor que escreveu um livro inteiro sob exatamente este título, dado por ele mesmo, que lhe pareceu de tal modo importante que dedicou duas sinopses ao livro, intervaladas por treze anos).

O leitor poderá notar diferenças de abordagem nas oito perspectivas. Algumas se dão na dimensão do discurso manifesto, da linguagem utilizada, e, por vezes, da semântica que pode diferir até mesmo usando a mesma linguagem (algo peculiar de indivíduos dizendo as mesmas coisas em linguagens diferentes); em outros casos (como destacou Fulgencio, na Introdução do livro), temos diferenças semânticas que podem ser intransponíveis, já que há linguagens imunes a traduções e sequer suportam "transcriações" (no sentido dado por Augusto e Humberto de Campos ao neologismo), exigindo explicações de sentido.

Senso Comum

Ao mesmo tempo, o leitor poderá notar – como foi o meu caso – um *senso comum*,[2] diferente de *lugar comum*! Para os objetivos deste prefácio, pareceu-me haver senso comum permeando as oito "perspectivas" que pode ser descrito por pelo menos três fatores:

1. Cuidar e estudar a "natureza humana", como algo predominantemente animado e imaterializável. Em um paradoxo irresolvível,[3] por ser simultâneo, a "natureza humana" também é, até certo ponto, desanimada (ou não-animada), em proporções até agora não mensuradas, talvez imensuráveis, mas reais. Freud (1900)[4] denominou, inspirado em Kant,[5] as "realidade material e psíquica", como duas formas diversas da mesma existência, que bem pode ser descrita de modo generalizador como a "natureza humana". Tem sido mais factível, ou possível, a todos nós, seres humanos, lidar com menor dificuldade com coisas materializadas, concretas; e com maior dificuldade, com fatos imateriais.

---

[2] Supomos ser útil diferenciar *senso comum*, de *lugar comum*. Essa diferenciação surgiu-nos ao estudar as contribuições de dois autores que originaram o trabalho de Wilfred Bion, como também o de Freud, embora tenham sido colocados de modo explícito apenas por Bion – John Locke (1632-1704) e David Hume (1711-1776). *Senso comum* é um conceito definido, pela primeira vez na história das ideias da civilização ocidental, por John Locke (1960). Diz respeito a obter-se uma aproximação à realidade com o uso conjugado [...] de nosso aparato sensorial [...]. Quão maior for o número de órgãos sensoriais envolvidos, maior será a aproximação. John Locke também se utilizou do conceito "senso comum" para situações de ação em grupos: a conformação, ou descoberta, dos governos democráticos, cujo ancestral se situa naquilo que os antigos gregos denominavam *polis*. E, de modo específico, demonstrando uma evolução em questões éticas ligadas ao convívio social. Temos sugerido manter o termo *lugar comum* para definir o espaço-tempo da banalidade, da decadência dos processos do conhecer, em que jargão, gíria, preconceito, idolatria e pouco saber, "algo perigoso", imperam, ditando rumos da vida de um ser humano individual, e, em consequência, do grupo do qual este indivíduo é parte.

[3] Winnicott 1969i nos parece ter explicitado – provavelmente, pela primeira vez no movimento psicanalítico – pois paradoxos irresolvíveis, porém toleráveis, que estavam implícitos em todas as teorias de Freud. Por exemplo: os dois princípios do funcionamento psíquico e a teoria dos instintos.

[4] Freud 1900a.

[5] Kant, *Crítica da razão pura* 1787.

Quando ocorre o predomínio de uma ou outra, extingue-se, até certo ponto, o paradoxo, principalmente, em nossa percepção e cognição consciente. Coisas predominantemente materializadas, como pedregulhos feitos de minério, pedaços de madeira, artefatos mecânicos (mesmo que comandados, até certo ponto, elétrica ou eletronicamente), compõem fatos, ocorrências ou eventos concretizados, não-animados, ou desanimados;[6] estes, na maior parte dos casos, não oferecem problemas insolúveis para que lidemos com eles (seja em termos de descrição, seja, muitas vezes, com algum manejo). Do mesmo modo, fatos, ocorrências ou eventos predominantemente imaterializados (tais como ansiedade, depressão, solidão, amor, ódio, rivalidade, sonhos e tantos e tantos outros que ocupam a atividade de pacientes com seus psicanalistas) não têm oferecido problemas tão insolúveis como ofereciam antes da descoberta da psicanálise. Os dois fatos – os claramente materializados, e os predominantemente imateriais – ocupam, ainda que em proporções diversas, pacientes e analistas, fora e dentro das sessões de análise. Resumindo: parece ter sido mais fácil – sob os pontos de vista estatístico e histórico – lidarmos com fatos materializados (realidade material) do que com fatos imateriais (realidade psíquica). Provavelmente, este é um dos fatores principais que influíram para que a psicanálise precisasse ser descoberta (pois tentativas de lidar com fatos imateriais são tão antigas quanto a espécie humana);

2. Outro fator que também compõe um *senso comum*, nas oito perspectivas, pode ser colocado do seguinte modo: respeito e consideração construtivos para mantermos esta "natureza humana" em funcionamento vivo, animado. De modo taquigráfico: "desenvolvimento". Termo caro e muito usado por todos nós, psicanalistas – como Winnicott e, em consequência, o professor Fulgencio ressaltam. Não há reserva de mercado nisto: obviamente, o termo é muito

---

[6] Pelo menos nas condições de temperatura e pressão vigentes em nosso meio ambiente.

usado por muitos e muitos outros ativistas – os que fazem atos, e neste sentido, atores. "Natureza humana em desenvolvimento" tem sido estudada há milênios. Acrescentada, por muitos de nossos antecessores e contemporâneos, de muitos e muitos (demasiados?) qualificativos: ontogenético, filogenético,[7] social, psicogenético, familiar, psíquico, político, sexual, do conhecimento... (seus nomes bem poderiam fazer parte de algum tipo de dicionário, enciclopédia, ou o quadro de uma universidade, já que qualificativos verbais demandam definições quando são usados por "ativistas", que chamamos cientistas ou filósofos);

3. O estudo e o cuidado com a "natureza humana em desenvolvimento", nas oito perspectivas, ocorrem sob uma origem ou fonte comum e nela deságua: pacientes individuais, em clínica psicanalítica, por observação participante do que hoje denominamos *psicanalistas*. Ao longo de tal ocorrência, apareceram muitas aplicações, que para muitos foi também um ponto final, vinculadas ao meio ambiente, sob algumas qualificações, tais como: "grupal",[8] "social", "cultural", "político", "econômico" e outras.

O leitor poderá constatar por si mesmo se existem estes três fatores compondo um *senso comum* subjacente e permeando as oito perspectivas, fornecendo o *ethos* deste livro. Tento compactá-lo verbalmente, o que não pode ser feito por palavras únicas, como foi com a descrição dos

---

[7] Os dois qualificativos ontogenético e filogenético foram cunhados (ou seja, inventados) pela mesma pessoa: Ernst Heinrich Philipp August Haeckel (1834-1919), biólogo e médico alemão, contemporâneo de Freud. Continuador notável da obra de Charles Darwin, descobriu muitas espécies marinhas e terrestres. O termo filogenético, por questões ideológicas, de natureza comercial e políticas, mas não científica, foi demasiadamente criticado entre 1970 e 2000 – quando retornou ao ambiente científico; provavelmente, retornará ao ambiente filosófico –, nunca deixou de ser usado em psicanálise, apesar de o fato de que as críticas a este termo tenham sido utilizadas por pessoas que se postaram contra a teoria e a prática de psicanálise (como em Frank Sulloway e Stephen Jay Gould). Para referências a Haeckel, na obra de Freud, ver em Freud 1916x, p. 354.

[8] No movimento psicanalítico, iniciou-se com os estudos de Freud (1912x; 1921c; 1927c; 1930a; 1939a). Outros analistas prosseguiram o estudo, tais como Wilfred Ruprecht Bion, Elliot Jaques e Siegmund Foulkes. A contribuição de Winnicott é plena de estudos sobre o meio ambiente; a bibliografia está nos capítulos escritos pelo professor Fulgencio.

fatores do *senso comum*: "respeito e consideração à natureza humana em desenvolvimento".

Em minha experiência – na vida, e em clínica psicanalítica – e na experiência destes oito autores (tanto os que idealizaram as teorias como os que fizeram os textos deste livro) dificilmente ocorre desenvolvimento (construtivo ou não) na ausência de dois componentes essenciais: (i) abertura para aquilo que seja novo, desconhecido; (ii) liberdade. Colocando em outros termos: desrespeita-se o desenvolvimento, até a sua extinção, na mesma proporção em que se impõem preconceitos.

Pode haver desenvolvimento, sem o ato (ou ação) de *cuidar*? Freud (1925) o elencou em conjunto com outras duas ações: *educar* e *governar*[9] – fazendo uma listagem de três tarefas impossíveis que, por necessidade vital, demandam ações de todos nós, que nos chamamos "seres humanos". Vivemos tentando fazê-las e nunca conseguimos efetuá-las de modo total, que chamamos "satisfação". Pois, se conseguíssemos, deixariam de ser necessidades – outro paradoxo demandando tolerância, não resolução.

Cuidar[10]

Cuidar da "natureza humana em desenvolvimento" marca uma tradição que perdura por milênios. Exercida por meio de atividades por todos que sobrevivem, podem ser vistas de modo geral como ofícios e profissões. Os antigos gregos tinham um nome ainda mais generalizador para as atividades que cuidavam do desenvolvimento da natureza humana: *techné*. Tradição à qual se filiou Freud – e os autores das oito perspectivas.

Freud, até o ponto que pude investigar – espero pelo perdão do leitor se isto for apenas erro meu – nunca intitulou nenhuma obra sob

---

[9] Freud 1925f.
[10] Como *natureza humana*, o termo *cuidar* (versões em português falado no Brasil substituíram-no por "psicanalisar", sentido certamente implícito ao "cuidar"; o termo usado por Freud é mais generalizador) foi outro vocábulo tornado mais explícito por Winnicott.

o nome "natureza humana". Assim como nunca intitulou nenhum livro sob o nome "Édipo". Alguns estudiosos com preocupações ou exigências didáticas têm ficado perplexos, e até mesmo irritados, ao descobrir que as referências estão "espalhadas" em sua obra. Isto não implica que Freud não tenha se dedicado a estudar este complexo (como o denominou) e a tentar cuidar das vicissitudes que lhe são intrínsecas, já que, como reiteram alguns dos autores das oito perspectivas, psicanálise *transforma* ou *retorna* ansiedades histéricas, obsessivas, paranoides, depressivas, em nossa ansiedade natural, na ansiedade cotidiana de qualquer ser humano.

Nesta tradição inserem-se – de modo principal, no meu modo de considerar – os eventuais leitores que contribuirão para que o sonho libertário do professor Fulgencio, até então imaterializado, materialize-se. Isto, por si mesmo, nos oferece mais uma demonstração do paradoxo intrínseco à "natureza humana animada em desenvolvimento", objeto de ação naquelas três tarefas impossíveis elencadas por Freud (cuidar, educar, governar).

O ato de confeccionar o livro, feito material, mas também feito imaterialmente por atores – os que agiram, organizador, autores, editores, gráficos, agenciadores, vendedores – conjugados agora a vocês, leitores, demonstram a presença transcendente de fatos imaterializados, na imanência em vários "algos" materializáveis, sempre transitoriamente. O que vai ocorrer com as leituras? Os autores não saberão; ou dificilmente o saberão. Os leitores, por sua vez, poderão saber.

Educar

Educar, como contribuição para desenvolver e manter a natureza humana em ambiente o mais isento de preconceitos,[11] tem sido mais

---

[11] Esta afirmação poderá levantar dúvidas, já que muitos julgam que a educação seria apenas transmissão de preconceitos – algo que marcou uma evolução do dogmatismo para o iluminismo, segundo historiadores gerais, e também da filosofia e da teoria da ciência. Suspeito que houve uma confusão entre preconceitos e pré-concepções – que alguns, como Spinoza, Hume e Kant tentaram deslindar.

uma, dentre as atividades desenvolvida pelo professor Fulgencio. O livro poderá ser utilizado como material didático. Afinal, a organização foi isenta de algo que pode ser demasiadamente humano – abusando de uma observação de Nietzsche – em ambientes universitários, que se arriscam tornar unitários, perdendo o "ver" (não apenas por perversão, mas por preconceito determinado por algo que psicanalistas denominam "fantasias de superioridade").

Vou lançar mão de um texto, de Bion, cuja aparência é de ser constituído por personagens teatrais.[12] Aparências enganam (como descobriu Freud, até mesmo antes de conhecer o trabalho de Charcot, que apenas solidificou seu percurso). Trata-se de um modo de comunicação que apela à imaginação e à experiência de eventuais leitores. Diz Bion:[13]

> P.A.: Afinal de contas, a realidade última deve ser um todo, mesmo que o animal humano seja incapaz de apreendê-la. Se eu destampar um formigueiro, para a formiga isto vai parecer, sem dúvida, um ato de Deus. No entanto, isto pode ter uma explicação simples.
> PAUL: Bom, você pensa desta forma.
> P.A.: E é isto mesmo; não consigo ver porque razão uma partícula biológica infinitamente pequena que é lançada do centro galáctico sobre um torrão de sujeira – que nós demos o nome de Terra – poderia, durante uma vida efêmera que não dura nem mesmo mil voltas em torno de um sol, imaginar que o Universo das Galáxias está em conformidade com suas limitações.

---

[12] Em outra obra, há detalhes sobre a hipótese, e algumas evidências de que sejam objetos parciais do autor Wilfred Ruprecht Bion – no sentido dado por Freud ao termo "objetos parciais", depois desenvolvido por Melanie Klein. Tentam transmitir experiências psicanalíticas – indivisíveis, como demonstrou este mesmo autor, de experiências de toda uma vida – que inspiraram a forma dada aos objetos parciais e seus nomes (Sandler 2015).

[13] Para os que não estão familiarizados com a obra de Bion, uma legenda poderá ser útil: "P.A." representa um psicanalista; "Paul" representa um sacerdote versado em teologia mística (inspirado em um dos mais competentes escritores sobre história da filosofia ocidental e oriental, Frederick Copleston), "Robin" representa um ex-combatente de alguma guerra mundial, agora fazendeiro de gado.

PAUL: As leis da natureza são apenas as leis do pensamento científico.
ROBIN: E se aceita rapidamente, como se fosse algo pleno de significado, que estas forças colossais "obedecem" às leis do mesmo modo que nós obedecemos às convenções sociais. [14] (Bion 1977, p. 77)

Noves fora: quem é o ator?

Este livro não privilegia nenhum, dentre os vários autores originais. Algo notável – se levarmos em conta um fator social, ou grupal: nossos tempos. *O tempora, o mores*. Durante quase um quarto de século, voltam a predominar fanatismos de todo o tipo, impondo autoritariamente o obscurantismo, "no qual todas as cores se igualam", em que retornam modismos escolásticos – já que "toda novidade não passa de esquecimento"[15] –, nos quais uma enorme quantidade de pessoas – talvez maioria?[16] – forma a sempre volúvel, inconfiável, *opinião pública*, e, apesar do que pregou Alcuin, encontram-se em um dos maiores desencontros que se pode observar: o estado em que se instala a fantasia de "não ter a menor dúvida". Isto tipifica o lugar comum dos movimentos de massa e o fanatismo (hoje chamado "fundamentalismo" – sem qualquer fundamento, que não uma atividade psíquica na qual a realidade e o universo "ficam sendo" não mais o que são realmente, mas aquilo que a pessoa individual decide que sejam).

Alguns filósofos, seguindo o descaminho do jovem Aristóteles (que ao envelhecer se arrependeu das diatribes contra seu mestre, Platão), há pelo menos dois milênios, denominaram este estado de "idealismo"; depois, de "subjetivismo"; e, na época de Freud, "solipsismo". Atualmente, "relativismo" – no qual toda a visão, seja lá do que for, seria válida. Não haveria nenhuma possibilidade de apreensões de *senso comum*, a respeito do que é realidade. Psiquiatras, psicólogos

---

[14] Bion 1977, p. 77.
[15] Bacon 1625a, p. 61; 1625b, p. 221.
[16] Não dispomos de estudos estatísticos que possam comprovar esta afirmação impressionística. Pode ser comparada à visão do leitor.

e psicanalistas, tão confrontados com esta atividade psíquica como sempre o foram os filósofos, denominaram-na, há dois séculos, de "delírio paranoide", montado sobre percepções sem objeto, que chamaram de "alucinações".

Já que saiu de moda o *slogan*, "todo o poder ao povo", em que o universo e a verdade seriam apenas o que uma sociedade diz que eles são, decidiu-se que todo o poder sobre a realidade agora seria exclusividade de indivíduos isolados. Desandou no privilégio de uso de formas narrativas "pós-modernas", imitando literatura real, desprezado o cuidado científico.[17]

Talvez seja apenas uma reação idêntica, mas aparentando ser diferente e contrária à sempre popular imposição de preceitos preconceituosos da Religião Positivista, inventada por Auguste Comte,[18] proclamando-se como única ciência, conseguiu institucionalizar a procura por "causas" essencialistas, na ilusão do saber absoluto (jamais considerando que arte e ciência – apreensões aproximativas e transitórias, parciais à realidade – ocorrem quando o objetivo é descrever, e por vezes manejar – mas nunca dirigir – relações existentes entre objetos).

O professor Fulgencio enfatiza uma afirmação, frequentemente contestada pelos adeptos desta religião, feita por Winnicott: "A natureza humana não muda".[19] Relações sempre imateriais, porém materializáveis – ao se constituírem como eventos, ou como coisas transitoriamente concretizáveis por senso comum (como notas musicais), ou os objetos matemáticos descritos por Aristóteles e Euclides, e também por seres animados – estão sujeitas a sofrimentos e vicissitudes, que afetam a natureza humana de modo sempre desconhecido. Enquanto os "relativistas" desdenham da existência de alguma verdade em senso comum que possa ser aproximada por métodos científicos, os

---

[17] Sokal & Bricmont 1997.
[18] Comte 1822, pp. 2-3.
[19] Winnicott 1963d, p. 88.

adeptos da religião positivista acreditam que nossos órgãos sensoriais são plenamente confiáveis (Kant os chamou de "realistas ingênuos"), como se concretude fosse sinônimo de verdade.

Nos dois casos, que na verdade são apenas um, unidos na invariância de fantasias divinas encarnadas em ídolos (ou os "grandes autores"), ocorrem racionalizações, clivagens e negações dignas de um Juiz Schreber[20] (que praticava "razão pura" que, como demonstrou Kant, inspirado em Hume, é apenas uma fuga de fantasia imaginosa).

Nossos tempos... os de sacralização de engenhocas tecnológicas da moda, de lamentável abuso de teorias da probabilidade (para "demonstrar" mensurações, no modismo atual, denominadas "neuropsicológicas", demasiadas vezes auxiliadas por aparelhos computadorizados de "ressonância magnética" – na verdade, moléculas de água que podem ter um percurso seguido por marcadores radioativos que criam "cores"[21] – estritamente determinadas por engenharia de computação, mas não por pacientes, nem psicólogos, nem médicos). Seria isto, um cuidado e observação da "natureza humana em desenvolvimento, isento de preconceitos"? Ou seria apenas mais uma mensuração por instrumentos demasiadamente toscos e inadequados, tornados mais inadequados por modismos (*fashion*, no português anglicizado de hoje em dia), herdeiros da demonologia inquisitorial, do exorcismo, do mesmerismo, da psiquiatria custodial?

Fiquei com a impressão de que a contribuição deste livro trata de uma tentativa de emitir um antídoto quando infestam autoritarismos, modismos, pouco saber, concretude excessiva, imaterialização excessiva.

Vai funcionar? Depende do receptor – você, leitor.

Permito-me fazer um voto: que este livro sirva de convite para uma sequela – em termos de desenvolvimento. Quem sabe, um dia, em algum

---

[20] Freud 1911c.
[21] Cabe lembrar que o que chamamos de "cores" são mais uma ilusão humana, pelo nosso reduzido espectro de captação sensorial.

lugar, estes vários autores possam se reunir, levando adiante a consecução daquilo que Kant denominou "criticismo", ou uma análise crítica de métodos utilizados em ciência, sobre os muitos conceitos, concepções e noções, e algumas teorias que compõem as oito perspectivas?[22]

Estariam, neste sonho ou *"play"* mais típico de crianças (descrito e principalmente feito na prática com pacientes por Melanie Klein e Donald Winnicott no inicio do movimento psicanalítico), fazendo um reconhecimento prático – e, na mais profunda acepção do termo "gratidão" – aos esforços do professor Fulgencio?

Caso os oito "perspectivistas" (parafraseando Nietszche) não possam fazer este ato – *ars longa, vita brevis...* o voto se transforma, mas fica o mesmo: que alguns leitores levem adiante tal empreitada. Até agora, não possível, a despeito de tentativas mínimas.[23]

Transformariam então um arquipélago sideral já descrito por Exupéry em algum continente. Neste dia, o seguinte diálogo imaginário será apenas crônica de costumes do tempo do onça. Peça de museu, como hoje o são os dinossauros que nos avisam, pode-se afundar pelo próprio peso; ou Auschwitz, um aviso sobre o quão desumanos podemos ser.

> P.A.: Vocês precisam ouvir os meus candidatos do Instituto de Psicanálise falando um inglês "castiço".
> PAUL: Mas isto muito me surpreende. Você acha, mesmo, que alguém tenha a expectativa de ouvir os psicanalistas falarem um inglês comum? Eu achei que estava bem entendido que um dos pontos de honra é conversar em um jargão incompreensível.
> P.A.: Isto é um ponto de honra quando estamos naquela brincadeira de "Quem é Quem", no campeonato anual dos Times Psicanalíticos, mas isto ocorre quando estamos "falando sobre" psicanálise.

---

[22] Tenho sido rotulado, no microcosmo social notavelmente pequeno que frequento, de um epíteto que me parece lamentável: "bioniano". Não sei o que é isto; parece-me um tipo de impropério, condenando o rotulado ao ridículo reducionista – por idolatria, sempre companheira da iconoclastia, que espreita, para mostrar sua face no momento oportuno de ventos sociais.
[23] Cf. Boyle 2016 e Sandford 2017.

ROLAND: Vocês também têm campeonatos intertimes. Eu li alguns registros nos seus jornais. A linguagem é feroz e incompreensível.
TOM: Um soco no olho é feroz, mas simples e compreensível – pelo menos para os espectadores.
DOUTOR: Esta pressão súbita sobre o nervo óptico é conhecida por provocar uma resposta não específica.
ALICE: Lamento muito – estou perdida. Será que você poderia provocar uma resposta em mim, de forma que eu pudesse entender?
PAUL (em solilóquio): Todo mundo pensa que os psicanalistas nunca brigam. Quando começarem as Grandes Guerras da Psicanálise... aí é que vamos ver alguma coisa – não vai haver nenhum golpe proibido. Santayana temeu o dia em que as bestas e canalhas científicos tomassem conta do mundo...[24]

Neste momento – já passou da hora? – creio que descobri quem é o verdadeiro ator, já que os autores vão entrar em cena, pelo menos para os poucos que ainda se dão ao trabalho de ler prefácios...

Paulo Cesar Sandler
Janeiro 2019

---

[24] Bion 1977, p. 10 e 77.

Referências

Bacon, F. (1625a). Of Unity in Religion. In *The Essays*. London: Penguin, 1985.
Bacon, F. (1625b). The vicissitudes of things. In *The Essays*. London: Penguin, 1985.
Bion, W. R. (1977). *Uma Memória do Futuro* (Vol. II: O Passado Apresentado). Rio de Janeiro: Imago, 1996.
Boyle, J. (2016). Exoteric Traces in Contemporary Psycho-analysis. *American Imago*, 73(1), 95-119.
Comte, A. (1822). Curso de Filosofia Positiva. In *Os Pensadores*. São Paulo: Abril Cultural, 1978.
Freud, S. (1900a). The Interpretation of Dreams. In *The Standard Edition of the Complete Psychological Works of Sigmund Freud* (Vol. 4, pp. 1-627).
Freud, S. (1911c). Psycho-Analytic Notes on an Autobiographical Account of a Case of Paranoia (Dementia Paranoides). In *The Standard Edition of the Complete Psychological Works of Sigmund Freud* (Vol. 12, pp. 3-82).
Freud, S. (1912x). Totem and Taboo. In *The Standard Edition of the Complete Psychological Works of Sigmund Freud* (Vol. 13, pp. 1-162).
Freud, S. (1914d). On the History of the Psycho-Analytic Movement. In *The Standard Edition of the Complete Psychological Works of Sigmund Freud* (Vol. 14, pp. 3-66).
Freud, S. (1916x). Introductory Lectures on Psycho-Analysis. In *The Standard Edition of the Complete Psychological Works of Sigmund Freud* (Vol. 15, pp. 3-463).
Freud, S. (1921c). Group Psychology and the Analysis of the Ego. In *The Standard Edition of the Complete Psychological Works of Sigmund Freud* (Vol. 18, pp. 67-144).
Freud, S. (1925f). Preface to Aichhorn's Wayward Youth. In *The Standard Edition of the Complete Psychological Works of Sigmund Freud* (Vol. 19, pp. 272-276). [Vorwort. In Auguste Aichhorn,

Verwahloster Jugend. Viena: Internationaler Psychoanalytischer Verlag. Há uma versão em inglês, com um prefácio de Kurt R. Eisler: *Waiward Youth*, Londres: Imago Publishing].
Freud, S. (1927c). The Future of an Illusion. In *The Standard Edition of the Complete Psychological Works of Sigmund Freud* (Vol. 21, pp. 3-56).
Freud, S. (1930a). Civilization and its Discontents. In *The Standard Edition of the Complete Psychological Works of Sigmund Freud* (Vol. 21, pp. 59-146).
Freud, S. (1939a). Moses and Monotheism. In *The Standard Edition of the Complete Psychological Works of Sigmund Freud* (Vol. 23, pp. 3-138).
Gould, S. J. (1985). *Ontogeny and Phylogeny*. Harvard: Belknap Press.
Kant, I. (1787). Critique of Pure Reason (p. M. T. M. Versão em Inglês, Trans.). In *The Great Books of the Western World*. Chicago: Encyclopaedia Britannica Inc., 1994.
Locke, J. (1960). Ensaio acerca do entendimento humano (A. Aiex, Trans.). In *Os Pensadores*. São Paulo: Nova Cultural, 1988.
Sandford, S. (2017). Freud, Bion and Kant: Epistemology and anthropology in *The Interpretation of Dreams. International Journal of Psychoanalysis*, 98, 91-110.
Sandler, P. C. (2015). An Introduction to *A Memoir of the Future*. In W. R. Bion (Ed.), *A Memoir of the Future* (Vol. I. Authoritative, not Authoritarian Psychoanalysis). London: Karnac Books.
Sokal, A., & Bricmont, J. (1997). *Fashionable Nonsense. Postmodern intellectuals Abuse of Science*. New York: Picador.
Sulloway, F. J. (1979). *Freud, Biologist of the Mind. Beyond the Psychoanalytic Legend*. New York: Basic Books.
Winnicott, D. W. (1963d). Moral e Educação. In *O Ambiente e os Processos de Maturação* (pp. 88-98). Porto Alegre: Artmed, 1983.
Winnicott, D. W. (1969i). O Uso de Um Objeto e Relacionamento Através de Identificações. In *O Brincar & a Realidade* (pp. 121-131). Rio de Janeiro: Imago Ed., 1975.

Introdução

Todo tratamento psicoterápico tem seus objetivos, sejam explícitos ou não, sejam conscientemente estabelecidos ou não, saibam ou não disso seus praticantes. Como responsáveis pelo tratamento e mesmo oferecendo nossos serviços como psicoterapeutas é melhor que saibamos e tenhamos um domínio e clareza do que propomos e do que pretendemos realizar com nossos pacientes.

Freud comentou, em diversos momentos, a responsabilidade médica presente nessa prática: "Se desejamos viver do tratamento dos doentes dos nervos, é necessário manifestamente poder fazer alguma coisa por eles".[1] Mais ainda, para além da responsabilidade médica a responsabilidade com a ciência: "Ora, eu penso que o médico não assume somente deveres em relação a cada um de seus pacientes, mas também em relação à ciência. Em relação à ciência, não quer dizer, no fundo, outra coisa senão em relação aos numerosos doentes que sofrem ou sofrerão um dia da mesma coisa".[2]

Quando Freud criou a psicanálise, como um método de tratamento, foi motivado, principalmente, pelo fato de que os tratamentos até então aplicados a alguns neuróticos (a eletroterapia e a indicação de uma casa de repouso) se mostraram, na sua avaliação, como pífios e inoperantes. Foi, então, reconhecendo o poder da sugestão hipnótica que Freud se dedicou a buscar as causas psicogênicas dos sintomas neuróticos, com a finalidade de eliminá-los e, nesse caminho, construiu um novo método de tratamento com a finalidade de eliminar o sofrimento neurótico.

Evidentemente, trata-se, nessa perspectiva, de fazer algo para diminuir o sofrimento, mas uma formulação geral tão vasta como esta não especifica o que faz com que o sofrimento diminua ou desapareça,

---

[1] Freud 1925d, p. 16.
[2] Freud 1905e, p. 8.

não descreve ou explicita o que deve ou se espera acontecer para que isto ocorra, bem como, o que deve ocorrer na organização psíquica do paciente para atingir essa meta.

O objetivo desse livro é explicitar o que os psicanalistas pretendem, qual o horizonte que se espera poder chegar ou levar nossos pacientes, qual o *telos* que orienta nossa prática.

Ao procurarmos, na história da psicanálise, o que os psicanalistas dizem a esse respeito, encontramos formulações dos mais diversos tipos, centrais ou laterais, mais ou menos objetivas, mais ou menos descritivas, mais ou menos abstratas. André Green, por exemplo – ao reconhecer que muito já se falou sobre a questão de saber se a experiência psicanalítica é uma repetição do passado ou uma criação de algo inteiramente novo, engendrado pela situação analítica, que não existiria nem poderia existir fora do *setting* analítico –, considera que a experiência analítica é uma *atualização* da história de uma pessoa, como essa história trabalha, como se torna eficaz.[3] Adam Phillips, numa outra maneira de dizer o que pretende a psicanálise, diz:

> A psicanálise é uma história – e uma maneira de contar histórias – que faz algumas pessoas se sentirem melhor [...]. A psicanálise – como uma forma de conversação – só vale a pena se puder tornar a vida mais interessante, ou mais divertida, ou mais triste, ou mais atormentada, ou qualquer coisa que valorizamos e desejamos promover; e sobretudo se nos ajudar a descobrir coisas novas sobre nós mesmos, coisas que não sabíamos que poderíamos valorizar.[4]

Poderíamos recolher uma miríade de formulações e apreciações desse tipo e encontraríamos, como encontramos, uma multiplicidade de respostas, nunca evidentes, nunca simples de serem compreendidas e, fato central, não encontramos uma resposta hegemônica, dada a

---

[3] Green 2005a, pp. 67-68.
[4] Phillips 1993, p. 4.

diversidade de sistemas teóricos que compõem a psicanálise pós-Freud. Estamos, como reconhece, por exemplo, André Green, numa situação babelesca:

> No início de 1980, eu me lembro de ter me lamentado com Bion sobre a situação babeliana da psicanálise. Em sua sabedoria, ele me respondeu que antes de chegar a uma única língua comum na psicanálise, devemos ir para os extremos de cada linguagem singular, teoricamente falando, é claro. Hoje, a psicanálise é como uma língua falada em muitas línguas. Mas, se na maior parte do tempo, as pessoas pretendem se compreender ou, ao menos, fingir se compreender a fim de salvar a sua cara – especialmente nos congressos regionais ou internacionais. Na realidade, não há, verdadeiramente, discussão, e muitos de nós caem na armadilha de um conceito winnicotttiano: o conformismo, a fim de manter um corpo psicanalítico unido, mesmo que, na realidade, não exista ali nenhum acordo. Essa tolerância é apenas aparente e, de fato, além do silêncio, podemos facilmente perceber as desaprovações, os desacordos, e até mesmo o desprezo.[5]

Nessa babel temos diversidade de sistemas teóricos-semânticos que nem sempre se referem aos mesmos fenômenos com os mesmos termos e, mais ainda, por vezes, apontam para fenômenos que são apreensíveis e mesmo descritos apenas num ou noutro sistema, o que gera uma dificuldade significativa na compreensão e discussão sobre o que faz a psicanálise, sobre o que pretende a psicanálise.

Creio que não chegaremos, jamais, a uma única síntese, um modo unívoco de enunciar quais são os objetivos do tratamento psicanalítico para a psicanálise, dado que por vezes temos mesmo diversas línguas ou linguagens sendo utilizadas nos seus diversos sistemas teóricos-semânticos, com aspectos que não são traduzíveis nem têm sinônimos possíveis entre os sistemas, tornando-os, nesses pontos,

---
[5] Green 2005b, p. 44.

incomensuráveis. Ou seja, tal como não há síntese entre linguagens não haveria síntese entre esses sistemas. Estaríamos, então, condenados a nos encerrarmos em monadas sem portas e sem janelas? Por um lado, sim, dado que não há síntese entre linguagens, mas, por outro, se nos atermos a fenômenos descritos por cada sistema, então, estes poderiam ser fatos considerados por cada sistema em particular, fazendo-os expandir no seu poder descritivo, heurístico e clínico. As teorias não seriam sintetizáveis, mas os fenômenos poderiam ser sintetizados (e, necessariamente, então, redescritos) em cada perspectiva semântico-teórica.

É nesse intuído que este livro foi pensado e, agora, apresentado ao público. Convidei diversos psicanalistas para que expusessem o que consideram ser os objetivos do tratamento psicanalítico e com isso poderíamos ter uma descrição, tanto teórica como fenomenológica, do que os psicanalistas esperam atingir. Os textos foram agrupados, tanto quanto possível, procurando respeitar certa ordem cronológica, no que se refere aos autores de referência majoritária (Freud, Klein, Bion, Lacan) feita pelos autores, ainda que isto não seja rigorosamente respeitado nem estabelecido, uma vez que os autores se colocam, sempre, num diálogo com a própria história da psicanálise.

Renato Mezan, na sua maneira de analisar esse tema, sugere que os objetivos do tratamento psicanalítico dependem do tipo de paciente que o procura, isto é, da sua organização psíquica e da sua singularidade. Assim, estes objetivos só poderiam ser definidos a partir de uma visão metapsicológica e psicopatológica. Para substanciar este argumento, ele estuda as propostas de Freud sobre o que significa "fim de uma análise", como também as de alguns autores pós-freudianos, tais como Sándor Ferenczi, Danièle Brun, Melanie Klein, Camila Pedral Sampaio, André Green e Heinz Kohut.

No meu "Freud e os objetivos do tratamento psicanalítico", procurei retomar os textos de Freud, indicando como ele descreve esses objetivos, mostrando que os apresenta de duas maneiras: uma, em termos descritivos, e outra, em termos metapsicológicos. Em termos descritivos, trata-se de levar o paciente à capacidade de agir e aproveitar da existência; em termos metapsicológicos, de fortalecer o ego para que este tenha maior autonomia em relação às pressões advindas do id e do superego. A apresentação desse quadro procura fornecer uma referência para que uma análise comparativa, com os autores pós-Freud que reformularam a teoria e a prática psicanalítica, possa ser desenvolvida em diálogo mais preciso com as propostas de Freud.

Daniel Kupermann, no seu "Ferenczi e os objetivos do tratamento psicanalítico: autenticidade, neocatarse, crianceria", procura demonstrar de que modo Sándor Ferenczi inaugurou, no final dos anos 1920, a problematização no campo psicanalítico acerca dos critérios para um final de análise, o que o levou, consequentemente, a delimitar quais seriam os objetivos do tratamento psicanalítico. Partindo da formulação de Ferenczi, aparentemente enigmática, de que o fim, bem como a finalidade da análise, consistiria na superação da "mentira" por parte do analisando, indicando que a "mentira" é a resposta sintomática ao "desmentido" (*Verleugnung*) promovido pelo agressor na situação de trauma psíquico sofrido. Tratar-se-ia, portanto, no percurso das análises, de superar a "identificação ao agressor" decorrente das experiências traumáticas, favorecendo o gesto inspirado em sua autenticidade. Nesse sentido o percurso de uma análise implicaria a "neocatarse" – o jogo afetivo compartilhado com o psicanalista necessário para que o sujeito possa perlaborar a clivagem narcísica, livrando-se da tirania dos objetos incorporados –, e a "crianceria" – na forma do resgate da palavra evocativa própria da linguagem da ternura infantil.

Elias Mallet da Rocha Barros, no seu questionamento "O que é desenvolver-se para Melanie Klein", procura explicitar essa perspectiva considerando, primeiramente, difícil sumarizá-la, devido à sua complexidade, dado que incluem, como objetivos do tratamento, dentre outros fatores:

1. Uma melhor integração do Ego;
2. A aquisição de uma capacidade de ampliação progressivamente maior de criar símbolos já que estes Símbolos são usados não apenas

para a comunicação com o mundo externo, mas também e especialmente, para comunicação interna entre as instâncias psíquicas;
3. A aquisição ou a ampliação sempre progressiva da capacidade de sentir, ou seja de ter experiências emocionais profundas e de elaborá-las por suas formas simbólicas;
4. A ampliação sempre progressiva da capacidade de estabelecer conexões entre as diversas redes afetivas;
5. Ampliar a capacidade de vivenciar diferentes estados mentais, algo que torna o paciente mais tolerante e mais familiar com diferentes aspectos de sua personalidade. Em particular experiência de estados mentais até então cindidos. Por meio desta experiência o paciente começa a conhecer seus impulsos, a natureza de suas relações com os objetos, o tipo de defesas usadas que são suas características e que o fazem um indivíduo;
6. E, por fim, adquirir a capacidade de interpretar suas próprias experiências.

Paulo Cesar Sandler, com forte referência em Bion, mas para além dele, aprofunda, então, sua análise crítica sobre os objetivos do tratamento, considerando oportuna a classificação do objetivo (ou intenção, ou pretensão a alcançar algo) como "tratamento", em relação ao trabalho psicanalítico, pela realidade – inclusive histórica – na qual está imbuída: "Tornar consciente, o inconsciente", "Onde havia id, haja ego", "Resolução do complexo de Édipo". Estas máximas – expressões compactadas, plenas de informação, cunhadas por Freud – teriam se espraiado por boa parte do mundo. Igualmente, conceitos formulados como a Teoria das Posições (esquizoparanoide e depressiva) e a Teoria da Inveja e Gratidão, inicialmente dotados de poder comunicacional em proporção biunívoca ao seu poder de informação, tornaram-se, gradualmente, em *modismos*. Estes degeneraram, como sempre costuma ocorrer, em jargão, no âmbito dos analistas praticantes; e em lugar comum, no âmbito da sociedade circundante aos microcosmos dos analistas praticantes. O uso constante implicou em desgaste! Estas máximas de Freud e esses conceitos teóricos de Klein, inexoravelmente, foram perdendo, em consequência, seu valor (enquanto formulações verbais científicas) de serem apreensão de aspectos da realidade humana – no caso, do funcionar do aparato psíquico. As contribuições de Bion, a esse respeito, resgataram o senso comum nelas embebido, restaurando tanto o poder comunicacional – agora expresso por uso de expressões mais coloquiais – e principalmente, de informação sobre o funcionar do aparelho psíquico, fundamentais para estudiosos e pessoas em fase de formação na técnica psicanalítica. Poderemos conferir com detalhe, examinando o sentido de vários conceitos a respeito dos objetivos do trabalho analítico – intrínseco ao eventual valor da própria psicanálise – no qual Bion resgata o *ethos* das descobertas de Freud e Melanie Klein, para sua própria geração e para nós, que viemos depois dessa geração.

Em continuidade ao estudo das contribuições dos autores clássicos da psicanálise, dedico-me, então, à maneira como Winnicott teria descritos os objetivos do tratamento psicanalítico – que é, também, título de um de seus artigos (1965d) –, à luz da compreensão da sua ontologia e de sua noção de saúde. Procurei mostrar que, para ele, *grosso modo*, um processo psicoterápico procura levar o indivíduo a uma integração tal que ele possa levar sua vida com certa autonomia e independência relativas, adaptando-se ao mundo sem perda em demasia da sua espontaneidade, podendo responsabilizar-se por seus sucessos e por seus fracassos ou falhas, e que tenha uma riqueza existencial e cultural-social. Este modo de ser-no-mundo encontraria na ação do brincar infantil o seu protótipo, dado que nele a criança e o adulto encontra a si mesmo e ao outro. Toda psicoterapia, nessa perspectiva, teria, pois, como fundamento, a sustentação impulsionada pela atividade de brincar associada à possibilidade de cuidar de si mesmo e de suas relações interpessoais no quadro de uma *ética do cuidado*.

Com Ivan Ramos Estevão, abordamos uma perspectiva lacaniana do processo analítico, no seu "Para se chegar a um lugar, deve-se saber para onde ir: considerações sobre a direção e o objetivo do tratamento psicanalítico", no qual apresenta seu ponto de vista. Sabemos que com o passar do tempo, a análise modificou seus objetivos: se de início Freud pensava no tratamento sintomático, logo se dá conta que o que está em jogo em termos das patologias psíquicas não é o sintoma, mas uma determinada posição subjetiva conflituosa. Assim, mesmo que ideias como as de catarse ou de tornar conscientes conteúdos inconscientes persistissem, a noção de que a análise opera para além da problemática sintomática se torna fundamental em Freud. Mas Freud esbarra em um limite, chamado de "a rocha da castração" e supõe que a mudança subjetiva implementada pelo processo analítico cessa nesse ponto. Lacan avança tendo já a conceituação freudiana e se interroga daí: qual a direção possível do tratamento para uma análise que permite ir além da castração? Isso relança a questão: quais são, afinal, os objetivos de um processo analítico? A partir daí Lacan propõe o tratamento como algo que tem direção sem, contudo, conduzir o analisante: ao conceituar a modalidade neurótica de lidar com o Real e com a castração, a fantasia fundamental que institui um Outro, Lacan supõe a análise como a construção e travessia dessa fantasia mas que é possível na medida em que algo é criado – e é de criação mesmo que falamos aqui – para ocupar o lugar do vazio que se instaura nessa travessia. Mas a "má" direção não é sem riscos: supomos que a análise mal dirigida leva a certas mudanças subjetivas que são mais do mesmo: uma posição que consideramos cínica, outra melancólica ou niilista. Assim, pensamos que a análise direciona para um terceiro ponto que chamamos de irônica, no sentido mais próximo – mas não só – da ironia socrática.

Com Gilberto Safra, finalizando o livro, temos uma abordagem analítico-crítica que, sem dogmatismo, analisa os determinantes históricos e os horizontes de problemas que caracterizam as diversas linhas teóricas da psicanálise, na enunciação e caracterização dos objetivos do tratamento psicanalítico, mostrando, assim, a coexistência polifônica de alteridades e das diferentes possibilidades de constituição e reorganização da subjetividade.

Percorrendo, então, o trabalho rico e rigoroso de análise histórico-crítico-teórica-descritiva do que fizeram esses diversos psicanalistas, quando foram chamados a responder à pergunta sobre quais são os objetivos do tratamento psicanalítico, temos não propriamente uma resposta, mas a possibilidade de fornecer ao leitor um material consistente e confiável que poderá usar, então, para considerar e elaborar que resposta pessoal pode dar a esta pergunta, dado que esta resposta (com maior ou menor clareza) estará presente na sua própria prática clínica.

Leopoldo Fulgencio
Dezembro de 2018

Referências

Freud, Sigmund. (1905e). Fragment of an analysis of a case of hysteria. *The standard edition of the complete psychological works of Sigmund Freud* (Vol. 7, pp. 3-122).

Freud, Sigmund. (1925d). An autobiographical study. *The standard edition of the complete psychological works of Sigmund Freud* (Vol. 20, pp. 3-74).

Green, André. (2005a). L'expérience et la pensée dans la pratique psychanalytique. *Jouer avec Winnicott* (pp. 67-82). Paris: Edition in Press.

Green, André. (2005b). Winnicott en transition, entre Freud et Melanie Klein. *Jouer avec Winnicott* (pp. 43-66). Paris: PUF.

Phillips, Adam. (1993). *On kissing, tickling, and being bored*. Cambridge, Massachusetts: Harvard University Press.

Capítulo 1

Objetivos do tratamento psicanalítico
Renato Mezan

Bom dia a todos, e meus agradecimentos ao professor Leopoldo Fulgencio pelo convite para participar deste debate, que me permite reencontrar nosso colega Gilberto Safra. Guardo muitas boas lembranças da nossa convivência no Programa de Estudos Pós-Graduados em Psicologia Clínica da PUC/SP, em tempos mais amenos para o trabalho acadêmico do que os atuais.

O tema do nosso encontro me parece dos mais oportunos, tanto porque é sempre bom refletir sobre o que fazemos enquanto psicanalistas como porque neste exato momento começa a ser questionado o discurso antipsicanalítico que nas últimas décadas se tornou frequente nos meios ligados à saúde mental. Dois artigos incluídos num livro recém-publicado – *Por que Freud, hoje?* (Kupermann, 2017) – tratam da relevância do pensamento freudiano para a neurobiologia e para a psiquiatria, e, a julgar pela extensa bibliografia em que se apoiam, seus autores estão longe de serem vozes isoladas em seus respectivos campos. Sabemos que desde a publicação da *Interpretação dos sonhos* (1900a) a inutilidade e a morte próxima da Psicanálise vêm sendo proclamadas, sob o argumento de que se trata de um conjunto de superstições e especulações em nada científicas, cuja inconsistência teórica e cuja ineficácia prática só os fanáticos da seita vienense seriam incapazes de enxergar – e é reconfortante ver especialistas do calibre de Sidarta Ribeiro (2017) e Mario Eduardo Costa Pereira (2017) demonstrarem o equívoco dessa opinião.

Independentemente da forma como trabalhamos e da corrente de pensamento a que aderimos, creio que todos nós, psicanalistas, concordaríamos que o objetivo geral do tratamento analítico é produzir no paciente uma mudança psíquica. Para defini-la, é necessário dispor de uma concepção sobre o que é a psique, sobre como e por que podem surgir perturbações no seu funcionamento, e sobre os meios pelos quais é possível intervir nos processos que nela operam, de maneira a favorecer modificações no sentido desejado, ou seja, a realizar na medida do possível os objetivos do tratamento. Em outras palavras, é preciso dispor de uma teoria que oriente o analista na compreensão e no manejo dos fenômenos emocionais que emergirão no decorrer das sessões, tanto no paciente quanto em seu próprio íntimo.

Essa necessidade explica por que a Psicanálise é ao mesmo tempo uma *teoria geral do psiquismo*, articulada em conceitos e proposições com vários níveis de abrangência e de distanciamento do imediato observável, e uma *prática na qual a singularidade dos indivíduos* tem importância crucial. Ambas as dimensões precisam ser consideradas ao abordar a questão que nos ocupa: da teoria decorre certo número de finalidades desejáveis e possíveis, mas no trabalho clínico devem ser levadas em conta as características específicas de cada paciente (e também de cada analista, mas esse problema extrapola nossa discussão de hoje).

Por que alguém procura um analista? A resposta é simples: porque não consegue encontrar, sozinho, soluções para as dificuldades que o afligem, e vê na terapia um caminho para as superar. É o que denominamos "queixa", e nas entrevistas preliminares ela será formulada em termos e modalidades que permitirão ao analista formar uma primeira ideia do tipo e das causas daquele sofrimento específico. Já aqui será convocado o que costumo chamar de raciocínio clínico, ou, parafraseando Bion, a visão binocular na qual fomos treinados por nossa própria análise e pela formação exigentíssima que seguimos: a história contada será sempre única, mas a maneira como é escutada apontará para *classes de possibilidades* definidas pela teoria.

Não se trata, de forma alguma, de ir traduzindo o que ouvimos num jargão esotérico que apenas o reduplicaria sem nada contribuir para a sua compreensão, mas de, a partir de uma série de indícios presentes no conteúdo e na forma como é apresentado, perceber sob quais das grandes rubricas que descrevem o funcionamento psíquico eles podem ser elencados. Por exemplo: em que área ou áreas da vida estão as dificuldades mencionadas – mais intrapsíquicas, ou mais relacionais? Como esta pessoa se situa em relação a elas, como descreve seus próximos e a si mesma, qual o grau de coerência ou de desorganização do seu discurso, em que pé está sua autoestima, quais os momentos ou vivências que destaca como cruciais na sua biografia?

Se tudo isso é estritamente singular, também é verdade que em certa medida se assemelha a outras narrativas, e por isso pode ser apreendido no plano que os lógicos denominam *particular*, ou seja, uma categoria intermediária entre o singular e o universal. Na teoria psicanalítica, pertencem a este nível conceitos metapsicológicos como os de impulso, defesa, angústia, fantasia, força relativa das instâncias psíquicas, tipo predominante de funcionamento mental, e assim por diante. Mesmo se hipotética e sujeita a revisões, a configuração assim construída ajudará o analista a decidir se é ou não indicada uma análise, e, neste caso, quais seriam as metas idealmente a atingir – ou seja, em quais setores da personalidade podem e devem ser buscadas as modificações em cuja concretização consistirá "ter alcançado" os objetivos daquele tratamento.[1]

Nos anos 1890, Freud descrevia a finalidade de uma análise como "substituir a miséria neurótica por infelicidade comum".[2] A modéstia da afirmação tinha a ver com os parcos recursos de intervenção de que dispunha, pois ainda não formulara a maioria dos conceitos que hoje nos guiam em nossa escuta, porém revelava uma aguda percepção dos obstáculos a enfrentar para obter melhoras nos seus pacientes. Isso porque, tão logo iniciado o trabalho, ele se deparava com o que chamou de *resistências*: uma paradoxal adesão ao modo de ser com o qual a pessoa deitada no divã se dizia insatisfeita, e que, no plano consciente, desejava superar – razão pela qual, aliás, havia vindo consultá-lo. A reflexão ao longo das linhas que esquematizamos acima o fez compreender esse

---

[1] Nesta descrição sumária do que se pretende com as entrevistas iniciais, estou deliberadamente omitindo uma série de aspectos importantes, mas exteriores ao já complexo assunto de que vamos tratar hoje – em especial, o escrutínio das reações do próprio analista ao que está ouvindo. Diga-se apenas que ele é eticamente indispensável para poder acompanhar alguém num percurso analítico.
[2] Freud 1895d, p. 312.

fenômeno surpreendente como resultado da ação, intensificada justamente pelo trabalho analítico no sentido de contornar as *resistências*, as *defesas* que ela (pessoa no divã) erigira para lidar com suas angústias, estas por sua vez provindas de impulsos, desejos e fantasias que abrigava em seu inconsciente.

Essa leitura se escorava na concepção freudiana da psique como habitada por um conflito entre forças que se opõem, se inibem ou se combinam em proporções diversas, e cujo interjogo determina o conjunto da vida mental/emocional, inclusive e principalmente os sintomas patológicos. Sem entrar aqui no detalhe das sucessivas classificações nas quais procurou diferenciar as variedades deste conflito, podemos dizer que na versão definitiva Freud as integrou na tríade fundamental da psicopatologia psicanalítica – neuroses, perversões e psicoses. Essas categorias, e no interior delas cada perturbação, caracterizam-se por conflitos determinados, originados em momentos diferentes da evolução do indivíduo, afetando dimensões diversas da sua personalidade, e permitindo prognósticos mais favoráveis ou menos quanto ao grau em que seria possível a sua resolução.

Ainda em Freud, encontramos outras ideias quanto aos objetivos do trabalho analítico – algumas bastante ambiciosas, como a de que ele deveria possibilitar, idealmente, o preenchimento de todas as lacunas da memória e a resolução de todos os sintomas (prefácio do *Caso Dora*). Esse otimismo terapêutico, porém, foi cedendo lugar a uma visão mais exata da magnitude das forças que se opõem à mudança psíquica.[3] Um momento intermediário nesse trajeto é a fórmula segundo a qual a "cura prática" do paciente consiste em "na medida do possível, torná-lo capaz de agir e de sentir prazer" (*nach Möglichkeit [ihn] Leistungs - und Genussfähig zu machen*).[4]

---

[3] Entre outros escritos, é o que vemos em "Inibição, sintoma e angústia" (1926d) e "Análise terminável e interminável" (1937c).

[4] *O ego e o id* (1923b). Em versões ligeiramente diferentes, a ideia aparece em trabalhos anteriores, como "O método psicanalítico de Freud" (1904a); "Recomendações ao médico na prática da análise" (1912e); nas *Conferências de introdução à Psicanálise* (1916x); etc.

Patrick Mahony observa que a palavra *Leistung* significa trabalho eficiente, realização (*achievement*), desempenho (*performance*), e sustenta que ela descreve melhor o que Freud tem em mente do que a versão abreviada da mesma ideia[5] – "restaurar a capacidade de amar e de trabalhar".[6] A nuance me parece significativa: se tanto trabalho em sentido geral como *realização* se referem à realidade – e, portanto, pressupõem uma relação com ela razoavelmente bem estabelecida, ponto crucial sobre o qual voltaremos a falar – o segundo termo, *Genussfähig*, sugere também um sentimento de prazer, seja na efetuação propriamente dita da atividade (o prazer de fazer), seja com o produto dela (o prazer de ter feito algo de boa qualidade). Estabelece-se assim um vínculo com o *Genuss* (prazer, *enjoyment*), que também pode ser encontrado pela via do amor, isto é, no vínculo significativo com outra pessoa, o qual por sua vez implica algumas conquistas importantes no caminho da maturidade psíquica, como um grau razoável de distanciamento da onipotência, a aceitação de uma certa dependência afetiva, e a tolerância diante das frequentes frustrações envolvidas no contato com os outros seres humanos.

Ou seja: aqui Freud está falando de uma relativa superação do modo infantil de ser – que obviamente não o suprime, pois o reencontramos todas as noites nos nossos sonhos – que ao mesmo tempo limita suas exigências no trato com os outros e canaliza sua intensidade para finalidades cuja busca (e, em certa medida, cuja materialização) é própria de um adulto razoavelmente funcional na sociedade e na cultura em que lhe toca viver.

Devemos à nossa colega Camila Pedral Sampaio, que infelizmente nos deixou, uma bela reflexão sobre este tópico. Em sua contribuição a um volume coletivo sobre o que significa "concluir uma análise", escreve ela: "o objetivo do tratamento psicanalítico não é remover sintomas, mas

---

[5] Mahony 2000, pp. 32-33.
[6] Um interessante estudo sobre a origem desta frase pode ser encontrado na internet: Alan C. Elms 2000, pp. 83-104.

resgatar-lhes o sentido, permitindo mobilidade ali onde havia engessamento e repetição".[7] Ressaltando que não se deve confundir a ideia médica de cura com a forma como o termo é algumas vezes empregado por psicanalistas (que Camila aceita, com algumas reservas), a autora lembra que em nossa língua ele tem conotações que podem servir como metáfora para o que almejamos no trabalho clínico: falamos em curar um queijo ou uma madeira, com o que queremos indicar a possibilidade de levar essas substâncias ao máximo grau possível de excelência. Sem idealizações excessivas, o objetivo do tratamento pode ser descrito – seguindo as indicações de Freud – como ajudar alguém a se liberar de algumas das amarras que impunha a si mesmo, e que o impediam de vir a ser aquilo que pode ser – não *outra* pessoa, mas a *sua* pessoa, desenvolvendo suas potencialidades sem negar as inevitáveis limitações que as acompanham.

Tal meta demanda um trabalho longo e penoso, justamente em virtude das resistências das quais falávamos. Parte dele compete ao analista: além de interpretações corretas e oportunas, a disponibilidade para ser objeto da transferência, a capacidade de se orientar em meio às obscuridades do processo terapêutico, a atenção às reações emocionais que esta pessoa lhe desperta etc. A outra é da alçada do paciente e é constituída por diversos elementos, em cuja ausência a análise não avança, tornando impossível atingir os objetivos que em outros casos se revelam viáveis.

O primeiro deles é o que Ferenczi descreveu como a "determinação interior de sustentar verdadeiramente [a análise] pelo tempo que for necessário".[8] Essa determinação provém tanto do desejo de ver aliviado o seu sofrimento quanto de fatores inconscientes, alguns dos quais ligados ao tipo de organização psíquica que o singulariza, e outros que são propriamente efeitos do dispositivo analítico. Entre estes, o mais importante é a regressão que ele induz, e, partir dela, o estabelecimento da transferência.

No que diz respeito à possibilidade de atingir os objetivos mencionados por Camila – a aquisição de maior mobilidade psíquica,

---

[7] Sampaio 2006, p. 85.
[8] "Le problème de la fin de l'analyse" (Ferenczi 1993, p. 48). Citado por Danièle Brun 1987, p. 143.

graças à flexibilização de defesas "engessadoras" e a certo controle da compulsão à repetição – o fator fundamental é a perlaboração (*Durcharbeitung*), conceito introduzido por Freud em "Recordar, repetir e elaborar",[9] que designa:

> o processo pelo qual a interpretação é assimilada por meio de uma mudança tópica. Disso resulta uma transformação dinâmica, e sobretudo econômica, ou seja, uma reorganização dos investimentos libidinais. (...) Este trabalho se exerce sobre as resistências suscitadas pela interpretação, e substitui a aceitação ou a recusa puramente intelectuais por uma convicção baseada numa experiência vivida.[10]

A principal dificuldade com a qual se defronta a perlaboração é que as soluções do passado hajam garantido um certo equilíbrio entre as forças recalcantes e as pulsões que pressionam no sentido da realização dos desejos e fantasias inconscientes. Ao incidir sobre as primeiras – que, como vimos, aparecem no trabalho analítico como resistências – a interpretação rompe esse equilíbrio, o que provoca angústias e novas resistências. É, portanto, necessário retomar muitas vezes cada conteúdo, até que, apoiado pela evolução da transferência, o paciente possa sentir-se em condições de renunciar à segurança da posição em que se fixara. Só assim a energia empregada para mantê-la se tornará disponível para outro emprego – e é o que significa a expressão "reorganização dos investimentos libidinais."

Em seu texto, Camila Pedral Sampaio se refere a essa redistribuição com um toque de poesia: "a cura analítica equivaleria à criação de condições para que se renove a expressão de um 'desejo de mundo' (...) [e de] reconectar-se a ele".[11] Não estamos longe, creio, do que propunha Freud ao falar na capacidade de amar e de trabalhar.

***

---

[9] Freud 1914g.
[10] Le Guen 2006, p. 1086 ss, verbete "perlaboration".
[11] Sampaio 2006, p. 89.

No início desta apresentação, sugeri que – independentemente da corrente de pensamento psicanalítico que tomamos como referência – todos concordaríamos que o objetivo geral do tratamento é promover uma mudança psíquica. Essa afirmação precisa ser comprovada, e para isso me parece útil um rápido exame da maneira como alguns autores posteriores a Freud concebem o bom desfecho de uma análise.

Comecemos por Melanie Klein. Assim como para o mestre de Viena, sua visão do que é um tratamento bem sucedido se ancora numa teoria quanto à natureza e ao funcionamento da psique. Como se sabe, ela atribuiu grande importância às pulsões destrutivas, assim como às angústias paranoides e às defesas dissociativas e projetivas pelas quais, na aurora da vida psíquica, todos nós tentamos nos proteger delas. Sua descrição desses movimentos a leva a pensar num ciclo retroalimentado de agressões aos objetos internos e de terror frente às retaliações destes contra o sujeito – uma espécie de círculo vicioso, ao qual chamou posição esquizoparanoide. A passagem à posição depressiva ocorre com o reconhecimento da agressão e com a preocupação, fortemente infiltrada pela culpa, pelos danos imaginariamente infligidos a esses objetos internos.

À diferença da série de fases psicossexuais estabelecida por Freud, nas quais Karl Abraham situou o ponto de fixação das diversas psicopatologias, as posições kleinianas não se sucedem linearmente: as sessões de análise permitem perceber uma oscilação permanente entre elas. O estilo de interpretação da Grande Dama deriva dessa constatação, e por isso se concentra nas manifestações transferenciais, que ela buscava elucidar o mais exaustivamente possível. O efeito esperado dessa técnica, contudo, é bastante semelhante ao que Freud atribuía à perlaboração: uma mudança dinâmica que se refletirá também na vida relacional.

Há, porém, uma nuance a ser notada: o conteúdo desse efeito é formulado em termos mais qualitativos que quantitativos, com uma forte ênfase – a partir da introdução do conceito de reparação – na posição frente ao outro humano. O reconhecimento deste como tão digno de atenção e de afeto quanto o próprio sujeito é, para os kleinianos, o equivalente ao que Abraham designava como "amor genital". Obviamente, este conceito não se refere ao que dois adultos fazem na cama, mas a um tipo de relação de objeto e à posição subjetiva que lhe é própria. Por que chamá-la de "genital"? Porque os genitais são o indício mais visível e inconscientemente mais importante da diferença entre os sexos, cujo reconhecimento é a matriz da noção de *alteridade* em sentido geral. Por sua vez, a aceitação do fato de que o outro é outro, e por isso em parte opaco e enigmático para o sujeito, implica em resignar-se à limitação necessária de si próprio, o que os filósofos chamam de finitude, e nós psicanalistas de castração.

Daí que o objetivo principal do tratamento analítico seja para esta escola a integração na corrente da vida psíquica, até onde for possível, dos aspectos negados e cindidos da mente. Em seu artigo "Fatores curativos em Psicanálise", Hanna Segal (1983) propõe alguns critérios para considerar como bem sucedida uma análise, e é bastante evidente que eles se baseiam no grau de integração atingido. Resumo-os parafraseando suas palavras:

- a negação dá lugar ao *insight* e à aceitação da realidade psíquica, isto é, do conflito, da ambiguidade e da culpa;
- a onipotência é substituída pela capacidade de aceitar ajuda, e por uma visão mais realista do que se deve fazer;
- a diminuição da angústia paranoide e da agressividade conduz ao aumento da confiança em si e nos outros;
- o *acting-out* cede lugar à simbolização, e o sintoma à sublimação.[12]

Essas importantes mudanças decorrem da análise intensiva dos aspectos psicóticos da mente, que segundo os kleinianos persistem em certa medida mesmo nas pessoas neuróticas (é isso que significa a ideia de oscilação permanente entre as posições). Acontece, porém, que nem todos os que recorrem à análise apresentam este tipo de organização – e

---

[12] Segal 1983, pp. 101-116. Uma discussão mais detalhada dessa lista, comparando-a com a de um autor da *ego-psychology*, pode ser encontrada em Mezan 2002.

O principal avanço da Psicanálise depois de Freud consiste justamente no estudo do que se convencionou chamar de organizações não-neuróticas. A rigor, no final da sua vida ele chegou a mencioná-las, sem, contudo, empregar essa denominação. André Green cita uma passagem do *Abriss der Psychoanalyse* (*Compêndio de Psicanálise*, iniciado em 1938 e que a morte o impediu de concluir), que soa surpreendentemente contemporânea:

> Mas há outra classe de doentes psíquicos que com toda evidência estão bem próximos dos psicóticos: esse número formidável de neuróticos que sofrem gravemente. As condições da doença assim como os mecanismos patogênicos devem ser os mesmos, ou ao menos bem semelhantes. Mas o seu ego se mostrou mais capaz de resistir e ficou menos desorganizado. Apesar de todos os seus males e das insuficiências por eles causadas, muitos deles poderiam se afirmar na vida real.[13]

A contradição evidente – se esses que "sofrem gravemente" são mais parecidos com os psicóticos do que com os neuróticos comuns, por que chamá-los de neuróticos? – resulta a meu ver da ausência, no vocabulário freudiano, de um termo específico para os designar. Depois da guerra, ela foi suprida pela inclusão na psicopatologia analítica de uma quarta categoria – precisamente, as organizações não-neuróticas. Freud parece estar se referindo a uma espécie deste gênero, que hoje situaríamos no espectro dos transtornos narcísicos (há outras, como as organizações psicossomáticas). As denominações variam segundo a geografia da Psicanálise – os autores de língua inglesa falam em pacientes *borderline* e em personalidades narcísicas, os franceses em casos-limite ou limítrofes – e tomam como base de comparação não o ego psicótico, perante o qual eles podem ser ditos "menos desorganizados", e sim o neurótico-normal, em relação ao qual são muito mais frágeis.

---

[13] Freud 1940a, apud Green 2012, p. 41.

Vocês talvez se perguntem por que, a esta altura do nosso trajeto, estou me referindo a uma questão que poderia parecer distante do tema em pauta. A resposta é que ela não é em absoluto estranha o tópico dos objetivos do tratamento; ao contrário, é essencial para o argumento que estou submetendo à sua consideração, a saber que *eles dependem integralmente do tipo de paciente que nos incumbe tratar*.

Essa posição é compartilhada por diversos colegas, tanto brasileiros quanto estrangeiros. Para começar com um próximo de nós: Decio Gurfinkel vem há anos sugerindo que convém distinguir uma "clínica do recalque", apropriada para lidar com o campo das neuroses, e uma "clínica da dissociação", baseada nos mesmos princípios gerais da Psicanálise, e por isso mesmo diferente da primeira numa série de aspectos que vão muito além da técnica em sentido estrito.

Talvez tenha sido seu interesse por Winnicott que o alertou para isso: segundo André Green, foi o estudo mais atento das "distorções do ego" que exigiu introduzir "variantes" no tratamento clássico, as quais "prefiguram as questões suscitadas mais tarde pela clínica dos casos-limite". De certa forma, antecipando-se a estas, Winnicott – num artigo que Green qualifica de "profético"[14] – procede a uma "reavaliação de conjunto" do campo da psicopatologia, usando como critério o "caráter da regressão" e as "ameaças de desorganização, e até de caos" que o impressionam no tratamento de certos pacientes. O que leva Green a uma hipérbole nada comum em seus escritos é que, em sua opinião, o trabalho de Winnicott assinala uma inflexão decisiva: "antes dele, considerava-se que as variações ocorriam à margem, ou no interior, de uma transferência compreendida segundo os dados clássicos; depois, é a própria concepção da transferência que se vê remanejada".[15]

---

[14] "Aspectos clínicos e metapsicológicos da regressão na situação analítica" (1954), posteriormente incluído na coletânea *Da Pediatria à Psicanálise*. Cf. A. Green 2012, p. 38. Ao leitor que se interessa pela história da Psicanálise, recomendo vivamente a leitura das páginas em que o autor retraça o contexto no qual Winnicott o redigiu.
[15] Green 2012, p. 41.

O "mais tarde" a que se refere Green a propósito dos casos-limite se situa na década de 1970, com as publicações de Heinz Kohut, Otto Kernberg e dele mesmo, às quais se podem acrescentar, já nos anos atuais, as de René Roussillon e de vários outros autores. Suas contribuições ressaltam a profunda diferença entre as estruturas neuróticas e as não-neuróticas: nas primeiras, lidamos com um *excesso* (a pressão pulsional, que precisa ser contida pelas defesas "engessadoras" a que alude Camila Pedral), enquanto nas segundas nos vemos diante de uma *falta* ou de uma *falha básica*, como as chamava Michael Balint, que atinge o setor narcísico da personalidade, ou, na conceituação corrente na Inglaterra e nos Estados Unidos, a constituição do *self*.

O impacto dessa diferença no que tange aos objetivos do tratamento é evidente – eles não podem ser os mesmos que no trabalho com as neuroses clássicas. A situação é bem descrita por Kohut: o analista não se depara com conflitos entre estruturas "essencialmente intactas", nem com uma problemática edipiana envolvendo objetos claramente separados do sujeito, nem com uma transferência nos moldes determinados pela angústia de castração, mas "com formas de transtorno psicológico que surgem em consequência do fato de que as estruturas centrais da personalidade – as estruturas do *self* – são falhas".[16] Não é preciso aderir à teorização que Kohut propõe desses transtornos para concordar com ele que, nestes casos, o analista não tem como se propor a flexibilizar defesas ou a mobilizar a libido fixada nos objetos infantis. Cabe-lhe antes procurar reparar essas estruturas muito frágeis – e para isso precisará de uma metapsicologia que fundamente sua escuta e as interpretações a que esta o conduzir.

Para concluir essas observações, cabe uma pequena reitificação sobre o que disse há pouco acerca dos objetivos do tratamento (que eles dependem *integralmente* do tipo de paciente que nos incumbe

---

[16] Kohut 1973, p. 2.

tratar). Isso me parece verdadeiro no plano estritamente clínico, mas, se pensarmos na Psicanálise como uma visão consistente e sutil do ser humano, há que incluir em nossas considerações a questão dos valores.

Pode parecer contraditório pensar em *valores* num tipo de trabalho no qual a neutralidade e a abstinência são fundamentais. Obviamente, não se trata dos valores pessoais do analista, que este procuraria aberta ou veladamente impor ao paciente: a via do *levare* continua a se impor nos casos clássicos, e nos outros o *porre* – a consolidação das estruturas anteriormente bambas ou defectivas – resultará do processo analítico segundo as regras da arte.[17]

O que tenho em mente são os princípios éticos que orientam a atividade terapêutica. O primeiro deles é o de se colocar em condições de acompanhar o paciente na dolorosa busca da sua verdade interna, o que implica manter vigilância sobre as armadilhas criadas por nosso próprio narcisismo. Outro é a convicção de que o sofrimento emocional nada tem de nobre, de que a liberdade interna – seja qual for o seu grau – advém de um conhecimento mais amplo e mais profundo das "determinações interiores", aqui não no sentido de resoluções, mas daquilo que nos faz ser o que somos.

Ao ter saído do consultório pela última vez, a vida continuará a impor ao agora ex-paciente conflitos e dissabores. Que ao menos ele possa enfrentá-los munido das conquistas que pôde fazer durante a análise, e, se possível, prossegui-la por sua própria conta. Isso – a interiorização da função analítica – não costuma acontecer imediatamente após a despedida, porque implica que a transferência tenha se resolvido de modo suficiente.

Mas esta é uma outra e vasta questão, que fica para uma outra vez.

---

[17] Aludo aqui à frase de Leonardo da Vinci sobre a escultura e a pintura usada por Freud para ilustrar a distinção entre o que fazemos e as terapias que se servem da sugestão.

Referências

Brun, D. (1987). Les déterminations intérieures: remarques sur la fin de la cure. *Etudes Freudiennes*, 30.

Elms, A. C. (2000). Apocryphal Freud: Freud's most famous quotations and their actual sources. *Annual of Psychoanalysis, XXIX [disponível em versão eletrônica no Google].*

Ferenczi, S. (1922). Le problème de la fin de l'analyse. In *Psychanalyse IV, Oeuvres Complètes* 1927-1933. Paris: Payot, 1982.

Freud, S. & Breuer, J. (1895d). STUDIEN ÜBER HYSTERIE [Estudos sobre a histeria], SA *Ergänzungsband*; SE 2.

Freud, S. (1904a). DIE FREUDSCHE PSYCHOANALYTISCHEN METHODE [O método psicanalítico de Freud], SA *Ergänzungsband*; SE 7.

Freud, S. (1912e). RATSCHLÄGE FÜR DEN ARZT BEI DER PSYCHO-ANALYTISCHEN BEHANDLUNG [Recomendações ao médico na prática da psicanálise], SA *Ergänzungsband*; SE 12.

Freud, S. (1914g). ERINNERN, WIEDERHOLEN UND DURCHARBEITEN [Recordar, repetir e elaborar], SA *Ergänzungsband*; SE 12.

Freud, S. (1916x). VORLESUNGEN ZUR EINFÜHRUNG IN DIE PSYCHOANALYSE [*Conferências de introdução à Psicanálise*], SA I; SE 15.

Freud, S. (1926d). HEMMUNG, SYMPTOM UND ANGST ["Inibição, sintoma e angústia"]; SA VI; SE 20.

Freud, S. (1923b). DAS ICH UND DAS ES [Inibição, sintoma e angústia], SA III; SE 19.

Freud, S. (1937c). Die ENDLICHE UND DIE UNENDLICHE ANALYSE [Análise terminável e interminável], SA *Ergänzungsband*; SE 23.

Freud, S. (1940a). ABRISS DER PSYCHOANALYSE [Esboço de Psicanálise], *Sigmund Freud Studienausgabe* (SA) *Ergänzungsband* (volume suplementar); SE 23.

Green, A. (2012). Mythes et réalités sur le processus psychanalytique. In *La Clinique Psychanalytique Contemporaine*. Paris: Ithaque.

Kohut, H. (1973). The termination of the analysis of narcissistic personality disorders. In *The Restoration of the Self* (pp. 1-62). Madison (CT): International Universities Press.
Kupermann, D. (2017). *Por que Freud, hoje?* São Paulo: Editora Zagodoni.
Le Guen, C. (2006). Perlaboration. In *Dictionnaire Freudien*. Paris: PUF.
Mahony, P. (2000). Freud's world of work. In M. Roth (Ed.). *Freud, Conflict and Culture*. Nova York: Vintage Books.
Mezan, R. (2002). Psicanálise e Psicoterapia *A Vingança da Esfinge*. São Paulo: Casa do Psicólogo.
Pereira, M. E. C. (2017). Freud, o sujeito da saúde e o futuro da Psiquiatria. In D. Kupermann (Ed.), *Por que Freud, hoje?* São Paulo: Zagodoni.
Ribeiro, S. (2017). A celebração de Freud: a contribuição do pensamento freudiano para a neurociência e vice-versa. In D. Kupermann (Ed.), *Por que Freud, hoje?* São Paulo: Zagodoni.
Sampaio, C. P. (2006). A análise e seu fim. In A. C. Carvalho & C. P. França (Eds.), *Estilos do Xadrez Psicanalítico*. Rio de Janeiro: Imago.
Segal, H. (1983). *A Obra de Hanna Segal*. Rio de Janeiro: Imago.
Winnicott, D. W. (1955). Aspectos Clínicos e Metapsicológicos da Regressão no Contexto Psicanalítico. In *Da Pediatria à Psicanálise: Obras Escolhidas* (pp. 374-392). Rio de Janeiro: Imago Ed., 2000.

CAPÍTULO 2

Freud e os objetivos do tratamento psicanalítico
Leopoldo Fulgencio

Muito antes de Freud já se sabia que uma grande parte da vida psíquica (cognitiva e afetiva) não era dada à consciência e que estas partes "inconscientes" determinavam pensamentos, sentimentos e ações dos homens;[1] no século XIX também era saber corrente o fato de que problemas em relação à sexualidade podiam gerar sintomas e psicopatologias; além disso, fator elementar da prática médica, todo médico sabia que seu tratamento dependia de uma boa relação (afetiva) com o paciente.[2] No entanto, Freud foi o primeiro a articular tudo isso na compreensão da gênese da organização psíquica dos indivíduos, tanto saudáveis como doentes, e a criar um método de tratamento psicoterápico fundado nesses princípios. Ao fazer uma síntese destes elementos, Freud criou a psicanálise como um método de tratamento fundado no reconhecimento dos processos psíquicos inconscientes ("o psíquico é propriamente inconsciente"), no valor dado à sexualidade e ao Complexo de Édipo na infância (e ao longo de toda a vida dos seres humanos), e no reconhecimento dos fenômenos da transferência e da resistência (quando se tenta, pelo método de tratamento psicanalítico, obter acesso ao inconsciente na história de vida dos pacientes).[3]

Este método de tratamento implica, necessariamente, uma concepção do que são as doenças (suas gêneses, suas dinâmicas), bem como

---

[1] Note-se, por exemplo, o próprio Kant referindo-se às representações inconscientes (que ele denomina obscuras) como constituindo a maior parte do psiquismo (Kant 1798, parágrafo 5).
[2] Cf. Ellenberger 1970 sobre a presença e a consideração de todos estes elementos (inconsciente, recalque [especialmente em Hartmann], sexualidade, relação afetiva com o paciente, sugestão etc.) antes de Freud.
[3] Freud 1923a, p. 235; 1914d, p. 16.

o tipo de solução a ser dada ou procurada para tratar (solucionar) desses problemas. De modo geral, pode-se considerar que as psicopatologias são, para Freud, um tipo de constrição, uma limitação interna (psicológica, derivada de conflitos internos), que rouba do indivíduo, insistentemente, recursos importantes para que ele possa estar no mundo e se relacionar consigo e com os outros.

Ao se referir às psicopatologias como um funcionamento que drena os recursos existenciais dos indivíduos, Freud diz que "nada na vida é tão caro quanto a doença e... a ignorância [*Dummheit*, em alemão; *Stupidity*, em inglês]",[4] talvez considerando também a ignorância [talvez, de forma mais carregada de um sentido mais pejorativo, a *burrice*] com um tipo de manifestação neurótica. Para ele a psicanálise seria, fundamentalmente, um tratamento que visa poupar o doente dessa despesa psíquica.[5] Essa perspectiva aparece em diversos momentos de sua obra, seja quando aponta para o fato de que o psicanalista tem não só uma responsabilidade com o paciente, mas também com a ciência, quer dizer, "em relação aos numerosos doentes que sofrem ou sofrerão um dia da mesma coisa";[6] seja colocando em evidência um aspecto da ética profissional, por exemplo, quando afirma: "Se temos o desejo de viver do tratamento de doentes dos nervos, é necessário manifestamente poder fazer alguma coisa por eles".[7]

Mas o que significa *fazer alguma coisa por eles?* Aonde Freud quer que seus pacientes cheguem? Por um lado, ele dá algumas referências empíricas e, por outro, ele especifica seus objetivos em termos teóricos. Do ponto de vista descritivo, Freud espera que seus pacientes deixem de sofrer excessivamente, ou seja, que possam transformar suas misérias psiconeuróticas em infelicidades banais, e com isso, tendo um psiquismo recuperado, possam estar mais aptos para lutar contra os sofrimentos inerentes à vida.[8]

---

[4] Freud 1913c, p. 133.
[5] Freud 1923a, p. 250.
[6] Freud 1905e, p. 8.
[7] Freud 1925d, p. 39.
[8] Freud & Breuer 1895d, p. 305. Ainda que Freud, aqui, ainda esteja se referindo ao método catártico, quando ele passa a mudar o método de tratamento, usando, então, o método psicanalítico, o objetivo final acaba sendo o mesmo.

Freud não procura a eliminação dos sintomas, mas a recuperação da *autonomia* do paciente[9] ou da sua "capacidade de agir na vida".[10] Escrevendo a Ferenczi, em 1911, ele diz: "Não se deve lutar por eliminar os complexos, mas por colocar-se de acordo com eles: os complexos são, legitimamente, aquilo que dirige a conduta de um homem no mundo".[11]

O que Freud está procurando é o reestabelecimento das condições psíquicas do indivíduo para que ele mesmo possa lutar contra seus sofrimentos, ou seja, Freud não visa a cura, propriamente dita, mas dar condições para que o paciente possa ele mesmo se curar:

> Eu frequentemente comparo mentalmente a psicoterapia catártica com as intervenções cirúrgicas e qualifico minhas curas de *operações psicoterápicas* as comparando com a abertura de uma cavidade cheia de pus, com a raspagem de uma cárie, etc. Esta analogia se encontra confirmada não exatamente pela supressão das partes doentes, mas pelo estabelecimento de condições mais favoráveis à evolução do processo de cura.[12]

Num certo sentido, mesmo se colocando num ponto de vista determinista, isto não faz com que Freud exclua a questão da *liberdade* para agir.[13] Para ele, o tratamento analítico tem como objetivo diminuir uma constrição (pelos conflitos da realidade psíquica interna) do indivíduo, restituindo-lhe uma maior liberdade para escolher agir, ainda que as formações do inconsciente (e mesmo alguns sintomas) possam sempre estar presentes: "A ação da análise não torna as reações mórbidas impossíveis, mas procura fornecer ao eu do doente a liberdade para se decidir por isto ou aquilo".[14]

---

[9] Freud 1912b, p. 108.
[10] Freud 1911g, p. 92.
[11] Freud & Ferenczi 1992, carta de 17/11/1911.
[12] Freud & Breuer 1895d, p. 305.
[13] Veja em Peter Gay 1990 uma análise sobre a questão da articulação, em Freud, de um princípio determinista com a ideia de liberdade para agir.
[14] Freud 1923b, p. 50.

Outra maneira de se referir à doença psíquica, no caso dos neuróticos, é que estes pacientes estão desorganizados internamente e que o tratamento psicanalítico proporcionará uma reorganização da vida psíquica: uma reorganização operativa da vida e dos impulsos internos. Diz Freud: "A psicanálise torna a vida mais simples. Adquirimos uma nova síntese depois da análise. A psicanálise reordena um emaranhado de impulsos dispersos, procura enrolá-los em torno do seu carretel. Ou, modificando a metáfora, ela fornece o fio que conduz a pessoa para fora do labirinto do seu inconsciente".[15]

Ao falar de modo sintético, designando dois índices objetivos da saúde psíquica, Freud se refere a capacidades ordinárias da vida social: a de agir (*realizar*) e a *de aproveitar da existência*.[16] São essas capacidades que Freud espera poder reestabelecer para que o próprio *paciente possa conquistar* um modo de vida mais proveitoso, no uso de suas forças e energias. Diz Freud: "O neurótico é incapaz de aproveitar e agir; de aproveitar, porque sua libido não é dirigida a nenhum objeto real; de agir porque ele é obrigado a gastar muita energia para manter sua libido em estado de recalcamento e se precaver contra seus assaltos".[17]

Mas Freud considera esses critérios descritivos um pouco vagos! Afirmando que a própria noção de saúde só pode ser descrita em termos metapsicológicos,[18] ou seja, que a saúde só pode ser descrita em termos das relações entre as supostas instâncias psíquicas, analisando a posição do ego em relação às exigências do id e do superego, ele descreve, então em termos teóricos, quais são os objetivos do tratamento psicanalítico, a saber: "fortificar o eu, torná-lo mais independente do super-eu, aumentando seu campo de percepção e estendendo sua organização,

---

[15] Freud 1926x, p. 15.
[16] Freud 1904a, p. 253; 1913j, p. 190.
[17] Freud 1916x, p. 454. Ao procurar explicitar o que é a saúde, em termos descritivos, Freud afirma, que se trata de um estado no qual o indivíduo tem "uma capacidade de atividade e de prazer, em geral, sem restrições" (1912c, p. 236).
[18] Freud 1937c, p. 241, nota.

de maneira que ele possa se apropriar de novos pedaços do Id. *Ali onde era o Id, o Ego deve advir*".[19] Para fornecer um conteúdo intuitivo a esse enunciado metapsicológico, ele apresenta uma analogia explicativa: "Trata-se de um trabalho cultural, um pouco como a drenagem do Zuyderzee" (1933a, p. 80, lesson 31); ou seja, é como na Holanda que ao construir os diques torna possível secar e utilizar uma região para habitar, região antes invadida pelo mar.

O que Freud pretende, pois, é fortalecer o indivíduo para que ele possa ser mais autônomo, fortalecer o seu eu (ego), sem que isto signifique a eliminação de todos os conflitos, trata-se de aumentar seu poder de ação e autonomia, de dar ao eu uma possibilidade maior de habitar o mundo em que ele vive.

Mas como é que Freud quer fazer isto? Onde, na vida psíquica dos indivíduos ele quer agir para chegar a este objetivo? De modo geral, ao considerar que são determinadas formações psíquicas inconscientes as responsáveis pelos sintomas e sofrimentos neuróticos, Freud dirá que o tratamento psicanalítico visa: "a supressão das resistências e o exame detalhado dos recalcamentos do doente, a unificação e o reforço o mais extenso de seu ego, de lhe poupar a despesa psíquica por seus conflitos internos, de dar forma, a partir do que ele é, ao melhor do que ele poder vir a ser em função de suas predisposições e capacidades, e de o tornar, tanto quanto possível, capaz de atividade e de prazer".[20]

É importante ressaltar que não há um objetivo moralizante, que Freud não está buscando normatizar ou fazer com que o indivíduo se adapte ao mundo, que se torne um bom homem politicamente correto: "A análise visa à unidade, não necessariamente à bondade".[21] Em 1937, ao responder a uma carta de uma mãe perguntando se a psicanálise poderia fazer algo por seu filho, Freud responde: "Compreendo que, a partir de sua carta, seu filho é homossexual. [...] A homossexualidade

---

[19] Freud 1933a, p. 80, lesson 31, itálicos meus.
[20] Freud 1923a, p. 253.
[21] Hale 1971, p. 188, carta de Freud a Putnam, de 07/junho/1915.

não é, evidentemente, uma vantagem, mas não há nada aí para se ter vergonha, não é um vício, nem uma degradação e não poderíamos qualificá-la como uma doença [...]. Ao me perguntar se posso ajudá-lo, você está sem dúvida me perguntando se posso suprimir a homossexualidade e fazer com que uma heterossexualidade normal surja em seu lugar. A resposta é que, de uma maneira geral, nós não podemos prometer isso [...]. O que a psicanálise pode fazer por seu filho se situa num nível diferente. Se ele é infeliz, neurótico, esgarçado por conflitos, inibido na sua vida social, então a psicanálise pode lhe trazer a harmonia, a paz de espírito, uma plena atividade, quer ele permaneça homossexual quer mude".[22]

Pode-se discutir como isso pode e deve ser feito, bem como quais seriam os limites do tratamento psicanalítico, lembrando, no entanto, que Freud aponta para as grandes dificuldades de chegar a esses objetivos ideais, afirmando a psicanálise como uma das profissões impossíveis, ao lado da atividade de educar e de governar.[23]

Depois de Freud a questão da cura e dos objetivos do tratamento psicanalítico tem sido redescrita e reformulada e é justamente esse o tema que este artigo apresenta para reflexão, num diálogo com outros psicanalistas pós-Freud que expandiram, redescreveram e reformularam criticamente esses objetivos, no desenvolvimento do método de tratamento psicanalítico.

---

[22] Freud 1960a, p. 461.
[23] Freud 1937c, p. 263.

Referências

Ellenberger, H. F. (1970). The Discovery of the Unconscious. *The History and Evolution of Dynamic Psychiatry*. New York: Basic Books.

Freud, S. (1904a). Freud's Psycho-Analytic Procedure [O método psicanalítico de Freud]. *The Standard Edition of the Complete Psychological Works of Sigmund Freud* (SA) Vol. 7.

Freud, S. (1905e). Fragment of an Analysis of a Case of Hysteria [Fragmento da análise de um caso de histeria]. SA 7.

Freud, S. (1911g). Compte rendu de la comunication de G. Greve: "Sobre psicologia y psicoterapia de ciertos estados angustiosos". *Sigmund Freud. Oeuvres complètes*. OCF.P 11.

Freud, S. (1912b). The Dynamics of Transference [A dinâmica da transferência]. SA 12.

Freud, S. (1912c). Types of Onset of Neurosis [Tipos de desencadeamento da neurose]. SA 12.

Freud, S. (1913c). On Beginning the Treatment (Further Recommendations on the Technique of Psycho-Analysis I) [Sobre o início do tratamento (Novas recomendações sobre a técnica da psicanálise)]. SA 12.

Freud, S. (1913j). The Claims of Psycho-Analysis to Scientific Interest [O interesse científico da psicanálise]. SA 13.

Freud, S. (1914d). On the History of the Psycho-Analytic Movement [Sobre a história do movimento psicanalítico]. SA 14.

Freud, S. (1916x). Introductory Lectures on Psycho-Analysis [Conferências introdutórias à psicanálise]. SA 15.

Freud, S. (1923b). The Ego and the Id [O Ego e o Id]. SA 19.

Freud, S. (1925d). An Autobiographical Study [Um estudo autobiográfico]. SA 20.

Freud, S. (1926x). Freud le véridique – Entrevista de Freud a Charles Baudoüin em 20/outubro/1926. *Journal of Psychoanalytical Psychology*, Psychoanalysis and the Future, 1957.

Freud, S. (1933a). New Introductory Lectures On Psycho-Analysis [Novas conferências introdutórias à psicanálise]. SA 22.

Freud, S. (1937c). Analysis Terminable and Interminable [Análise terminável e interminável]. SA 23.
Freud, S. (1960a). *Correspondance* 1873-1939. Paris: Gallimard.
Freud, S. & Breuer, J. (1895d). Studies on Hysteria [Estudos sobre a histeria]. SA 2.
Freud, S., & Ferenczi, S. (1992). *Correspondance* 1908-1914. Paris: Calmann-Lévy.
Green, A. (2005). Winnicott at the Start of the Third Millennium. In L. Caldwell (Ed.), *Sex and Sexuality: Winnicottian Perspectives* (Winnicott Studies Monograph Series) (pp. 11-31). London: Karnac Books.
Gay, P. (1990). Freud et la liberté. In *En lisant Freud, explorations et divertissements* (pp. 79-101). Paris: PUF. [Freud and Freedon. *Reading Freud. Explorations and Entertainments*. New Haven & London: Yale University].
Hale Jr., N. G. (Ed.). (1971). *James Jackson Putnam and Psychoanalysis. Letters between Putnam and Sigmund Freud, Ernst Jones, William James, Sándor Ferenczi and Morton Prince, 1877-1917.* Cambridge, Massachusetts: Harvard University Press.
Kant, I. (1798). *Antropologia de um ponto de vista pragmático*. São Paulo: Iluminuras, 2006.

Capítulo 3

Ferenczi e os objetivos do tratamento psicanalítico: autenticidade, neocatarse, crianceria
Daniel Kupermann

Ainda que não haja um trabalho específico de Ferenczi acerca dos objetivos do tratamento psicanalítico,[1] pode-se afirmar que seu interesse – pioneiro, no âmbito da história da psicanálise – pela problemática do final das análises nos oferece algumas pistas valiosas quanto a suas concepções sobre o tema.

Em 1928, Ferenczi publicou "O problema do fim da análise", no qual expõe alguns dos critérios para que se considere uma análise terminada. O contexto no qual esse ensaio vem à luz é revelador: não apenas porque se trata do primeiro trabalho dedicado ao assunto – que antecede em nove anos "Análise terminável e interminável" (Freud 1937c) –, mas também porque o interesse de Ferenczi sobre a terminabilidade da análise coincide com sua preocupação acerca das competências que deveriam ser desenvolvidas pelo analista para que pudesse exercer com precisão o seu ofício. Efetivamente, sua formulação de uma desejável elasticidade da técnica[2] exigia do psicanalista uma disponibilidade sensível inédita nos modos de psicanalisar para que o tratamento pudesse atingir seus objetivos.

Dessa maneira, para Ferenczi, pensar o fim das análises – tanto no sentido de sua finalidade ou dos seus objetivos, como no sentido do seu término –, implicava também postular que um psicanalista é, antes de qualquer outro "paciente", aquele que deveria ter conduzido sua análise a termo, o que o levou a propor que a análise do analista

---

[1] Como encontramos em Winnicott 1965d, por exemplo.
[2] Ferenczi 1928b.

seria a "segunda regra fundamental" da psicanálise; isto é, para atingir, com os analisandos, os objetivos esperados do tratamento, seria preciso que o psicanalista tivesse, ele mesmo, superado os principais obstáculos encontrados no curso da sua análise (idem).

Poucos anos mais tarde, na primeira inserção do seu *Diário clínico* (1932), Ferenczi apontaria a "hipocrisia dos analistas" como a mais poderosa fonte de resistências às análises. Ou seja, a recusa, por parte do psicanalista, à admissão dos seus afetos no contexto do exercício clínico – sua "hipocrisia" – produziria as maiores resistências ao próprio trabalho da análise.

Acredito que essas considerações introdutórias permitem retomar o problema da superação da "mentira" como um dos objetivos privilegiados de uma análise, de acordo com Ferenczi.

Escola da autenticidade: do recalque à clivagem

Efetivamente, a partir dos comentários de um caso clínico no qual o sintoma do analisando consistia na "necessidade" de mentir, Ferenczi propõe, explicitamente, que dentre os principais objetivos do tratamento psicanalítico está a suplantação da mentira. Lemos: "Abandonar verdadeiramente a tendência para mentir apresenta-se, pois, como sendo no mínimo um dos sinais do fim próximo de uma análise".[3]

Jacques Lacan, principal herdeiro da discussão ferencziana acerca do problema do final das análises,[4] contribui para reforçar nosso argumento de que há uma centralidade do problema da mentira – bem como do seu avesso, a autenticidade – nas derradeiras contribuições de Ferenczi à teoria da clínica psicanalítica, ao referir-se à escola de Budapeste (da qual Ferenczi fora o fundador e o maior expoente) como a "escola da autenticidade".[5] Consideramos que é, sobretudo, a partir

---

[3] Ferenczi 1928, p. 16.
[4] Cf. Bernardes 2002.
[5] Lacan 1953, p. 349.

do diálogo com os primeiros parágrafos do ensaio ferencziano sobre a relação entre a mentira e o final das análises que Lacan evoca o problema da autenticidade nas análises – seja da parte do analisando, seja, especialmente, da parte do psicanalista.[6] Cabe-nos, portanto, compreender o que significa, para Ferenczi, o recurso psíquico à mentira.

Uma leitura metapsicológica mais ortodoxa, como a que realiza Alexandre Stevens (1992), entenderia a mentira à qual Ferenczi se refere como o efeito do fantasma na constituição do recalcado. Nesse caso, a análise teria como finalidade o desvelamento da posição subjetiva assumida pelo analisando frente ao Outro, como defesa diante do estado de desamparo (*Hilflosigkeit*). E de fato é possível se encontrar no texto ferencziano boas indicações para a sustentação dessa compreensão. "Aquilo a que, segundo os princípios da moral e da realidade, chamamos mentira", escreve Ferenczi, "na criança e na patologia tem o nome de fantasia".[7] Porém, a matriz clínica a qual se refere essa leitura a respeito da mentira é a do recalcado, tendo o tratamento das neuroses – com destaque para a histeria – como o horizonte da atuação da clínica psicanalítica. Afinal, se recuarmos ao século XIX, lembraremos que a principal razão para o abandono da teoria da sedução traumática por parte de Freud foi a formulação do conceito de fantasia, para o qual a "primeira mentira" (*proton pseudos*) histérica fora a inspiração privilegiada; isto é, as cenas relatadas pelas pacientes diziam menos acerca de qualquer memória referente à realidade factual do que sobre seus desejos edipianos.[8]

Em contrapartida, uma apreciação mais atenta dos problemas com os quais Ferenczi se debatia na época da publicação de "O problema do fim da análise" nos remete a novas paisagens no horizonte da psicopatologia e da teoria da clínica: o resgate da problemática do trauma e

---

[6] Há uma evidente filiação de Lacan ao problema posto por Ferenczi acerca da análise dos analistas, explicitada com a publicação da "Proposição de 9 de outubro de 1967 sobre o psicanalista da Escola" (1968). Para um aprofundamento do problema da autenticidade nas obras de Ferenczi e de Lacan, remeto o leitor à tese de doutorado de Daniel Migliani Vitorello 2015.
[7] Ferenczi 1928, p.16.
[8] Cf. Freud 1895; 1897.

de suas incidências sobre as subjetividades, ilustradas pelo sofrimento apresentado pelos "pacientes difíceis" atendidos por Ferenczi. Nesse contexto, a referência para a "mentira" passaria a ser não o recalcamento, mas o que Ferenczi nomeou no período final de sua obra de "clivagem".

O caso clínico relatado em "O problema do fim da análise" evoca duas situações distintas, ambas remetendo ao tema da mentira. A primeira refere-se ao fato de o analisando tê-lo induzido, durante meses, ao "erro a respeito de um dado importante de natureza financeira".[9] A segunda, a uma falta em determinada sessão, desmentida pelo analisando na sessão seguinte – ele afirmava "imperturbável" que tinha comparecido à sessão na qual esteve efetivamente ausente (idem). A sequência da análise veio a revelar uma espécie de amnésia em relação a todos os eventos daquele dia provocada por um estado de embriaguez alcoólica, situação que já havia ocorrido em outros momentos da vida do paciente. Esses dois eventos são paradigmáticos para a discussão proposta. Convém citar o comentário de Ferenczi: "Portanto, no próprio momento em que eu obtinha a prova irrefutável de sua tendência consciente para a mentira, adquiri a convicção de que *o sintoma da clivagem da personalidade, pelo menos nele*, era o sinal neurótico dessa tendência de caráter".[10]

Porém, o que seria irredutível a esse analisando é ampliado para todos os sujeitos vítimas da clivagem. Em nota de rodapé acrescentada ao mesmo parágrafo lemos:

> Não hesito em generalizar esta única observação e em apresentar todos os casos da chamada "clivagem da personalidade" como sintomas de uma *insinceridade* parcialmente consciente que coage certas pessoas a manifestar alternadamente apenas partes de suas personalidades. No vocabulário da metapsicologia, poderíamos dizer que essas pessoas têm *vários superegos*, cuja unificação não foi bem-sucedida.[11]

---

[9] Ferenczi 1928, p.15.
[10] Ferenczi 1928, p.16, grifo nosso.
[11] Ferenczi 1928, p.16, primeiro grifo nosso.

Entende-se que "essas pessoas" às quais Ferenczi se refere, que apresentam o sintoma da insinceridade, são justamente os pacientes que o obrigaram ao resgate da traumatogênese, no final dos anos 1920.

O encontro com o traumático

O objetivo de Ferenczi com o emprego da técnica ativa (1919-1926) era, justamente, favorecer com que os tratamentos estagnados pudessem ser conduzidos a termo. A utilização de proibições e injunções tinha como objetivo barrar, em nome do princípio de abstinência, qualquer satisfação pulsional substitutiva vivida no campo transferencial por meio da promoção da frustração, da emergência de afetos hostis (transferência negativa) voltados ao analista e do trabalho associativo.[12] O ápice desse estilo clínico pode ser encontrado em "As fantasias provocadas",[13] artigo que tem como subtítulo "Atividade na técnica da associação".

Nesse ensaio Ferenczi expõe um caso que apresentava dificuldades de manejo bem próximas daquelas relatadas por Freud com o Homem dos Lobos. Tratava-se de um analisando que, apesar de se mostrar amistoso em relação ao analista, não avançava em nada em sua análise. Um primeiro gesto no sentido de superar as resistências do analisando foi inspirado no dispositivo nada ortodoxo empregado por Freud com Sergei Pankejeff: Ferenczi também estabeleceu um prazo para o término do tratamento de seu paciente. O efeito foi nulo, e o analisando, paralisado em seu fluxo associativo insistia, mesmo assim, em se mostrar amistoso e grato. Insatisfeito, Ferenczi passou a atuar no sentido de despertar fantasias agressivas dirigidas ao analista, o que culminou na evocação, por parte do analisando, de uma cena sexual de colorido sadomasoquista. Não pretendemos nesse espaço aprofundar a discussão acerca desse

---

[12] Cf. Ferenczi 1919.
[13] Ferenczi 1924.

momento dos ensaios clínicos de Ferenczi, mas sim discutir as razões que o levaram ao abandono do recurso à técnica ativa.[14]

Na cena evocada pelo relato de Ferenczi, o analisando possuía sexualmente seu analista. No entanto, o que, a princípio, pareceria uma fantasia de colorido sádico – expressão da hostilidade devida ao Complexo de Édipo – era, ao contrário, uma doação *masoquista* do analisando; sua resposta *obediente* às demandas intrusivas promovidas pelo analista "ativo".[15] Assim como, no caso do Homem dos Lobos, uma vez estabelecido o prazo para o término do tratamento, este ofereceu a Freud o sonho dos lobos sentados nos galhos da nogueira, que lhe deu a chave para o acesso à cena primária traumática – a visão, com um ano e meio de idade, do coito a *tergo* dos pais – e para a construção da história da sua neurose infantil.

Segundo Freud, em uma formulação controversa do caso, o material recalcado veio à tona com "uma lucidez em geral obtida somente na *hipnose*".[16] Sabemos que o desfecho do tratamento foi desastroso. Sergei adoecera gravemente e, após a Segunda Guerra, retornara a Viena para tratar de partes da "transferência que não fora resolvida".[17] Sua segunda analista, Ruth Brunswick, esboçando uma crítica severa a Freud, escreveu anos depois: "Nós podemos, enquanto analistas, estar de plena posse dos fatos biográficos da doença, mas não podemos saber em que medida o doente precisa 'retrabalhar' (*Durcharbeiten*) seu material para poder curar-se".[18] O Homem dos Lobos não conseguira livrar-se do que Brunswick nomeou como "receio de uma existência autônoma", e de sua "fixação ao pai".[19]

---

[14] Para mais detalhamento sobre o emprego da técnica ativa por Ferenczi ver Kupermann 2003, cap. 5.
[15] Um aprofundamento dessa discussão, tanto no caso do Homem dos Lobos quanto no caso relatado por Ferenczi, pode ser encontrado em Kupermann 2014.
[16] Freud 1918b, p. 19, grifo nosso. Sendo que o mesmo Freud abandonara a técnica hipnótica décadas antes, sobretudo em função da sua percepção de que a hipnose, por não reconhecer a resistência dos pacientes, os remetia a uma posição transferencial de dependência e de submissão de difícil liquidação.
[17] Freud 1937c, p. 247.
[18] Freud 1928, p. 309.
[19] Idem.

Ao perceber a tendência irredutível de certos analisandos em se manterem na posição de objeto perante as demandas daqueles que são alvo do seu investimento libidinal, Ferenczi se deparou com o traumático, o que o levou ao abandono do emprego da técnica ativa. Como dizia Freud, "o leão só salta uma vez",[20] e o tiro saíra pela culatra; ou seja, a tentativa de fazer com que as análises estagnadas pudessem ser conduzidas a termo ameaçando os analisandos de abandono, terminou por acarretar um incremento da sua aderência aos objetos idealizados persecutórios.

O trauma e sua clausura: quem mente?

A escuta dos chamados "pacientes difíceis" levou Ferenczi a formular uma teoria do trauma balizada nas noções de desmentido (*Verleugnung*), identificação ao agressor e progressão traumática. A linha mestra do seu argumento, que pode ser reconhecida principalmente nos ensaios "Análise de crianças com adultos" (1931) e "Confusão de língua entre os adultos e a criança" (1933), reside na tentativa de explicitar as consequências identificatórias da experiência traumática.

Para Ferenczi, o que caracterizaria o trauma seria menos a experiência da agressão sofrida,[21] que poderia ser considerada o primeiro tempo do trauma, do que o *desmentido* infligido pela "segunda pessoa de confiança",[22] diferente do agressor, a quem se recorreu para buscar atribuir algum sentido à violação.[23] No caso da criança, outro adulto, a quem ela recorre; no caso de um adulto violado em sua integridade, um semelhante, ou mesmo as instituições de cuidado. Como a noção de "desmentido" detém protagonismo na nossa argumentação,

---

[20] Referindo-se à técnica ativa Freud 1937c, p. 250 escrevera: "Um erro de cálculo não pode ser retificado. O dito de que o leão só salta uma vez deve ser aplicado aqui".
[21] Seja sexual, seja dos castigos punitivos corporais, seja do "terrorismo do sofrimento" – a atribuição de responsabilidade pelo sofrimento parental infligida à criança (Ferenczi 1933, p.120).
[22] Ferenczi 1931, p. 103.
[23] Kupermann 2017, cap. 3.

convém retomarmos com mais detalhes os tempos da traumatogênese ferencziana, sublinhando que foi a partir do entendimento de que alguns sintomas bastante graves de seus analisandos eram efeito de acontecimentos traumáticos – sobretudo aqueles que denotavam identificações estáticas e miméticas com os objetos persecutórios – que Ferenczi construiu sua teoria.

Dessa maneira, o ponto de partida de todo padecimento psíquico seria o vínculo amoroso intenso de uma criança com um adulto, rompido de modo brutal e indecifrável pela violação sofrida. A agressão por parte do adulto caracterizaria, assim, o primeiro momento do evento traumático, incompreensível para a criança que, incapaz de nomear sua dor, é remetida ao que designamos *tempo do indizível*.

Uma vez que a tendência inextinguível do movimento psíquico é promover a "introjeção" responsável pela constituição dos sentidos por meio dos quais o sujeito se reconhece como o criador dos objetos merecedores do seu investimento amoroso,[24] a criança violentada buscará outro adulto – diferente do agressor – com o qual estabeleceu uma relação de confiança para ser o destinatário do seu padecimento inominável, de modo a que, com sua ajuda, consiga simbolizá-lo. Denominamos esse segundo momento do evento traumático de *tempo do testemunho*; veremos, inclusive, de que maneira a "regressão" transferencial proporcionada pelo tratamento psicanalítico busca promover o refazimento da experiência do testemunho em condições favoráveis à produção de sentidos pelo analisando.

O evento traumático propriamente dito se configura em um terceiro momento, caracterizado pelo fracasso do testemunho do sujeito agredido, no qual sua voz não pôde ser escutada e a construção da sua versão do acontecimento traumático não pôde ser reconhecida.[25] Em uma passagem bastante reveladora, Ferenczi descreve de que modo é, justamente, a clausura no labirinto da mentira que promove a vivência

---

[24] Ferenczi 1909.
[25] Cf. Dal Molin 2016; Pinheiro 2017.

do trauma: "O pior é realmente o *desmentido* [*Verlugnung*], a afirmação de que nada aconteceu, de que não houve sofrimento ou até mesmo ser espancado e repreendido quando se manifesta a paralisia traumática do pensamento ou dos movimentos; é isso, sobretudo, o que torna o traumatismo patogênico (...)".[26]

De acordo com o exposto, o trauma seria, portanto, efeito de uma mentira do adulto ao qual se recorreu em nome da confiança (e, também do próprio agressor, como veremos) construída por meio do "desmentido" hipócrita da versão, sempre claudicante e vulnerável, da criança ou do sujeito traumatizado.

O termo utilizado no artigo publicado originalmente por Ferenczi em alemão é *Verlugnung*. Uma consulta ao *Dicionário comentado do alemão de Freud* revela que o vocábulo *verleugnen* indica, necessariamente, uma "ambiguidade quanto à verdade e mentira".[27] Acompanhando o autor, a opção pela tradução "desmentido" se deu ainda pelo fato de que, em português, essa palavra carrega a mesma aura de ambiguidade e de confusão que o termo alemão; além disso, o sufixo *leugnen* denota "contestar a veracidade" de determinada afirmação e, em sua raiz indo-europeia, significa "mentir".

Assim, o circuito da traumatogênese ferencziana se completa com *tempo do desmentido* que abandona o sujeito violado, mantendo-o enclausurado em sua impossibilidade de dizer da sua dor frente ao agravo sofrido. Mas, no círculo vicioso do traumatismo, quem mente, e para quem?

Uma vez que, como vimos, o agressor é sempre alguém amado, no sentido da chamada "linguagem da ternura" – alguém de quem a criança efetivamente *depende* para enfrentar o seu desamparo –, a solução defensiva, de modo a não se ver totalmente abandonada, é "identificar-se totalmente com o agressor".[28] Sem encontrar ressonâncias para o seu

---

[26] Ferenczi 1931a, p.109, grifo e colchete nosso. Optei, como atalho para minha argumentação, e de modo a poupar o leitor de volteios acerca das várias traduções existentes, por utilizar aqui a edição francesa das obras de Ferenczi, por mim mesmo traduzida.
[27] Hanns 1996, pp. 303-313.
[28] Ferenczi 1933, p. 117.

testemunho, resta à criança submeter-se à *mentira* daquele que a violou. "Quase sempre", escreve Ferenczi, "o agressor comporta-se como se nada tivesse acontecido",[29] mentira que tende a se impor aos dois parceiros da experiência traumática, seja por culpa, vergonha ou medo da punição. Dessa maneira, mente o agressor, para si mesmo e para o violado, por não suportar sua responsabilidade; e "mente" o sujeito traumatizado, por não tolerar a solidão engendrada pelo abandono ao qual se viu remetido. De acordo com Hanns,[30] a forma verbal *verleugnen* carrega ainda o sentido de agir contra a própria natureza, negando-se a si mesmo, bem como o de um esforço em manter uma versão dos fatos em contradição com a própria percepção, isto é, em negar evidências.

Incapaz de expressar sua indignação e seu ódio, a identificação ao agressor, com a incorporação da sua culpa, revelaria a maneira encontrada pelo sujeito para sobreviver às angústias de morte provocadas pela injúria sofrida e pela dimensão irrepresentável do excesso traumático. Nesse caso, a *incapacidade para estar só*[31] se impõe de modo irredutível, não sendo possível expressar qualquer ambivalência em relação ao objeto com o qual se identificou.

A identificação ao agressor promove, por seu turno, uma "auto-clivagem narcísica" na subjetividade traumatizada.[32] Sem dispor de um próximo que possa cuidar de si, o sujeito, agora clivado em uma parte sensível destruída e outra que "sabe tudo, mas nada sente" (idem) passa a desempenhar o papel da mãe ou do pai de si mesmo, "e assim torna o abandono nulo e sem efeito".[33]

A metáfora empregada por Ferenczi (1933) para ilustrar a condição subjetiva do sujeito traumatizado é a da fruta bichada, madura por fora e destruída por dentro. Nesse sentido pode-se acompanhar o autor em

---

[29] Ferenczi 1933, p.102.
[30] Hanns 1996, pp. 303-313.
[31] Nas últimas páginas do *Diário clínico*, Ferenczi explicita a questão do isolamento traumático: "ESTAR SÓ conduz à clivagem" (1932, p. 248, letras maiúsculas no original).
[32] Ferenczi 1931, p. 77.
[33] Ferenczi 1931, p. 76.

sua formulação de uma "progressão traumática" por meio da qual o sujeito (no exemplo ferencziano a criança) amadurece rápido demais, adaptando-se ao ambiente intrusivo, identificando-se "totalmente com o agressor", pagando por isso o preço da *perda da sua autenticidade*.[34] No entanto, o objeto incorporado[35] mantém-se, efetivamente, como um corpo estranho, uma modalidade de superego tirânico não integrado, uma verdadeira "sombra" à qual o sujeito se submete à moda masoquista. Como escreve Ferenczi (1932) em seu *Diário clínico*, o masoquismo implica sempre a busca de uma dor que tem a função de abrandar uma dor maior.

Ainda no *Diário*, encontramos uma passagem significativa que oferece uma tentativa de resposta à pergunta referente ao âmago do ego clivado. De acordo com Ferenczi:

> o conteúdo do elemento clivado é sempre: desenvolvimento natural e espontaneidade; protesto contra a violência e a injustiça; obediência desdenhosa, até sarcástica e irônica, afetada em relação à dominação, sabendo interiormente que, de fato, a violência nada obteve; ela apenas modificou as coisas objetivamente, as formas de decisão, mas não o Ego como tal [...].[36]

Neocatarse e crianceria

Em "Princípio de relaxamento e neocatarse" Ferenczi (1930) ilustra com o relato de um caso o estilo clínico que desenvolveu – após o abandono da técnica ativa – para o tratamento dos pacientes traumatizados, enredados com a incorporação do objeto persecutório. Trata-se de uma paciente que, após alguns anos de manifestações da transferência negativa em função do que Ferenczi nomeou como "um

---

[34] Ferenczi 1933, pp. 102-104.
[35] Para a diferença entre introjeção e incorporação a partir da obra ferencziana, ver Abraham & Torok 1995.
[36] Ferenczi 1932, p. 50.

duro combate com a resistência", diz ao seu analista: "Agora que o amo, posso renunciar a você".[37] Sua conclusão é a de que a clausura promovida no analisando pelo ódio dirigido ao objeto do qual não pôde se livrar, voltado ao analista na transferência, é mais restritiva do que aquela produzida por qualquer vínculo amoroso. Na verdade, para Ferenczi, toda adesividade transferencial irremovível tem como força motriz o ódio que não pôde ganhar expressão. Lemos: "o ódio recalcado constituía um meio de fixação e de colagem mais poderoso do que a ternura aberta reconhecida".[38]

Nesse sentido pode-se perceber que a elasticidade na técnica, formulada para a lida dos casos "difíceis", implicava o acolhimento inequívoco da repetição nas análises, com privilégio para o manejo da transferência negativa – recordando que esta última sempre recebeu as maiores reservas por parte de Freud. É célebre, para os seus leitores, a passagem na qual Ferenczi[39] tece uma analogia entre o psicanalista e o boneco "joão-teimoso" – brinquedo infantil bastante anterior ao *iPad*, que se inclina ao receber um golpe retornando ao equilíbrio logo em seguida – em quem o paciente exercitaria seus afetos de desprazer e sua hostilidade. Ferenczi acrescenta: "Se não só nos protegermos, mas, em todas as ocasiões, encorajarmos também o paciente, já bastante tímido, colheremos mais cedo ou mais tarde a recompensa bem merecida de nossa *paciência*, sob a forma de uma nascente transferência positiva".[40]

A diferença entre a "paciência" proposta por Ferenczi e a técnica ativa empregada por Freud no tratamento do Homem dos Lobos e pelo próprio Ferenczi no caso relatado em "As fantasias provocadas" é patente, e sustenta nossa hipótese de que o estilo clínico ferencziano desenvolvido após o ano de 1928, caracterizado pelo signo da neocatarse, é herdeiro dos impasses impostos à técnica psicanalítica clássica, encontrados pelos psicanalistas nos casos-limite, apontados por Freud

---

[37] Ferenczi 1930, p. 66.
[38] Ferenczi 1930, p. 66.
[39] Ferenczi 1928b, p. 35.
[40] Ferenczi 1928b, p. 35, grifo nosso.

em "Lembrar, repetir e perlaborar" (1914g), até então não respondidos pela comunidade psicanalítica.

De fato, em "O problema do fim da análise", Ferenczi[41] diferencia uma vertente *qualitativa* da análise, voltada para a elucidação tópico-dinâmica da constituição do recalcado e da formação dos sintomas, e contemplada pela interpretação, de uma vertente *quantitativa*, relativa à dimensão econômica do psiquismo, contemplada pela perlaboração, definida como o "trabalho psíquico a que o paciente se entrega *com a ajuda do analista*, com a relação de forças entre o recalcado e a resistência".[42]

Recuando ao texto de Freud,[43] a perlaboração implicaria o "tempo" dado ao paciente para que experimente suas resistências, o que poderia exigir "prova de paciência" para o psicanalista; porém, a perlaboração configuraria, ao mesmo tempo, o aspecto mais transformador do tratamento psicanalítico, que o diferencia da sugestão e da hipnose. "Do ponto de vista teórico", conclui Freud (idem), a perlaboração pode ser comparada à "'ab-reação' dos montantes de afeto retidos pelo recalque".

Se, efetivamente, podemos considerar a neocatarse o ponto culminante das contribuições teórico-clínicas de Ferenczi, é porque, por meio da sua formulação, Ferenczi condensou a resposta ao desafio da perlaboração dos afetos na clínica – fiel à indicação de Freud de que sua inspiração residia na *ab-reação catártica* apresentada nos "Estudos sobre a histeria"[44] –, com a necessária referência ao papel do traumático – o desmentido imposto ao sujeito no momento do testemunho da sua dor.

Desse modo, referida à vertente quantitativa do exercício clínico e ao trabalho dos afetos realizado pelo paciente "com a ajuda do analista", a neocatarse ferencziana aproxima a experiência psicanalítica de um espaço de jogo e de compartilhamento afetivo tal qual a prática clínica exercida com crianças – a grande novidade do campo psicanalítico nos anos 1920. Nesse sentido, para Ferenczi, toda análise seria,

---

[41] Ferenczi 1928, p. 20.
[42] Ferenczi 1928, p. 20, grifo nosso.
[43] Freud 1914g, p. 161.
[44] Breuer & Freud 1895d.

efetivamente, análise da criança que habita cada um dos nossos pacientes, como sugere o título do artigo que publicou em 1931: "Análise de crianças com adultos".

O estilo clínico ferencziano do final dos anos 1920, sob a égide da neocatarse, passaria a ser balizado, de um lado, pelo *jogo* criador de um campo de afetação mútua; e de outro, pela *regressão* dos analisandos de maneira que pudessem experimentar com o analista, muitas vezes "pela primeira vez", como sublinha Ferenczi, "a irresponsabilidade da infância", ou seja, a experiência de onipotência primordial[45] capaz de "introduzir impulsos positivos de vida e razões para se continuar existindo".[46]

Dessa forma, arriscamos que, no horizonte do tratamento psicanalítico encontrar-se-ia a "crianceria", no sentido proposto por Chaim Katz: "devir, [...] exercício imanente de potências [...] que se faz em novos encontros e se procura incessantemente nas intensidades".[47] O resgate da linguagem da ternura infantil preconizado por Ferenczi visa, justamente, restituir ao sujeito a palavra evocadora de si e da realidade, assegurando uma existência mais próxima da sua autenticidade. É significativo constatar que a personagem da criança está presente no título de quatro dos nove principais ensaios publicados por Ferenczi a partir de 1928.

Assim, dentre os objetivos do tratamento dos pacientes traumatizados, Ferenczi preconizava, por sua vez inspirado na formulação então recente de Michael Balint, um "novo começo"[48] possibilitado pela "dissolução da estrutura cristalizada" produzida pela progressão traumática.[49] A via para a perlaboração dos traumas sofridos passaria pela regressão – sustentada pela experiência transferencial – à onipotência

---

[45] De acordo com a sua descrição dos estágios do desenvolvimento do sentido de realidade (Ferenczi 1913).
[46] Ferenczi 1929, p. 59.
[47] Katz 1996, pp. 90-94.
[48] A expressão é utilizada originalmente por Balint no artigo "*Character analysis and new beginning*" (1932), citado por Ferenczi no *Diário clínico*; na edição brasileira, traduzida do francês, aparece o termo "renovação" como tradução de "renouveau" (1932, p.237).
[49] Ferenczi 1928, p. 21.

mágica promovida pela ternura infantil e pelo jogo compartilhado dos afetos com o psicanalista. Apenas por meio da presença sensível do psicanalista seria possível transformar o horror provocado pela angústia do abandono e pelo isolamento defensivo em capacidade legítima para ficar só, livre da mentira imposta pela incorporação dos objetos persecutórios, condição para o gesto criativo.

Epílogo

À guisa de conclusão, retomaremos, de modo sistemático e condensado, o que consideramos serem os elementos cruciais propostos para determinar os objetivos do tratamento psicanalítico de acordo com as contribuições teórico-clínicas de Sándor Ferenczi. Uma vez que nosso ponto de partida foi o ensaio "O problema do fim da análise", convém indicar como última ressalva que, se para Ferenczi, o fim, a finalidade e/ou os objetivos da clínica psicanalítica detêm o estatuto de "problema" (*Problem*, em alemão), isso se deve menos à suposição de que a análise seria efetivamente interminável do que à indicação de que as reflexões acerca do fim da análise arriscam revirar o pensamento clínico psicanalítico de ponta-cabeça, colocando o psicanalista, e não o analisando, como o pivô das questões suscitadas.

Autenticidade: se não há, de fato, para Ferenczi, final de análise sem que a tendência para "mentir" esteja superada – entendendo-se por mentira o efeito da identificação ao agressor e da incorporação do desmentido hipócrita advindo do campo do Outro –, pôde-se indicar seu avesso, o encontro com a autenticidade, como uma das finalidades privilegiadas do tratamento psicanalítico. A mentira corresponde, como vimos, ao silêncio imposto à expressão sensível e à linguagem da ternura capaz de produzir sentidos para a dor experimentada pela intrusão traumática. A autenticidade, por seu turno, implicaria o resgate da alegria promotora das introjeções responsáveis pela expansão da subjetividade em seu movimento de criação de si e do campo dos objetos merecedores do seu investimento desejante – o que só é possível a partir da "dissolução da estrutura cristalizada" do caráter, bem como da desconstrução dos "vários superegos" resultantes da clivagem narcísica que impelem a subjetividade à recorrente ameaça de desintegração.

Segundo a inspiração encontrada em Rozenthal (2015), a autenticidade seria, efetivamente, a possibilidade de exercitar, com a exuberância própria do élan pulsional que anima o gesto da criança, "o ser no gerúndio".

Neocatarse: considerando-se que os efeitos identificatórios promovidos pelo desmentido constituem uma *progressão* traumática – por meio da qual o sujeito se apresenta dissociado em uma parte sensível destruída e protegida por outra parte onisciente, porém anestesiada –, a direção do tratamento psicanalítico tem como alvo favorecer a *regressão* do analisando aos estágios mais precoces do desenvolvimento do sentido de realidade, de maneira a que este possa experimentar a onipotência mágico-criadora comprometida pelo abandono familiar/ambiental.[50]

Em "A criança mal acolhida e sua pulsão de morte" (1929), Ferenczi postula que a "força vital" bem como a "vontade de viver" não são muito intensas no início da experiência subjetiva; ambas dependem da qualidade do encontro com os adultos propiciadores dos cuidados que asseguram a "imunização progressiva contra os atentados físicos e psíquicos"[51] e contra o consequente incremento da pulsão de morte.

Nesse sentido, a "empatia" do psicanalista é condição *sine qua non* de acesso ao núcleo sensível do analisando clivado, tolhido na sua expressão afetiva, e a possibilidade de promoção do prazer de viver e do reconhecimento das boas "razões para se continuar existindo".[52]

Crianceria: Em "Confusão de línguas entre os adultos e a criança" (1933), Ferenczi sublinha com precisão, por meio da noção de "linguagem da ternura", o papel do amar infantil (que, aliás, subsiste em cada um de nós) para os processos de simbolização constituintes da experiência de si, bem como de perlaboração das intensidades afetivas

---

[50] Cf. Ferenczi 1913.
[51] Ferenczi 1929, p. 50.
[52] Ferenczi 1929, p. 51.

do encontro com a sua sexualidade – "linguagem da paixão" – dos adultos. De acordo com Mautner (1996), sua inspiração para a postulação de uma *confusão de línguas* traumatizante fora a própria situação geopolítica da Hungria do seu tempo, submetida ao alemão nas instituições reguladoras da vida pública, preservando o magiar para a designação das experiências afetivas e íntimas próprias do universo familiar e comunitário.

As subjetividades traumatizadas promoveriam uma clivagem por meio da qual adotariam mimeticamente a linguagem da paixão imposta pelos adultos, ao preço da perda da autenticidade do seu sentir, pensar e agir. Dessa maneira, a tarefa clínica implicaria o resgate da palavra evocativa própria da linguagem da ternura;[53] mais ainda, exigiria da parte do psicanalista a competência de compartilhar uma língua capaz de afetar o analisando apartado do sentido de si. Para Ferenczi, nesses casos, muitas vezes a interpretação não tem sucesso senão em estabelecer um diálogo estéril com a parte do sujeito identificada ao agressor, atingindo apenas a dimensão inteligível da sua subjetividade, mantendo intacto seu anestesiamento mortífero. Seria preciso, mais do que falar *da* criança que sobrevive, anacrônica, na neurose infantil de cada analisando, falar *com* a criança traumatizada, testemunhando o indizível da sua dor.

Encontramos, na inserção de 13/03/1932 do *Diário clínico*, o desdobramento da concepção de que toda análise é análise de uma criança; Ferenczi[54] postula que em muitos momentos – sobretudo naqueles em que se atinge a epifania de que o estado de desamparo é a condição trágica da existência – o espaço analítico é habitado por *duas crianças*, o paciente e o psicanalista, que "em consequência de um mesmo destino se compreendem" e estabelecem um laço de confiança mútua capaz de transformar a agonia provocada pela ameaça de abandono em impulso criador.

---

[53] Mezan 1993.
[54] Ferenczi 1932, p. 91.

Completando, assim, uma previsível circunvolução que nos remete à introdução deste ensaio, pode-se entender sem muitas dificuldades que dentre os principais obstáculos para que um tratamento psicanalítico possa atingir seus objetivos está a resistência do psicanalista à crianceria; Ferenczi (1932) é ainda mais preciso ao nomeá-la: a maior resistência à análise é o medo da loucura por parte do psicanalista.

Dessa maneira, se a psicanálise impõe àqueles que a ela recorrem uma única regra fundamental, a associação livre (que os impele à estranheza do contato com o inconsciente recalcado e à agonia da regressão aos seus núcleos traumáticos clivados, a contrapartida exigida ao analista), a "segunda regra fundamental", de acordo com Ferenczi (1928b), é que ele conduza sua própria análise o mais longe possível. Distante o suficiente para dispor da sensibilidade necessária para sustentar os princípios da ética do cuidado que legitimam a experiência psicanalítica.

Referências

Abraham, N. & Torok, M. (1995). Luto ou melancolia, introjetar-incorporar. In *A casca e o núcleo*. São Paulo: Escuta.

Bernardes, A. C. (2002). A segunda regra fundamental: um comentário sobre o Ferenczi de Lacan. *Ágora: Estudos em Teoria Psicanalítica*, 5(2), pp. 311-316. <https://dx.doi.org/10.1590/S1516-14982002000200007>

Breuer, J. & Freud, S. (1895d). Estudos sobre a histeria. In S. Freud, *Edição standard brasileira das obras psicológicas completas de Sigmund Freud* (SEB) Volume 2. Rio de Janeiro: Imago, 1980.

Brunswick, R. M. (1928). Supplément à l'«l'extrait de l'histoire d'une névrose infantile» de Freud. In Gardiner, M. (Org.). *L'homme aux loups par ses psychanalystes et par lui-même*. (M. Bonaparte, trad., pp. 268-316). Paris: Gallimard, 1981.

Canesin Dal Molin, E. (2016). *O terceiro tempo do trauma*. São Paulo: Perspectiva.
Ferenczi, S. (1909). Transferência e introjeção. *Psicanálise I*. São Paulo: Martins Fontes, 1991.
Ferenczi, S. (1913). O desenvolvimento do sentido de realidade e seus estágios. *Psicanálise II*. São Paulo: Martins Fontes, 1992.
Ferenczi, S. (1919). Dificuldades técnicas de uma análise de histeria. *Psicanálise III*. São Paulo: Martins Fontes, 1993.
Ferenczi, S. (1924). As fantasias provocadas. *Psicanálise III*. São Paulo: Martins Fontes, 1993.
Ferenczi, S. (1928). O problema do fim da análise. *Psicanálise IV*. São Paulo: Martins Fontes, 1992.
Ferenczi, S. (1928a). Elasticidade da técnica psicanalítica. *Psicanálise IV*. São Paulo: Martins Fontes, 1992.
Ferenczi, S. (1929). A criança mal acolhida e sua pulsão de morte. *Psicanálise IV*. São Paulo: Martins Fontes, 1992.
Ferenczi, S. (1930). Princípio de relaxamento e neocatarse. *Psicanálise IV*. São Paulo: Martins Fontes, 1992.
Ferenczi, S. (1931). Análise de crianças com adultos. *Psicanálise IV*. São Paulo: Martins Fontes, 1992.
Ferenczi, S. (1932). *Diário clínico*. São Paulo: Martins Fontes, 1990.
Ferenczi, S. (1933). Confusão de língua entre os adultos e a criança. *Psicanálise IV*. São Paulo: Martins Fontes, 1992.
Freud, S. (1895). *Projeto de uma psicologia*. Rio de Janeiro: Imago, 1995.
Freud, S. (1897). Carta 69. *Edição standard brasileira das obras psicológicas completas de Sigmund Freud* (SEB) Volume 1.
Freud, S. (1914g). Recordar, repetir e elaborar (Novas recomendações sobre a técnica da psicanálise II). SEB 12.
Freud, S. (1918b). História de uma neurose infantil. SEB 17.
Freud, S. (1937c). Análise terminável e interminável. SEB 23.
Hanns, L. (1996). *Dicionário comentado do alemão de Freud*. Rio de Janeiro: Imago.
Katz, C. S. (1996). Crianceria: o que é a criança. *Cadernos de subjetividade*. PUC-SP. Vol. 1, N. 1.

Kupermann, D. (2003). *Ousar rir: humor, criação e psicanálise*. Rio de Janeiro: Civilização Brasileira.
Kupermann, D. (2014). A maldição egípcia e as modalidades de intervenção clínica em Freud, Ferenczi e Winnicott. *Revista Brasileira de Psicanálise*. Vol. 48, N. 2, pp. 47-58.
Kupermann, D. (2017). *Estilos do cuidado: a psicanálise e o traumático*. São Paulo: Zagodoni.
Lacan, J. (1953). Variantes do tratamento-padrão. In *Escritos*. Rio de Janeiro: Jorge Zahar, 1998.
Lacan, J. (1968). Proposição de 9 de outubro de 1967 sobre o psicanalista da Escola. *Outros Escritos*. Rio de Janeiro: Jorge Zahar, 2003.
Masson, J. M. (ed.). (1986). A correspondência completa de Sigmund Freud para Wilhelm Fliess 1887-1904. Rio de Janeiro: Imago.
Mautner, A. V. (1996). Ferenczi: cultura e história. In Katz, C. S. (Org.). *Ferenczi: história, teoria, técnica*. São Paulo: 34/Formação Freudiana.
Mezan, R. (1993). Do auto-erotismo ao objeto: a simbolização segundo Ferenczi. *Percurso: revista de psicanálise*. Ano VI, N. 10. São Paulo: Instituto Sedes Sapientiae.
Pinheiro, T. (2016). *Ferenczi*. São Paulo: Casa do Psicólogo.
Rozenthal, E. (2014). *O ser no gerúndio: corpo e sensibilidade na psicanálise*. Rio de Janeiro: Companhia de Freud.
Stevens, A. (1992). La fin de la cure analytique pour Ferenczi. *Le coq-héron (L'héritage de Ferenczi)*. 125.
Vitorello, D. M. (2015). *Autenticidade: o psicanalista entre Ferenczi e Lacan*. Tese de doutorado, Instituto de Psicologia, Universidade de São Paulo, São Paulo.
Winnicott, D. W. (1955). Aspectos clínicos e metapsicológicos da regressão no contexto psicanalítico. In *Da pediatria à psicanálise: Obras escolhidas*. Rio de Janeiro: Imago, 2000.
Winnicott, D W. (1962). Os objetivos do tratamento psicanalítico. In *O ambiente e os processos de maturação: estudos sobre a teoria do desenvolvimento emocional*. Porto Alegre: Artes Médicas, 1983.

Capítulo 4

O que é desenvolver-se para Melanie Klein?
Elias Mallet da Rocha Barros

> "Dentro de nós há uma coisa que não tem nome,
> essa coisa é o que somos"
> *(Saramago 1995)*

Quero iniciar nosso diálogo com algumas reflexões sobre a vida, sobretudo no contexto daquilo que chamamos de contemporaneidade, antes de me aprofundar no pensamento de Klein.

De primeiro, eu fazia e mexia, e pensar não pensava. Não possuía os prazos. Vivi puxando difícil de difícel, peixe vivo no moquém: quem mói no asp'ro, não fantasêia. Mas, agora, feita a folga que me vem, e sem pequenos dessossegos, estou de range rede. E me inventei neste gosto de especular ideia.[1]

Riobaldo, personagem de Guimarães Rosa, na passagem acima citada, concentra em sua fala – uma fala de alguém que se propõe a narrar sua própria vida *em busca de um fio condutor que lhe dê unidade e sentido* – a essência daquilo que estamos perdendo e que a psicanálise visa restituir: *o pensar reflexivo sobre si mesmo* num ambiente interno integrado e multidimensional e ainda um interesse cada vez maior na questão de saber como nossas mentes se organizam para pensar o que pensam e desta forma atribuir sentido às nossas experiências. Ao fazê--lo, isto nos permitiria que nos apropriemos de nossos conhecimentos

---
[1] Guimarães Rosa 1988, p. 3.

e examinemos criticamente os atos e discursos constitutivos de nossas vidas de modo a encontrar nesta um sentido, uma estrutura organizadora que nos permita exercer uma função crítica em relação aos nossos atos, sentimentos e à própria cultura. Riobaldo sabe intuitivamente que o sentido de sua experiência não é apreensível enquanto esta transcorre, no imediatismo do dia a dia. É só no *range rede depois de feita a folga* e sem *os pequenos dessossegos* que a experiência pode ser pensada que o sentido será encontrado.

Quero citar outra passagem interessante para se compreender a busca de Riobaldo por um sentido para sua existência: "*Eu queria decifrar as coisas que são importantes. E estou contando não é uma vida de sertanejo, seja se for jagunço, mas a matéria vertente. Queria entender de medo e de coragem, e da gã que empurra a gente para fazer tantos atos, dar corpo ao suceder*".[2]

Riobaldo quer entender *a matéria vertente àquilo que dá corpo ao suceder associada ao impulso que nos empurra para frente.*

Freud, em carta a Stefan Zweig, citada por Peter Gay, diz que a tarefa fundamental da psicanálise era "lutar com o demônio da irracionalidade [...] de maneira serena".[3] Acrescentou a seguir que essa mesma serenidade que reduz esse demônio a "um objeto de estudo inteligível", apenas fazia com que suas ideias a respeito da natureza humana parecessem ainda mais desalentadoras, ainda mais "inaceitáveis".

Quero seguir agora me concentrando no tema que propus – "O que é desenvolver-se para Melanie Klein?" –, dizendo que quando examinamos uma determinada concepção num autor, somos confrontados com um dilema complexo. O pensamento de nossa autora, M. Klein, não é estático, ele contém diversos movimentos e deixa diversos temas apenas esboçados ou implícitos. Então qual momento ou aspecto de seu pensamento devo privilegiar? Há várias possibilidades: poderia me concentrar apenas nas afirmações explícitas que fez, na sua obra, à

---

[2] Guimarães Rosa 1988, p. 96.
[3] Gay 1988, p. 15.

noção de desenvolvimento psíquico, mas isto seria limitante e empobrecedor, já que sua obra é muito mais rica do que isso; outra possibilidade seria considerar que sua obra foi objeto de diversas leituras ao longo dos anos, muitas dessas influenciadas por textos provenientes de outros autores dela desconhecidos e por tudo que se publicou após sua morte. Ao refletir sobre estas duas possibilidades, decidi me concentrar numa combinação delas, concomitantemente, dando relevância especial às concepções apenas esboçadas ou implícitas e, posteriormente, desenvolvidas pelos seus intérpretes (dentre os quais me incluo). Ao fazê-lo estou adotando a perspectiva da transtextualidade proposta por Octávio Paz.

Agora, diante dos *Riobaldos* da vida, como é que Klein busca encontrar as *coisas importantes* que dão unidade e sentido à vida, assim como ao *gã que empurra a gente para fazer tantos atos*, dando corpo ao suceder. Diria que ela foca sobretudo *na matéria vertente*, que vai dando corpo ao suceder. Melanie Klein está mais focada em entender como o indivíduo está *sendo* do que em *como ele é*. Desenvolver-se para ela é um processo contínuo e sempre que se interrompe, a pessoa fenece, regride a um estágio menos rico emocionalmente. O grande objetivo da psicanálise, para ela, é de promover o desenvolvimento, desarticular os fatores que o impedem e ampliar as possibilidades de que isto ocorra. Daí seu interesse em como as pessoas *estão sendo* e menos no que *elas são*. Saúde mental é algo que se conquista todos os dias e não apenas aquilo que naturalmente atingiremos se nada nos impedir. Saúde mental não é o resultado natural do desenvolvimento.

O inconsciente para ela não é apenas o lugar de uma *outra pessoa* em nosso mundo interior, opondo-se à consciência. O inconsciente é uma estrutura organizada, separada por forças dinâmicas da consciência, que se constitui como uma espécie de teatro gerador de significados, fonte de um processo que vai progressivamente moldando como nos sentimos e percebemos as pessoas e o mundo ao nosso redor.

Em Klein a palavra chave no que tange aos objetivos da psicanálise é *integração*. Ela concebe a mente humana desde seus primórdios como dotada de um movimento (*urge*) interno em direção à integração (permanentemente ameaçado de desintegração), seja das diferentes partes do Ego que se encontram cindidas, seja do significado das experiências emocionais que vivemos ao longo de nossas vidas, ou ainda, de sentimentos reprimidos ou defensivamente superficializados. Três outros termos aparecem associados a este movimento pela integração: *profundidade* dos afetos, *responsabilidade* e *compromisso* no sentido de lealdade para com seus sentimentos.

Estes três termos envolvem complexos processos mentais. Ninguém é profundo simplesmente por desejar sê-lo. O mesmo pode ser dito em relação aos desenvolvimentos de atitudes *responsáveis* e *compromissadas*. Ninguém em sã consciência negaria possuir ou não valorizar estas três atitudes. A questão é como *atingi-las* e *mantê-las ativas* durante nossa vida, diante de todas as turbulências emocionais pelas quais passamos. Nenhuma destas atitudes ou qualidades se esgota em seu aspecto cognitivo. Todas envolvem um componente afetivo associado a significados mentais em seu cerne. É o Ego que nos dá acesso à verdade psíquica e material e ele está sob a influência de toda sorte de forças, dentre elas nossas paixões, que nos levam a aceitar certos compromissos inconscientes e a sujeitá-las a distorções.

Conhecer e saber são processos ativos e não discretos, ou seja, não têm ponto de partida nem de chegada. "Dentro de nós há uma coisa que não tem nome, essa coisa é o que somos.", nos diz Saramago (1995, p. 262).

Muito facilmente o ser humano se adapta a uma vida "como se", a uma vida falsa e passa a viver como um zumbi, proficientemente ativo, mas emocionalmente morto. Elizabeth Rocha Barros, numa expressão feliz, comenta que *o futuro será o passado se o presente não for modificado*. A implicação dessa afirmação é a de que corremos sempre o risco de viver nossas vidas num único minuto, num tempo estático em que não existe transformação. Um minuto será igual aos outros, uma hora, um dia, um ano serão sempre iguais aos anteriores. Seria isto vida? Esta proposição toca na problemática da temporalidade psíquica.

De que temporalidade estou falando acima? De um tempo cronológico tal qual nós o vivemos em nosso quotidiano? Ou de uma temporalidade mais complexa, genealógica? Na temporalidade genealógica são as estruturas que se organizam numa linha ou série independentemente da cronologia. Neste caso, tempo se converte em estruturas psíquicas dispostas em sucessão, que geram novas estruturas, *ad infinitum*. Estes dois níveis de temporalidade mantêm uma relação dialética entre si. Do ponto de vista psicanalítico é mais fértil entender a relação e a interação entre estas diferentes camadas originadas em diferentes cronologias e depositadas em nossa memória do que desvelar fatos isolados ou até mesmo constelação de fatos do passado de nossos pacientes. Ao fazê-lo buscamos restabelecer certas conexões entre cadeias afetivas que foram quebradas seja por cisões, negações ou repressões. Este trabalho é mais de construção do que de reconstrução de uma possível verdade histórica. A mente é ativa em organizar experiências que envolvem emoções. Estas não são guardadas aleatoriamente em nosso mundo interno.

Não basta desejarmos nos integrar e buscar aprofundar nossos afetos, para que isto ocorra; dado que existem forças dinâmicas inconscientes que nos impedem de fazê-lo, as chamadas defesas. Defesas são "modos de pensar" que visam manter o sofrimento psíquico e a ansiedade em níveis toleráveis, à custa, frequentemente, de um apequenamento vertical ou horizontal do Ego. Defendemo-nos reprimindo afetos, destruindo conexões entre redes afetivas, cindindo funções psíquicas, superficializando nossas emoções ou negando afetos, seja nos destituindo deles, seja transformando-os em seu oposto.

Tudo isto está em Melanie Klein, às vezes explicitamente, outras, apenas esboçado de uma maneira que será desenvolvida pelos seus seguidores ou por aqueles que se inspiraram em sua obra.

Aos poucos, espero que esteja ficando claro que o mais importante, no que se refere ao desenvolvimento psíquico, é buscar dissolver as forças que militam contra esta evolução. Para tanto é necessário recuperar as conexões perdidas ou bloqueadas entre as diversas redes afetivas que se organizaram e continuam a se organizar durante nossa vida e assim criarmos um ambiente interno para aprofundarmos nossa vida emocional. Isto nos permitiria manter um desenvolvimento emocional contínuo, ou seja, em processo de permanente aprofundamento.

Só assim, a meu ver, adquirimos a responsabilidade pelo que somos e nos comprometemos (desenvolvemos uma lealdade) com nossas relações emocionais. Um paciente que busca uma análise não muda apenas por se informar melhor de como ele é, o que transforma alguém são experiências emocionais de como ele está sendo, baseado na ampliação de sua capacidade de pensar e de fantasiar.

A psicanálise contemporânea está mais focada em descobrir como pensamos aquilo que pensamos do que em interpretar o conteúdo dos pensamentos em si mesmos. É mais importante do ponto de vista da psicanálise, de inspiração kleiniana, examinar o processo do qual nos utilizamos para conhecer do que o conhecimento que vamos adquirindo sobre nós e o mundo. Esta perspectiva é absolutamente nova e, a meu ver, pode ser considerada como resultante de uma ampliação do pensamento freudiano. Quando falamos em pensamento, estamos nos referindo a uma mente que *conhece* não apenas cognitivamente, mas pelos olhos da emoção. Tanto no pensamento kleiniano quanto na psicanálise atual houve uma migração do interesse sobre os afetos conflitantes – basicamente ódio e amor – para uma preocupação em entender como os sentimentos são processados como pensamentos.

Aqui está presente uma visão sobre a mente humana (ou aparelho psíquico na terminologia freudiana) que sugere que esta não é simplesmente uma coletora de fatos, mas uma estrutura que, para se desenvolver, depende de aprender a pensar e de saber narrar histórias.

Concebemos uma mente que enfrenta pressões (*urge*) impostas ao psiquismo pelas forças pulsionais, para um trabalho de transformação das experiências emocionais que confronta permanentemente o ser humano com a insuficiência dos seus instrumentos disponíveis para simbolização. A mente progride transformando experiências emocionais e seus significados e estabelecendo novas conexões. Neste confronto o ser humano é instado a ampliar cada vez mais seu universo simbólico para dar conta de suas necessidades de comunicação (tanto com o mundo interno quanto com o externo) e para poder pensar esses mundos em sua complexidade. Símbolos são instrumentos para construir pensamentos. Sendo assim, necessitamos de uma contínua criação de símbolos ou formas simbólicas e representações mentais para podermos pensar.

A pergunta que se coloca a seguir é: Mas de onde viria esta necessidade de criar formas simbólicas aparte da necessidade de se criar instrumentos para comunicação?

Jean-Claude Rolland (1998) fala de um *imperativo representacional*. René Roussillon (2010) menciona uma *compulsão à integração*, atuando no psiquismo, considerando que o processo de simbolização é aquele que dá forma à matéria prima psíquica, e acrescentando que estes símbolos estão submetidos a uma espécie de compulsão à integração (*compulsion à l'intégration*). Nenhum destes autores é kleiniano, mas o que dizem não se opõe ao que pensamos. Melanie Klein,[4] em um de seus últimos escritos, também se refere a uma força primordial que existe no psiquismo que faz com que este almeje sempre a uma integração.

Há ainda outra fonte que contribui para a produção de formas simbólicas. Laplanche[5] fala, creio eu, desta outra fonte ao referir-se a um conceito sugerido por Daniel Lagache mencionado como "efeito *Zeigarnik*". Este processo atuando na mente diz respeito à necessidade de levar a seu termo as tarefas emocionais que não foram acabadas. Creio que Lagache estava sublinhando o fato de que aqueles *problemas* ou conflitos psíquicos inconscientes que não encontravam uma solução emocional satisfatória continuavam a ser pensados inconscientemente com os instrumentos representativos e expressivos disponíveis a cada momento, ou seja, pelo símbolo/representação que contém estes dois aspectos.

Poderíamos acrescentar que o instrumento perfeito para se observar o "*Zeigarnik effect*" *é o processo de construção do símbolo em seus aspectos formais* já que este também contém em si uma exigência de progressão.

Uma das funções básicas da mente humana ao pensar consiste em dar um significado emocional às suas contínuas experiências de vida,

---

[4] Klein 1960, p. 274s.
[5] Laplanche 1981, p. 58.

por meio de um processo de metabolização destes significados e, assim, transforma sua compreensão numa estrutura psíquica.

O Poeta T. S. Eliot (1968, *Four quartets*) escreveu:

We had the experience but missed the meaning,
And approach to the meaning restores the experience
In a different way [...][6]

A restauração da experiência de "uma forma diferente", aludida por Eliot, do ponto de vista psicanalítico, ocorre no mundo interno por movimentos mentais bastante complexos, similares ao processo metabólico que leva à incorporação de novos significados. Progressivamente podemos identificar, em Klein, uma preocupação em explicar como o aparelho psíquico se desenvolve no sentido de "crescer" de maneira a poder lidar com a complexidade da vida, com suas pressões inerentes, sem perder profundidade; o que equivale a dizer que a mente tem de proteger sua integridade e ampliá-la *ad infinitum*. Para ela ou a mente cresce/se desenvolve ou regride, ampliando as conexões entre redes afetivas.

Strachey,[7] por exemplo, ao cunhar o termo "interpretação mutativa" referindo-se ao objetivo a ser almejado (embora nem sempre alcançado) por todo analista durante o processo da psicanálise, não se referia apenas às interpretações que produziam "mudanças". A palavra "mutativa" tem sua origem na palavra "mutação", termo da genética, e conota um tipo particular de mudança. Uma mutação altera não só o presente, mas toda a progenitura que vier a se originar deste presente. A interpretação mutativa é aquela que altera a estrutura da organização mental e *passa a produzir experiências emocionais de qualidade diferente.*

---

[6] "Nós tivemos a experiência, mas perdemos sua significação / E a busca da significação restaura a experiência / De uma forma diferente [...]".
[7] Strachey 1934; 1981.

Klein (1996), ao propor uma hipótese para como as vivências emocionais são incorporadas ao psiquismo, define as posições *esquizoparanoide* e *depressiva* como duas maneiras de organizar essas experiências. Elas não são estágios de um processo maturacional. Cada uma delas se confronta com a outra como processos que se negam e se preservam. A primeira delas é a-histórica e gera descontinuidade na vida afetiva e, portanto, uma relação de superficialidade consigo mesmo e com os outros ainda que este "outro" nem sempre seja reconhecido como uma identidade separada do *self*. A dinâmica esquizoparanoide não é patológica em si, ao gerar uma dispersão e fragmentação do sujeito psíquico. Nesta particular organização esquizoparanoide o indivíduo não é senhor de seus sentimentos, isto é, não os vive como sendo o sujeito destes. Pode-se dizer que nesta posição (esquizoparanoide), o indivíduo é *vivido* por seus sentimentos, que são vivenciados como forças ou objetos concretos. Esta desorganização momentânea do sujeito representa um momento necessário para dar conta das ansiedades que assaltam o Ego num determinado momento e, concomitantemente, contém os precipitados da necessidade de uma nova busca pela integração, representando a pressão dialética para a instalação da posição depressiva.

A posição depressiva, por outro lado, organiza as vivências emocionais num quadro histórico, em que os sentimentos são contextualizados e existem num plano de continuidade entre as diversas redes afetivas. Nesta organização mental o indivíduo é sujeito de seus sentimentos e não é vivido por eles.

Estas duas organizações mentais (PS e PD) só existem uma em referência à outra: a primeira dispersa e desintegra; a segunda integra. Ocorrem em sucessão formando uma cadeia de PS PD PS PD PS PD e se alternam num movimento contínuo e não promovem um desenvolvimento linear. Ao atingir a posição depressiva por um momento, sua integração normalmente é novamente ameaçada por ansiedades poderosas, que a desorganizam forçando um retorno para o modo de organização paranoide, que não será idêntico ao momento esquizoparanoide anterior. Digamos que neste momento intervém um analista propiciando um novo *insight* e a mente volta a se organizar no modo depressivo, mais integrado.

Este novo momento incorpora um ganho tanto na profundidade do afeto quanto no que tange à assunção de responsabilidade por este. Neste modo de organização o indivíduo conta com um eu-intérprete capaz de promover – vou usar um neologismo – um Eu-dade.

Estou descrevendo uma mente cuja tarefa fundamental é a de se manter constantemente transformando/metabolizando experiências. Muitos são os obstáculos que se interpõem a este movimento de crescimento.

Dentre os principais obstáculos ao progresso estão os impulsos destrutivos que invadem os processos de produção de representações mentais (formas simbólicas) e, em consequência, atacam a estrutura dessa forma quando o símbolo ainda está em processo de criação. Em virtude desse ataque, o paciente se desligará dos vínculos que estabelecem relações com certos tipos de memórias essenciais, para que ele compreenda o significado do que está sendo expresso em sua vida mental.

D. Meltzer[8] associou o conceito de 'transformações' de Bion, uma ideia psicanalítica *par excellence*, com a expressão usada pela filósofa Susanne Langer, relativa à lógica intrínseca que controla a expansão do significado das formas simbólicas.

Meltzer escreve:

> Mas se aceitarmos que "significado" ultrapassa a percepção das *gestalts* e que a vida mental ultrapassa tudo que se pode [ver] como qualidades de computadores... Temos que considerar seriamente que este conceito implica na possibilidade de que a mentalização não seja sensorial no seu início, e que se refira a objetos para os quais é preciso inventar ou tomar emprestadas formas da realidade externa, que tenha na emoção seu fenômeno central e que suas leis não sejam as da lógica ou da matemática, mas sim as da "progressão" em qualidades formais (Susanne Langer) ou "transformações" (Bion).[9]

---

[8] Meltzer 1978; 1984.
[9] Meltzer 1978, p. 29.

Esta ideia de que símbolos evoluem ou progridem é nova. Num primeiro momento estamos habituados a pensar que os símbolos apenas representam ou não uma determinada coisa ou situação. Se nos fixarmos apenas no aspecto representativo, isto soa verdadeiro. Mas se considerarmos também a capacidade evocativa/expressiva dos símbolos, isto é, o "como" eles representam uma determinada situação, então devemos prestar atenção na capacidade evocativa dos símbolos, e esta está diretamente associada às variações de seus aspectos formais. Talvez um exemplo ajude a compreender a natureza desta ideia.

Análise teórico-crítica de material clínico

Penso que neste momento eu poderia trazer este material clínico em maior detalhe, como exemplo de uma situação clínica que pode facilitar a compreensão dos processos que estou descrevendo.

Apresentarei para vocês alguns trechos de sessões seguidas de algumas reflexões sobre o que pode estar ocorrendo. Trata-se de um homem perto dos 60 anos quando começou a análise, que, quando criança, emigrara diversas vezes. Sua mãe era sobrevivente do Holocausto; seu pai e o restante da família, incluindo um irmão, pereceram em campo de concentração. Depois da primeira imigração, foi obrigado a emigrar novamente, devido a circunstâncias políticas que puseram sua família em risco.

Ele contou que a infância e a adolescência foram dominadas pela pobreza, e ele foi muito influenciado pelas migrações iniciais. Sentia que precisava sempre recomeçar, aprender novas línguas e lutar contra ambientes hostis.

No quinto ano de análise, dizia sentir-se muito melhor e mais feliz, sendo muito grato ao analista pela ajuda recebida. Não tinha planos de interromper a análise naquele momento. Era um paciente cooperador, apresentava sonhos e associações ricas e parecia aproveitar bastante as interpretações.

Subitamente, ao receber o diagnóstico médico de tumor maligno de próstata, desabou em profunda depressão. Deixou de trabalhar, emudeceu, deixou de se alimentar e não saía mais do quarto, onde se refugiava no escuro; interrompendo a análise. Passou por uma cirurgia bem sucedida, mas sua recuperação foi muito difícil. Ficou incontinente por um período, desinteressado em sexo e impotente, acreditando que essas condições fossem definitivas, apesar de os médicos dizerem o contrário. Foi tratado com antidepressivos e estabilizadores de humor e foi submetido a cinco sessões de eletroconvulsoterapia. Durante o período da convalescença, o analista fez diversas sugestões ao paciente e à sua família, de retomar a análise o quanto antes, mas ele e sua família se opuseram. Quatro meses depois da cirurgia, dizendo já se sentir melhor por força da medicação antidepressiva, decidiu retomar a análise. Ainda estava bastante deprimido, mas já tinha voltado a se comunicar com as pessoas, a sair de casa e a trabalhar. Retomou o ritmo de quatro sessões por semana.

Esse episódio depressivo deu, ao analista, condições de observar como a vida mental simbólica do paciente funcionava e estava obstruída por sua condição emocional, o que nos permitiu formular algumas hipóteses relativas à evolução das representações simbólicas.

Durante uma dessas sessões ele relatou um sonho: *Estava pilotando um avião que subitamente sofreu uma avaria num pistão, precisando fazer um pouso de emergência. Mas nenhum aeroporto lhe permitiu aterrissar, pois a aeronave estava matriculada no Burundi, considerado um país selvagem. Todos* [ele disse] *desprezavam esse país de negros pobres e não civilizados. O avião caiu, mas ele sobreviveu cego e gravemente ferido.* Como o sonho foi contado no fim da sessão, o analista não o comentou.

Na sessão seguinte, ele relatou outro sonho. *A força aérea de Israel estava bombardeando a central nuclear de Teerã. Ele era um dos pilotos. Seu avião fora atingido, ele estava perdendo combustível e a potência dos motores, precisando realizar uma aterrissagem de emergência.* Novamente, como no sonho anterior, *não havia aeroportos disponíveis, pois todos naquela região estavam localizados em territórios inimigos de Israel.*

Nas associações, ele disse que o céu de Teerã estava *cinza*, e como os aviões eram *amarelos*, eram alvos fáceis.

Diante dos dois sonhos, dizia não ter muitas associações, salvo as óbvias: o amarelo dos aviões foi tirado da *Estrela de David* que todos os judeus eram obrigados a usar no período nazista. Burundi era um país inexpressivo, destruído pela guerra, e talvez fosse uma referência a como ele se sentia.

O analista salientou que talvez os sonhos realmente tivessem algo a ver com o modo como ele se sentia naquele momento, numa situação muito difícil, desamparado, humilhado, discriminado e impotente, temeroso de não sobreviver. Isso o fez recordar seu passado, na infância e na adolescência, quando se sentia do mesmo modo, e essa ligação reforçou todos os temores atuais.

Diante da falta de reação do paciente, o analista decidiu expandir e ressaltar alguns pontos da sua interpretação. O analista sugeriu que o pistão danificado era a representação analógica da sua próstata e do seu pênis, que ele sentia terem sido definitivamente danificados, resultando numa aterrisagem desastrosa depois da cirurgia. Em outras palavras, quando *ele pôs os pés na terra* entrou em contato com o que lhe parecia uma realidade catastrófica, diante da qual sua única proteção seria cegar-se aos seus sentimentos.

Então, o analista, movido por uma ansiedade cada vez maior, devido ao sentimento intenso de não estar fazendo contato com o paciente, continuou a insistir detalhando ainda mais sua interpretação. O amarelo dos aviões foi ligado a um período da vida do paciente em que predominara o medo de não sobreviver e a humilhação a que fora submetido por ser judeu diante do perigo real representado pelo nazismo. O analista também sugeriu que ele vivenciava a situação atual, relativa à sua próstata, com um misto de estados mentais do passado, quando ele também vivera uma grande incerteza e medo de não sobreviver. O analista acrescentou então o que acreditava ser a parte mais importante da interpretação – que *esta* atitude emocional estava interferindo na possibilidade de sair dessa experiência traumática atual. O analista ressaltou para o paciente que o problema que ele enfrentava dizia respeito ao autodesprezo, incitado por sua impotência e pelo terror do desamparo que isso lhe instilava no momento.

Em retrospecto, parece-nos que o analista, ao insistir em detalhar essa interpretação, expressava seu desespero de não ser capaz de fazer o paciente reagir emocionalmente ao que parecia uma representação tão clara em seus sonhos. Essa comunicação, via identificação projetiva, produziu no analista um sentimento profundo de isolamento e de incomunicabilidade.

O Sr. C. reagiu com indiferença aparente às interpretações, ainda que, depois, durante a sessão, não parecesse distante, nem frio. Ele disse que nada do que o analista dissera fazia muito sentido.

Numa sessão posterior, afirmou não acreditar que algo tão concreto e mecânico, como um avião ou um pistão, tivessem qualquer significado. Ele não achava que tivesse algo a ver com ele, e que a análise não poderia ajudá-lo com essa situação traumática concreta. Estava impotente, provavelmente prestes a morrer ou, de preferência, já morto. O uso dos termos "concreto" e "mecânico" chamou a atenção do analista.

O analista interpretou então que a reação do paciente ao que ele lhe dissera, na sessão anterior, acerca do sonho, refletia o que estava acontecendo em sua mente, no seu funcionamento, como podíamos observar *acontecendo agora*. O analista sugeriu que essa reação ilustrava o próprio problema que o paciente estava vivenciando: isto é, ele mantinha uma relação mecânica e concreta com ele próprio e com seu problema, e por isso se sentia morto. O *assassínio* da interpretação do analista contribuía para esse estado mental.

É interessante notar que o paciente, ao mesmo tempo em que nega qualquer relação significativa com o analista e com a compreensão das interpretações, funciona aparentemente de maneira inconsistente com o que ele sente conscientemente. Assim, o paciente continua produzindo imagens oníricas para análise e vem para as sessões. Pensamos que isso é consequência da atividade mental que busca constantemente tornar a mente clara para si.

Nas circunstâncias dessas emigrações passadas e no presente pós-operatório o paciente estava profundamente deprimido.

Neste caso, podemos seguir com clareza a expansão dos aspectos conotativos do amarelo. O avião *amarelo* não é mais tão somente o aspecto representativo da potência sexual e seu sentimento de viver num mundo hostil. Ele agora evoca, quando associado aos aviões de papel, tanto o ódio do paciente ao estado mental depressivo da mãe quanto à competitividade (uma nova rede ou campo afetivo que se abre) no que se refere ao falecido irmão (o avião abatido agora pertence *ao outro*) causador da depressão materna. O paciente também acaba por creditar ao analista um estado depressivo, advindo do momento em que relatou a este que estava com câncer de próstata.

Quando Langer e Meltzer se referem a uma progressão dos aspectos formais dos símbolos, acredito que estejam ressaltando estas ampliações dos aspectos expressivos (conotativos) dos símbolos, como neste caso do avião e do amarelo.

Discussão inicial: imagens visuais, representação e expressividade

Pensamos que a experiência traumática, ou o transbordamento de emoções intensas, afeta acima de tudo a capacidade de a pessoa reagir aos aspectos conotativo-expressivos dos símbolos. Os símbolos identificados neste material perdem sua plasticidade e silenciam as emoções, isolam o paciente e assim o separam dos seus significados, como neste caso que estamos discutindo.

Sugerimos que a *expressividade* do símbolo é que permitirá ou não ao paciente aprender com as experiências emocionais e assim promover *transformações* semióticas.[10] Quando a experiência emocional representada mentalmente não se amplia a partir da sua base simbólica, a mente fica impedida de pôr em atividade a *função continente* – ainda estamos seguindo Salomonsson[11] ao considerar continência como interação semiótica – e de tirar proveito do movimento PS – PD na medida em que este está bloqueado.

A experiência emocional, que o símbolo representa, pode ser apenas parcialmente acessível para a interpretação e a reflexão do paciente (e/ou do analista). Para ser capaz de pensar sobre a experiência

---

[10] Salomonsson 2007.
[11] Idem, p. 1214.

emocional e assim se liberar do seu significado restrito, tal experiência necessita adquirir uma qualidade conotativa. Somente após essa evolução será possível ligar-se a outras experiências que funcionam como gatilhos, abrindo outras redes afetivas e contribuindo para que o símbolo adquira (ou recupere) seu significado pleno. Nesse momento surge a questão não só de como o paciente ataca a relação com o analista como fonte de significado, mas como essa resposta emocional afeta a própria forma do símbolo, criando assim um círculo vicioso.

Reflexões sobre o problema observado no trabalho clínico

O trabalho psíquico ainda está ativo nas sessões que apresentamos, mas a capacidade de *elaborar*, tal como podemos observar no espaço privilegiado dos sonhos e do seu contexto associativo, está paralisada. O paciente tem competência emocional para produzir uma simbologia que pode *apresentar*, mas apenas no sentido de *mostrar de modo denotativo* a situação que vivencia, com capacidade muito limitada de apreender os aspectos expressivos do que compreendem essas situações emocionais, compactadas em imagens, e que essa apresentação somente *exemplifica*. Como lhes falta capacidade de conotação, elas não evocam emoções em seu criador. Nessas circunstâncias, o simbolismo apresentativo se empobrece, ou fica até impedido de migrar para o nível discursivo, devido ao bloqueio da sua função expressiva. A integração de partes escindidas do ego também fica bloqueada, devido à falta de instrumentos simbólicos para estabelecer comunicação entre as experiências alojadas em cada um deles.

A forma discursiva simbólica só tem poder de modificar estados mentais se puder criar uma associação íntima entre os aspectos *conotativos* – tanto do simbolismo apresentativo quanto do discursivo (que expande a experiência emocional ao estabelecer novos vínculos emocionais) – e os *denotativos* (conectados ao mundo do discurso). Ela altera assim as configurações de objeto porque reconfigura *núcleos importantes de significado* (Green, 1999), e nos coloca em contato com períodos remotos das nossas vidas que até então agiram como modelos para a atribuição de significado a nossas experiências emocionais (Rocha Barros, 2000, 2006). Esses núcleos de significado atuam como polos que, como um ímã, atraem significados.

Nossa tese até aqui é a de que é por meio da progressão das qualidades formais da representação mental, "postas em movimento" pela produção de novos símbolos, que as capacidades pensantes da vida afetiva se desenvolvem e se tornam parte do processo do que é metaforicamente chamado *metabolização* da vida emocional por Bion e outros autores. *A metabolização ocorre devido à migração de significado por diversos níveis de processamento mental.*

O segundo período da análise do Sr. C.: o bloqueio começa a se movimentar

Agora gostaríamos de seguir os momentos do desbloqueio do paciente (o que se fará por meio do exame das mudanças ocorridas nos simbolismos usados para mostrar e representar situações emocionais) e parte do processo do seu funcionamento mental. Para compreender esse desbloqueio é essencial seguir o processo pelo qual os símbolos usados apenas para *mostrar* evoluem para símbolos que *exemplificam*, isto é, eles adquirem a capacidade de *essencialidade*. Esse processo passou por diversos estágios. Nós os resumiremos de maneira a podermos pensar a respeito de como funciona o processo de elaboração relativo às qualidades formais dos símbolos que interagem dialeticamente com o conteúdo das emoções sentidas e produzidas.

Esse segundo período durou cerca de seis meses. Foi inicialmente marcado pela contratransferência do analista dominada por sentimentos de superficialidade e de tédio em relação ao que o paciente dizia. Nesses meses, o Sr. C. passou o tempo descrevendo situações irrelevantes, intermináveis.

A fala do paciente evocava no analista a impressão de um mundo monótono, a viagem numa estrada interminável a ponto de o motorista ficar sonolento e ser obrigado a interromper a jornada para evitar um desastre grave.

Durante esse período o analista interpretou de diversos modos o convite que o paciente lhe fazia de se *isolar* dos seus sentimentos num mundo frio, desolado, sem qualquer possibilidade de comunicação, como ele provavelmente sentia. Às vezes, apareciam conteúdos mais perturbadores, imediatamente evitados pelo paciente. Nesses momentos, o analista interpretava o senso de catástrofe iminente que o Sr. C. parecia sentir em qualquer situação que pudesse produzir ansiedade (ou até simplesmente fazê-lo sentir qualquer coisa); para o paciente era preferível dormir com essas questões a enfrentá-las de modo vivo, se ficasse acordado. Essas interpretações pareciam fazer algum sentido.

Em dado momento, baseado na história, no material que vinha sendo apresentado nas sessões e em sua contratransferência, o analista mudou o foco de suas interpretações, movimento que fez enorme diferença para o desbloqueio do paciente quando sentiu que o Sr. C. estava mais vivo e até levemente animado. Ele interpretou que o paciente parecia mais animado quando transmitia ao analista a parte dele que *podia sentir* desespero e impotência e então se regozijava ao observar o analista sofrendo por se sentir impotente para ajudar seu paciente. Retrospectivamente, podemos aventar que essa interpretação fez sentido e que esse *insight*, a princípio, produziu sentimentos de vergonha e depois de certa culpa. Veremos depois a importância central desses sentimentos de *vergonha* e de *culpa* na mudança da sua atitude em relação à análise.

Essa associação entre as redes afetiva (a parte que podia sentir) e apresentativa – propiciada pelas interpretações do analista (a conexão entre as imagens dos sonhos e a natureza da sua fala), por meio da sua função conotativa – coloca os diversos níveis escindidos de experiências emocionais sob a mesma cobertura emocional. Ao fazer com que diferentes tipos de sentimento e experiências emocionais, até então escindidos, coabitem o mesmo espaço mental, criam-se novas possibilidades de relações entre experiências mentais e consequentemente surgem novos significados, promovendo a expansão da mente.

Durante esse período, um amigo de infância, íntimo do paciente, morreu, o que lhe ocasionou um grande choque. Ele contou ao analista que essa morte pareceu tê-lo despertado de um longo sono.

Terceiro período

Logo depois, ele sonhou que *estava brincando com aviões de brinquedo. Era criança. Seu amigo, também criança, estava com ele. Estavam competindo com aviões de papel e, quando C. estava quase perdendo a competição, o avião do amigo caiu numa poça d'água. O amigo chorou muito. C. fingiu* [sic] *estar aborrecido*, mas lá no fundo, ele contou ao analista, durante o sonho ele sentiu muito prazer de que o avião do amigo tivesse sido destruído. *De algum modo havia bebês* no sonho.

Ele disse que estava chocado e envergonhado dos seus sentimentos quando acordou. Durante a sessão, ele lembrou que o sonho tinha uma segunda parte. *A mãe do amigo estava chorando e dizendo que agora a família teria que se mudar. Tudo ocorrera numa parte devastada, desolada da cidade chamada "zona amarela"*. Ele se lembrou de um filme em que aparecia Varsóvia bombardeada (vítima dos nazistas), mas poderia ser Berlim (resultado de vingança).

O paciente repetiu enfaticamente que acordara se sentindo ansioso, suando, infeliz, *envergonhado* e zangado consigo próprio pela atitude imoral em relação ao amigo. Sentiu-se chocado porque o sonho ocorrera imediatamente após a morte do amigo. A sessão foi pesada e sombria, e o paciente achou muito difícil pensar no sonho. Acreditamos que o fato de ter se sentido envergonhado e depois culpado, tanto pelo prazer de ver seu amigo chorar pelo avião de brinquedo destruído quanto pelo seu prazer de torturar o analista durante a análise, criou uma atmosfera de intimidade dentro dele. Nossa hipótese é que esses sentimentos de crueldade, de culpa e de vergonha provêm de fontes relacionadas: isto é, de uma parte escindida competitiva e cruel, e de uma segunda parte escindida do *self* que estava traumatizada e frágil, com medo da solidão e do isolamento. Pensamos que, pela primeira vez em sua vida, ele sentiu e observou sua solidão relacionada à sua crueldade de um ponto de vista adulto e esses sentimentos foram o gatilho para o início de um processo de luto. Tabbia (2008) sugere que no mundo interno o luto é o passaporte para cruzar as fronteiras entre partes cindidas (p. 6). Diríamos que, a partir desse momento, as partes escindidas começaram a coabitar o mesmo universo emocional, embora ainda fossem mantidas separadas por certo tipo de obstrução. *Esse foi o primeiro passo para a integração por meio do estabelecimento do início de intimidade entre aspectos divididos do self.* Assim, as cisões estáticas se tornaram dinâmicas.

O analista mencionou que o paciente sentia ter trazido esse sonho de destruição e devastação da cidade ao mundo externo para *exprimir* seu desânimo com a cidade analítica interna também arrasada. Essa cidade/mundo interna arrasada deixou-o desolado, solitário e desesperado já que ele também atribuía ao analista esse estado mental arrasado, ou seja, deprimido. O analista também sugeriu que, apesar disso, os sentimentos de culpa a respeito do que ele sentira por seu amigo no sonho, e que ele também provavelmente sentira acerca da tortura a que submetera o analista, tinham criado certa intimidade e proximidade entre todos eles e nele próprio.

Seu único comentário foi: "Proximidade, sim!"

O analista então decidiu abordar um novo ângulo da questão que também parecia presente, e que ele considerava a parte mais significativa da interpretação. Disse que esse C. distante, que simplesmente observava, representava uma parte do paciente que não podia se sentir responsável pela produção da devastação, que permanecia indiferente à catástrofe objetiva, e que provavelmente acreditava só poder ser despertada desse torpor pelos comentários interpretativos sádicos e recriminatórios do analista. O motivo para evitar a responsabilidade por essa destruição se relacionava ao medo da humilhação e da vergonha, se aceitasse que tinha algo a ver com seu estado mental vigente.

O analista por sua vez sentiu que tocara algo importante, mas se sentiu pouco à vontade, ainda que não conseguisse identificar o quê ou por quê. Algumas horas depois da sessão, porém, ao pensar a respeito, de novo não se sentiu satisfeito com as interpretações dadas ao paciente. Sentia que faltava algo: uma peça do quebra-cabeça estava ausente.

Nesse estágio, o analista estava basicamente nomeando e ligando as diversas experiências, imagens oníricas e sentimentos trazidos pelo paciente e, ao fazê-lo, propiciando uma possibilidade maior de integração das diversas partes escindidas da personalidade, ao atribuir significado ao que o paciente trazia para a análise.

Na sessão seguinte, C. disse que tinha ficado intrigado com seu sonho e que também pensara nos sonhos anteriores que tivera imediatamente após a cirurgia. Ele relembrou novamente que seu avião de combate, abatido no sonho, era *amarelo* e que isso estava associado ao sentimento de medo e de intenso desconforto pelo antissemitismo, nas ocasiões em que se sentira vitimado por ele, acrescentando em voz baixa: "E às vezes envergonhado por ser judeu". Disse também que essa vivência estava relacionada com a 'zona amarela' da cidade para a qual ele devia se mudar, acrescentando que 'zona amarela' parecia a descrição de um estado mental. Ele comentou que às vezes se sentira *envergonhado* quando vítima de discriminação, e que *amarela era a cor da vergonha*. Nenhum desses sentimentos tinha sido mencionado em qualquer outro momento dessa análise.

Comentários Finais

A morte do seu amigo o fez recuperar o sentimento de intimidade perdida entre ele e suas experiências emocionais, produzindo uma reviravolta significativa na análise e resultando em melhor integração das partes escindidas do seu *self*. Isso, do meu ponto de vista, favoreceu o sonho como parte da elaboração que até então encontrara obstáculos em sua capacidade de produzir símbolos mais amplos e a recuperação do poder expressivo/evocativo das representações. Vemos isso ilustrado, por exemplo, no que acontece com a cor amarela e a imagem dos aviões durante os meses de análise. A cor amarela inicialmente estava *apenas* ligada ao judaísmo, como símbolo do antissemitismo nazista. Era um símbolo que só funcionava por analogia, com pouco poder de expressão. Durante o processo de elaboração, amarelo foi associado a mudanças em áreas geográficas, e especialmente numa cidade (o paciente emigrou quatro vezes), à devastação (já em um nível que tem elementos discursivos) e, finalmente, a um estado mental que se refere tanto ao estado emocional da mãe quanto do paciente. Neste caso, podemos seguir com clareza a expansão dos aspectos conotativos do amarelo. Nesse momento, já apreendemos com firmeza o aspecto expressivo-evocativo do símbolo no mundo interno. O avião não é mais tão somente o aspecto representativo da potência sexual e emocional afetadas. Ele está associado tanto ao ódio do paciente ao estado mental depressivo da mãe quanto à competitividade (uma nova rede ou campo afetivo que se abre) no que se refere ao irmão (o avião abatido agora pertence *ao outro*), o analista etc.

As identificações projetivas às quais as imagens nos remetem são mais numerosas e complexas, e começam a mostrar a confusão (gerada por conflito) sentida pelo paciente a respeito de ser vítima ou perpetrador do processo destrutivo. Em segundo lugar, inclui uma forma (já evoca emoções e libera novas associações) expressiva-apresentativa, com expansão da dimensão conotativa, embora isso ainda não tenha sido feito ao nível do simbolismo discursivo; o que só irá acontecer depois das interpretações do analista. Deve-se ressaltar que a reparação só é possível pela integração de partes do *self* e, para isso, supõe-se que as partes escindidas desenvolveram *intimidade* entre si, como condição prévia de integração. Isso significa basicamente que redes afetivas (ou campos) previamente cindidas e mantidas separadas na mente do paciente desenvolvem vínculos entre si (devido às similaridades acarretadas pela expansão dos aspectos conotativos do simbolismo usado) e, assim, começam a habitar o mesmo universo emocional.

O paciente também acrescentou que lhe ocorrera algo muito estranho, e ele se sentira profundamente constrangido naquele momento. Comentou que não sabia se havia contado ao analista (na verdade, não contara) que sua mãe perdeu um filho, antes de ele (paciente) nascer, que morrera ainda bebê. Alguns anos depois, a mãe lhe contou que ficara *arrasada* (segundo ele, ela realmente usara essa palavra) na ocasião. Isso ocorreu na Europa, e acrescentou que, embora nunca tivesse mencionado, lembrava vividamente que ao contar ao analista o diagnóstico de câncer, percebeu, ou suspeitou que o analista ficara deprimido ao ouvir a notícia da sua doença (esta percepção era realmente correta!). Ele reagiu a essa percepção sentindo ódio intenso do analista, embora soubesse que essa reação era irracional. Esse ódio contribuíra para a interrupção da análise na ocasião, porque pensara "de que me serve um analista se ele estiver tão deprimido quanto eu?". O paciente disse que a "zona amarela" parecia ter algo a ver também com esse estado mental colorido por sentimentos raivosos, que poderia ser uma referência ao estado depressivo da sua mãe no passado e a seus sentimentos em relação a ela. O fato de que na cultura natal desse paciente a cor amarela esteja associada com vergonha e humilhação também é significativo.

A cidade *arrasada* (gostaríamos de ressaltar, segundo o paciente, foi essa a palavra usada por sua mãe no passado para descrever seu estado mental após a perda do filho, e, portanto, já um elemento discursivo) provavelmente representava sua mãe destruída pela depressão, imersa na "zona amarela" (estado mental) porque ela perdera seu outro filho, com quem permanecia simbioticamente ligada. Uma crença inconsciente ficou associada a essa percepção-intuição de que o único modo de tirar a mãe desse estado depressivo seria uma pressão cruel para ressuscitá-la. Nesse caso, a ideia de crueldade tem certa importância. Exprimia tanto a raiva de C. à mãe, por ela estar distante dele e ligada ao outro filho, quanto a crença inconsciente (Britton, 1998) de que só uma dor ainda maior a arrancaria daquele estado mental. Na mente dele havia um misto de desespero e sadismo. Mas essa situação também criou um paradoxo interno, já que a mãe do mundo interno (que ele queria revigorar e recuperar) era percebida como emocionalmente destruída. Um resultado colateral era o enorme sentimento de culpa que, devido à sua intensidade, não mobilizava o desejo de reparação, mas a necessidade de se cegar (de se escindir da parte da sua mente que sentia emoções). Nesse sentido, ele era um mau piloto dos seus ódios, propenso a ter um acidente e a ficar machucado.

Quando o paciente recebeu o diagnóstico de câncer, sentiu-se *arrasado* e essa situação atuou como gatilho (disparador) para a identificação projetiva imediata com a mãe, no passado, que também ficara *arrasada*. Nessa ocasião, ele sentiu empatia – no sentido que Stefano Bolognini (2008) deu a essa palavra – por ela, o que incitou um sentimento enorme de culpa, devido ao grande ódio que sentira por ela.

Por um momento, compreendeu e se solidarizou com sua mãe. A culpa foi maior do que ele conseguia tolerar e, para se proteger, cegou-se aos seus sentimentos. (Do ponto de vista da dinâmica mental isso significou que, para sobreviver ao acidente, ele precisou cegar-se e tornar-se inatingível.) Por isso o caráter congelado de depressão ao se defrontar com as interpretações do analista que não mobilizaram qualquer sentimento nele. Neste caso, temos uma ilustração elegante do que Melanie Klein chamou de "memórias em sentimentos". Inconscientemente, em *phantasia*, o paciente culpava sua mãe e seu irmão morto (seu rival) por todos os sofrimentos que vivenciou ao mudar para outros países. Isso é indicado pelo fato de a mãe dizer no sonho: "Agora vamos ter que mudar novamente" depois que a cidade é *arrasada*, que o paciente sentiu como um holocausto e o fez ficar confuso, sem saber se ele produzira o holocausto e, portanto, se era ou não um nazista ou se tinha sido vítima. Sua confusão se repetiu na complexidade das identificações projetivas quando recebeu o diagnóstico de câncer.

Finalmente, uma personalidade harmoniosa se mantém em contato com seus núcleos de significado de maneira integrada e desse modo conserva um contato vivo com sua história emocional. Formulamos a hipótese de que a capacidade de expressividade, e por consequência o contato com aspectos conotativos mais expandidos das experiências, depende do contato vivo, acima de tudo, com núcleos mais infantis.

Referências

Bolognini, S. (2008). O Abraço de Peleu: Sobrevivência. Continência e Com-vencimento na Experiência Analítica com Patologias Graves. Conferência na SBP de São Paulo.
Britton, R. (1998). Belief and Imagination: Explorations in Psychoanalysis. London and New York: Routledge.
Eliott, T.S. (1968). *Four Quartets*. London: Houghton Mifflin Harcourt.
Gay, P. (1988). *Freud: Uma Vida Para Nosso Tempo*. São Paulo: Companhia das Letras.
Green. A. (1999). On discriminating and not discriminating between affect and representation. *The International Journal of Psychoanalysis*, 80, pp. 277-293.
Guimarães Rosa, J. (1988). *Grande Sertão: Veredas*. Rio de Janeiro: Editora Nova Fronteira S.A.
Klein, M. (1960). On Mental health. In *Envy and gratitude, and others works*, 1946-1963 (1975). London: Hogarth Press.
_____ (1975). *Envy and gratitude, and others works*, 1946-1963. London: Hogarth Press.
Laplanche, J. (1981). Problématiques IV: l'inconscient et le ça. Paris: (PUF) Presses Universitaires de France.
Paz, O. (1984). *Os filhos de barro*. Rio de Janeiro: Editora Nova Fronteira.
Meltzer, D. (1978). *The clinical significance of the Work of Bion*. Perthshire: Clunie Press. (pag. 29)
Meltzer, D. (1984). *Dream-Life*. Strathclyde, Perthshire: Clunie Press.
Rocha Barros, E. M. (2000). Affect and Pictographic Image: The Constitution of Meaning in Mental Life. *International Journal of Psychoanalysis*, 81, pp. 1087-1099.
Rocha Barros, E. M. (2006). Afeto e Imagem Pictográfica: o processo de construção de significado na vida mental. In Avzarabel, J.R (Editor). *Linguagem e Constituição do Pensamento*. São Paulo: Casa do Psicólogo.
Rocha Barros, E. M. & Rocha Barros, E. L. (2016). The function of evocation in the working-through of the counter

transference; projective identification, reverie, and the expressive function of the mind-Reflections inspired by Bion's work. In Howard Levine and Giuseppe Civitarese (Ed.). *The W.R. Bion Tradition*. London: Karnak.

Rolland, J. C. (1998). *Guérir du mal d'Aimer.* Paris: Gallimard.

Roussillon, R. (2010). *Primitive Agony and Symbolization*. London: Karnak.

Saramago, J. (1995). *Ensaio sobre a cegueira*. Lisboa: Editorial Caminho.

Salomonsson, B. (2007). Semiotic transformations in psychoanalysis with infant and adults. *International Journal of Psychoanalysis* 88, pp. 1201-1221.

Strachey (1934). The nature of the therapeutic action of psychoanalysis. *International Journal of Psychoanalysis* 15, pp. 127-159.

Tabbia, Carlos (2008). *El concepto de intimidad en el pensamiento de Meltzer.* Lecture presented during the encounter "Remembering D. Meltzer" in São Paulo, Brazil, August 2009.

CAPÍTULO 5

Objetivos do tratamento psicanalítico, acrescidos de contribuições de Wilfred Bion
Paulo Cesar Sandler

P.A.: A esperança é que a psicanálise traga à luz pensamentos, ações e sentimentos dos quais o indivíduo pode não estar consciente e, portanto, não pode controlá-los. Se o indivíduo puder estar consciente deles poderá, ou não, decidir – ainda que inconscientemente – modificá-los […] penso que nunca poderíamos tolerar nosso trabalho – doloroso como é, tanto para nós, como para nossos pacientes – sem compaixão. Não vejo razão para postular uma fonte externa, independente do homem, da qual fluiria a compaixão. (Bion, 1979a, p. 129)

Nossa tentativa de atender à gentil solicitação do Prof. Dr. Leopoldo Fulgencio, de indicar algumas contribuições elaboradas pelo Dr. Wilfred Ruprecht Bion para o exercício prático de psicanálise, será feita por meio de um elenco de indicações *revestidas*, por assim dizer, de linguagem teórica, coloquial e dialógica, na medida em que o próprio Bion as fez também dessa maneira.

Consideramos que desde o início da divulgação de seus escritos, mesmo quando utilizou, em maior proporção, de uma linguagem técnica, Bion não hesitou em lançar mão da linguagem coloquial: uma tendência que se incrementou com a evolução de sua obra. À linguagem técnica – típica da medicina, psiquiatria, psicanálise e psicologia – agregou termos, expressões e até mesmo frases derivadas, por vezes sob a forma de citações literais, da linguagem mítica, da linguagem usada por teóricos da ciência e filósofos, da linguagem dos literatos, incluindo a da

---

[1] Bion 1977, p 129.

poesia teológica, num método dialógico, todas elas também associadas a uma linguagem coloquial.

A linguagem, ou as formulações verbais – seja coloquial, técnica ou teórica –, tenta espelhar a *realidade* formada pela experiência clínica em psicanálise, que, por sua vez, tenta enfocar a natureza humana, suas vicissitudes e sofrimentos sempre individuais, mas, simultaneamente, compartilhadas e, até certo ponto, compartilháveis com toda a espécie humana.

A realidade, ou a contraparte da realidade à qual nos referimos, corresponde às observações de alguns psicanalistas, replicadas por uma experiência pessoal adquirida por mais de quatro décadas de prática clínica, daquilo que nos parece ser psicanálise. Estas contribuições são fundamentais, condição *sine qua non* para esta mesma prática clínica.

Explicito nossa visão: não se trata de "os objetivos de uma psicanálise", mas de "alguns objetivos", aquilo que nos parece fundamental. Usando um método aceito em prática científica – inicialmente, em matemática (a prova pelo absurdo), e depois, em química estequiométrica –, começaremos pelo que *não* nos parece ter sido uma contribuição de Bion. Tentaremos fazer isto para dissipar, logo de início, propaladas atribuições sociais não apenas inúteis, mas danosas, em relação à interpretação e julgamento das contribuições deste autor. Após exame acurado,[2] pode-se afirmar que esta pessoa, Wilfred Ruprecht Bion, *não "revolucionou"* a prática clínica em psicanálise, nem a teoria em psicanálise. Nossa afirmação tem provado *não ser* popular, tanto em nosso país como no estrangeiro e que navega contracorrentes sempre populares, as de ereção de ídolos, cultos à personalidade e estimulação a fantasias de superioridade. Quando este homem visitou nosso país (em 1973, 1974 e 1978), foi apresentado pela imprensa leiga e também técnica como um "revolucionário", como se estivesse fazendo outra psicanálise que desbancava ou tornava anacrônica a que já existia.

---

[2] Que incluiu a versão em português de quase toda obra deste autor, além da elaboração de um dicionário de conceitos propostos por ele [Sandler, P. C. (2005). *The language of Bion: a dictionary of concepts*. London: Routledge. Uma versão brasileira, pela Editora Blucher, encontra-se no prelo, com lançamento previsto para 2020].

Nossa afirmação tem base numa evidência dificilmente atacável – não poderá ser sujeita a leituras diversas, nem ao "ouvir dizer" –, dado que está presente em alguns dos escritos de Bion, nos quais deixou sua própria visão a respeito de tal avaliação.[3] Este homem, falecido em 1979, deixou meridianamente clara a surpresa desagradável, beirando o ultraje, expressa pela discordância peremptória, de que seria um "revolucionário". Mesmo que suas afirmações tenham sido submetidas a uma crítica ferina – julgando--as, por exemplo, como falsa modéstia –, notamos que foram referendadas por pessoas que o conheceram socialmente – como alguns tradutores de seminários públicos e palestras, e, de modo mais decisivo, intimamente – sua segunda esposa e seus três filhos, e também três de seus antigos pacientes e dois supervisionandos, com quem tivemos contato próximo.

Teorias de observação e de psicanálise propriamente dita

Bion elaborou, comparativamente, várias teorias de observação em psicanálise, e poucas teorias de psicanálise propriamente dita. Em relação a estas, deixou claro que via necessidade do uso de poucas teorias, com a única condição de que pudessem ser adequadamente apreendidas pelo usuário:

> Para... possibilitar discussão científica, faz-se necessária uma notação científica que represente a experiência emocional. A criação de uma notação pode ajudar, caso cada analista construa para uso próprio uma antologia operacional de teoria psicanalítica, baseada em poucas teorias básicas, que estejam bem-compreendidas e sejam capazes, tanto individual como combinadamente, de cobrir a grande maioria de situações que ele espera encontrar. O que segue é um esboço que considerei útil, e indica as linhas ao longo das quais é possível progredir.[4]

---

[3] Por exemplo, Bion 1979b, p. 386; bem como em *Uma memória do futuro*.
[4] Bion 1962, p. 42; expandido à página 87 e também em *Elementos de psicanálise*. Não vamos aqui nos alongar, tendo feito em outras oportunidades (Sandler 2005; 2006; 2009).

A obra escrita por Bion não "revolucionou" os objetivos do tratamento psicanalítico, conforme descobertos e explicitados por Freud. Parece-nos realístico afirmar que Bion *promoveu "evoluções"* na prática de psicanálise, no aqui e agora da sessão, com observações mais acuradas e intuitivas daquilo que realmente ocorre em uma sessão analítica, dentro do *setting* e do contexto tradicionalmente aceitos, pelo menos até os anos 2000 – como afirma Bion, constatável na citação acima, observações mais acuradas de "experiências emocionais" durante a sessão analítica.

Parece-nos importante enfatizar que Bion deixou *ainda mais explícito* algo que estava implícito no trabalho de Freud, permitindo melhor apreensão, pelo nosso sistema consciente, das contrapartes na realidade daquilo que Freud observou e indicou para uso dos membros do movimento psicanalítico.

Expandindo algumas das contribuições de Freud

Bion estendeu os domínios de Freud nas seguintes áreas:

1. Interpretação de sonhos;
2. Distúrbios dos processos de pensar, com especial atenção à interferência de fenômenos alucinatórios, nos âmbitos da cognição e conação, no que se refere à gênese e movimentos entre os "sistemas inconsciente e consciente", na direção de adquirirmos alguma noção funcional do que o próprio Freud chamou de "aparato psíquico";[5]
3. Hipótese teórica sobre a função do "sistema consciente": mais um, dentre os vários órgãos do aparato sensorial já descritos pelas disciplinas médicas de neurofisiologia e neurologia para captação de "qualidades psíquicas";
4. Integração das teorias propostas por Freud com teorias propostas por Melanie Klein, com especial atenção à teoria de formação de objetos internos, incluindo o relacionamento precoce do bebê com

---

[5] Freud 1891; 1895; 1900a.

a mãe; e outros relacionamentos na idade adulta, por meio de duas teorias a respeito dos "vínculos";
5. Manejo clínico mais preciso dos fenômenos psicóticos, especialmente presença de alucinações e também de estados de alucinose e de delírios no dia a dia, expandindo e explicitando melhor algo que denominamos, justamente baseados nos desenvolvimentos de Bion a respeito da diferenciação entre personalidade psicótica e não psicótica, de "psicose da vida cotidiana".[6] Um estado que se pode encontrar sob a forma de neurose e vice-versa. Âmbito denominado por Freud, de modo mais geral, de *psicopatologia da vida cotidiana* – delineada nos casos de histeria e fóbico-obsessivos, além de transtornos de sexualidade, e que ficou mais explicitada com a teoria da coexistência nada pacífica da personalidade psicótica com a não-psicótica, num mesmo indivíduo;[7]
6. Manejo psicanalítico de pequenos grupos, integrando observações e teorias propostas por Freud e Klein.[8]

Estas contribuições estão de tal modo entranhadas nas contribuições de Sigmund Freud e de Melanie Klein, que clivagens teóricas – mesmo que justificáveis pedagogicamente – correm o risco de "criar a placenta e jogar o bebê na lata do lixo", como se dizia em anedota aflita, que ouvimos em nossos tempos de formação médica, em obstetrícia.

Pretendemos – por mais impopular que o seja – não contribuir para idealizações e, menos ainda, para cultos a personalidades. Idealização faz parte do desenvolvimento psíquico, ou emocional, mas partimos

---

[6] Sandler 2005; 2009.
[7] Bion 1957.
[8] Estamos colocando esta contribuição, ordinalmente, como última, embora tenha sido, historicamente, a primeira na história das contribuições de Bion ao tratamento psicanalítico; mas, em um trabalho que tenta descrever as contribuições para os objetivos deste tratamento, esta posição ordinal é um modo de assinalar o fato de que Bion manteve dúvidas que o método grupal pudesse contribuir para uma psicanálise propriamente dita. Sua ação, que configura a seriedade desta dúvida, foi se dedicar, a partir de 1950, apenas à psicanálise. Continuou lidando com grupos – praticamente, com grupos de psicanalistas e, teoricamente, em estudos que utilizaram contribuições de antropólogos e teólogos que lidaram com questões sociais.

do principio que, por mais que sempre exista uma "parte" infantil em todos nós – como observaram Freud, Klein, Winnicott, Bion e Green – lidamos com o "adulto" que há entre nós.[9] O fato das idealizações ocorrerem em membros do movimento psicanalítico pode ter alguns fatores: (1) a relativa infância do movimento psicanalítico; (2) o fracasso da análise pessoal dos analistas (por vezes, até mesmo a inexistência dessas análises). Não sabemos de fato; no entanto, estas hipóteses provêm de décadas de observação.

Descrever contribuições de Bion isentas de suas origens psicanalíticas equivaleria a apresentar um corpo sem cabeça. Apelando para um mito brasileiro: equivaleria a apresentar ao leitor o retrato de uma mula sem cabeça. Nesse contexto, estaríamos praticando uma clivagem,[10] ao tomar uma parte pelo todo.

Psicanálise, movimento psicanalítico

Até onde pudemos observar, o todo da obra de Bion tentou resgatar as contribuições de Freud e Klein, gradual e inexoravelmente colocadas no olvido pelo movimento psicanalítico.

Parece-nos necessário discriminar "psicanálise" de "movimento psicanalítico".[11] Supomos que o ato de fazer psicanálise – um ato composto de atender pacientes e de se submeter a uma análise com outra pessoa – contribui para sua expansão e aprofundamento. Implica em fazer parte não intencional de uma meritocracia científica no grupo de

---

[9] Na formulação de Segal 1982.
[10] Utilizando o vértice psiquiátrico no estudo da entidade diagnóstica "esquizofrenia", palavra cunhada por um homem que, na época, dedicava todo o respeito por Freud, Eugen Bleuler (um dos fundadores da Associação Psicanalítica Internacional; demitiu-se da associação, revoltado com a insistência de alguns membros em praticar política, e não ciência). Numa banalização, na história oral da psiquiatria, diz-se que Bleuler utilizou as ideias de C. G. Jung – que era médico na clínica psiquiátrica dirigida por Bleuler, na Suíssa –, mas, vários autores, corroborados por cartas divulgadas pelo Dr. Manfred Bleuler, demonstraram que Bleuler sempre se manteve mais próximo da obra de Freud; mantinha uma visão altamente crítica do trabalho de Jung, que era seu auxiliar mais direto e talvez o mais prestigiado na Clínica Burghölzli (Dalzell 2007). As duas palavras – esquizofrenia e clivagem – tornaram-se senso comum em psicanálise.
[11] Freud 1914d.

ativistas em psicanálise. Contribuir, de algum modo, para o movimento psicanalítico implica em fazer parte, na maioria das vezes de modo intencional, da meritocracia política neste movimento.[12]

Correndo o risco de pedantismo, usaremos agora termos em língua estrangeira (*insight, start-up, setting, zeitgeist, intelligentsia*) para obter precisão mínima em nossa exposição. Algo necessário quando há intuito científico em comunicação por formulações verbais e outras formas simbólicas – como ocorre em outras disciplinas científicas, como matemática, química e física.

Zeitgeist: um termo na língua alemã, tradicionalmente vertido como "espírito dos tempos". Não é útil tentar verter um termo intraduzível tal como *geist* e não temos o talento para arriscar transcriações – usando o termo proposto por Haroldo de Campos e seu irmão Augusto de Campos.[13] Observo ser origem de confusão modificar termos consagrados pelo uso. O termo "espírito" vem do francês, em que se fez uma comparação simplista com o comportamento de matérias inanimadas, concretizadas – álcool e bebidas destiladas nas condições naturais de temperatura e pressão que se evaporam. Pessoas imaginavam que isto ocorria com pessoas vivas, fazendo uma clivagem básica da natureza humana. Inicialmente – até o ponto que foi nossa investigação – oficializada por São Tomás de Aquino[14] com o conceito escolástico sobre "transubstanciação". São Tomás aproveitou as posições do jovem Aristóteles, em que religião e política se misturavam de modo tão notável quanto duvidoso, para interesses do ramo católico apostólico romano da Igreja Cristã. Neste aproveitamento, afirmou haver uma "alma", considerada de modo diverso em relação ao qual os antigos gregos consideravam ser *psyché*, depois chamada, na França, de "espírito" imortal, e um "corpo" mortal. Parece-nos ter sido o maior centralizador teórico, na história das ideias da civilização ocidental, por complicações que

---

[12] A diferenciação entre meritocracia científica e técnica está em outros estudos deste autor (Sandler 2012; 2015a; 2015b; 2016).
[13] Nóbrega 2006.
[14] Sandler 1997a.

perduram até hoje. Em função disto, sugiro que deixemos *geist* como está: no original em alemão.

Constitui-se verdade histórica de nosso *zeitgeist* o fato de que houve, e ainda há, uma tendência para denegrir e esquecer as contribuições de Freud.

Até os anos 1910, a tendência para denegrir a obra de Freud foi mais externa do que interna ao movimento psicanalítico. Inicialmente proveio de parte do meio médico, embora outra parte tenha ficado entusiasmada – excessivamente, segundo Freud. Internamente, mais do que depressa, criaram-se "dissidências", alguns afirmando que sabiam fazer coisa melhor. Houve a ilusão de que dissidências seriam resolvidas por acordos entre cavalheiros a respeito de nomenclaturas sobre escolas. Outros nomes ficaram famosos na esteira da psicanálise – de modo especial, C. G. Jung, A. Adler e, em menor grau, W. Stekel –, e sobressaíram-se por empreender este tipo de guerra santa, dizendo que tinham descoberto algo muito melhor, ou que Freud estava errado nisto ou naquilo. Nesta época, acusações externas ao movimento questionavam o valor científico da psicanálise, considerando-a apenas mais uma religião ou prática exotérica.

Depois que o descobridor faleceu, sofrendo incremento nos anos 1950, estas tendências instalaram-se de modo exponencial. Evidências: a fundação de uma psicologia do ego; acusações de que Freud não se interessava por "fatores ambientais", que era muito "fisicalista" ou "organicista", ecoando acusações externas ao movimento dos primeiros anos, que seria "pansexualista", "vitoriano", "contra a religião", que "explicava tudo", que teria dito para "liberarem-se os instintos" e outras acusações assemelhadas.

Na Inglaterra, que havia abrigado Freud e sua família, ocorreram, nos anos 1940 e 1950, as assim chamadas "discussões controversas", que se revelaram muito mais "contra" do que "versas".

Tudo isto resultou na fundação de mais e mais escolas "dissidentes". Citemos algumas destas dissidências: behaviorismo, psicologia do ego, medicina psicossomática, cognitivismo, análise transacional, psicologia centrada na pessoa, entre várias outras.

A nosso ver, pode-se demonstrar, na construção dessas dissidências, uma contaminação dada pelo *zeitgeist* da sociedade circundante, então dominada por "stalinistas" e "nazistas", caracterizando uma violência social denominada por alguns historiadores de "época dos ditadores" totalitários.[15]

Membros do movimento psicanalítico pareciam esquecer as observações de Freud a respeito daquilo que denominou *idealização* – presente nos seus estudos ditos "sociológicos", principalmente sobre a psicologia das massas e sobre o fenômeno religioso. Em correspondência a fatos destrutivos na sociedade circundante, houve ameaças de eliminação física de alguns;[16] expulsão de sociedades de psicanálise pela meritocracia política; proibição de práticas. Ressaltamos, em outra investigação, a instalação dos correspondentes até hoje não observados, mas existentes, de eliminação, expulsão e proibição de pessoas de exercerem psicanalise; da inclusão, admissão, autorização e até mesmo criação de prêmios para os melhores psicanalistas, que estimulam idealizações e iconoclastias.[17]

Bion nunca participou de nenhuma "guerra" deste tipo. Talvez pelo fato de ter sido militar e participado de guerras reais: quando jovem, como comandante oficial tanquista; mais idoso, como psiquiatra militar.

A psicanálise é uma disciplina que se originou da prática médica, um dos "maiores benefícios da humanidade":[18] uma prática originada de tentativas de diminuir sofrimentos que se abatem sobre a natureza humana. Não estamos incluindo avaliações de *performance*, ou de resultados, mas apenas descrevendo a origem.

Bion, como Freud, notou que psicanalistas trabalham no sentido de elucidar os modos pelos quais seus pacientes estruturavam algo

---

[15] Denson & Bacheller 1967.
[16] No movimento psicanalítico, não por assassínio direto como ocorria na sociedade circundante, mas por impedimento de sobrevivência financeira, pela interdição no encaminhamento de pacientes e da livre expressão dentro do próprio movimento, com manipulações "políticas" nos institutos de formação.
[17] Sandler 2013; 2015a; 2015b.
[18] Porter 1987.

que vivem – experimentam – mas não conheciam de modo consciente – como quase tudo que é importante na vida humana. Vivemos e experimentamos e, em parte, justamente em função desta vivência experimental e experimentada, podemos dizer "estamos vivos". Há muito que compõe este "estamos vivos", de que não temos conhecimento consciente, por exemplo, a circulação de algo que denominamos "nosso sangue", por dentro e através de outro algo que denominamos "artérias" e "veias", ou, de modo mais geral, pelo funcionamento de vários sistemas denominados "orgânicos" (circulatório, glandular, neuromuscular, reprodutor, tegumentar), e vários outros que são estudados por médicos, biólogos, bioquímicos e outros ativistas de outras disciplinas. Isto tudo ocorre e ocorreu muito antes de terem sido nomeados, tornando-os minimamente conhecidos por nós mesmos – individualmente ou grupalmente. Em outras palavras, ontogeneticamente e filogeneticamente. Pouco sabemos sobre tudo isto que vivemos; são desconhecidos ou inconscientes para nós mesmos.

Freud descobriu algo que não sabia o que era, mas observou algumas características cardeais, e denominou-as Complexo de Édipo, tornado um dos objetivos da psicanálise, não por capricho ou imposição (de um homem que se chamava Sigmund Schlomo Freud), mas por ser objetivo na vida real (compondo mais um dos sofrimentos da *natureza humana*).

Dois dentre os livros escritos por Bion – *Elementos de Psicanálise e Transformações* – dedicam-se a expandir o modo pelo qual se pode lidar com estruturações individuais e grupais daquilo que Freud denominou *Complexo de Édipo*. Bion nada escreveu que pudesse contradizer aquilo que Freud observara a respeito do Complexo de Édipo, mas demarcou um uso específico que membros do movimento psicanalítico estavam fazendo a respeito da observação de Freud, dando ênfase ao que lhe pareceu exagerado e, neste sentido, falso, do aspecto sexual deste "complexo":

> O uso que Freud fez do mito de Édipo iluminou algo além da natureza de facetas da personalidade humana. Revendo o mito graças às suas

descobertas, é possível ver que ele contém elementos não enfatizados nas investigações mais antigas; haviam sido eclipsados pelo componente sexual do drama.[19]

Bion não argumenta que o aspecto sexual não exista, como desejam alguns autointitulados "bionianos".[20] Alerta sobre um exagero tal que toma uma parte pelo todo (equivalendo a uma característica observável no pensar e no comportamento daqueles que podem ser rotulados como psicóticos e também como esquizofrênicos). Ao observar o exagero conferido à importância de um aspecto mais materializável do Complexo de Édipo, o aspecto sexual, Bion estava se capacitando a expandir o exame no que tange a encontrar outros vértices para poder estudá-lo: por exemplo, o vértice da onisciência e onipotência; o de querer ser dono da verdade absoluta. Ressaltou a excessiva importância, por parte dos membros do movimento psicanalítico, para o aspecto sexual, concretizado, às expensas de outros disponíveis (isto pode ser visto em *Elementos de psicanálise* e sua continuação em *Transformações*). Bion nunca expressou discordância, nem expansões sobre as

---

[19] Bion 1963, p. 57.
[20] As características atuais do movimento psicanalítico demonstram a impossibilidade de aceitação de críticas científicas aos enunciados categóricos, expressando sentimentos de posse de verdade absoluta, daqueles que se reúnem em grupos intitulados com o nome de autores famosos. Os vários "-anos" e "-istas" que têm composto o movimento, notável por dissidências destrutivas. Estes vários "-anos" e "istas" transformam-se em times endogâmicos e impositores de ideias excludentes. Talvez seriam mais adequados a partidos políticos; ou equipes esportivas; mas não a grupos interessados na atividade do cuidar. Críticas científicas são consideradas, por estas pessoas e seus grupos, como ataques pessoais. Expressei esta visão em outros estudos. O leitor pode consultar o verbete "Bionianos", em *The language of Bion*, Routledge 2005. A existência destes agrupamentos inspirou uma extensão ao trabalho de Bion a respeito da organização de grupos no movimento psicanalítico: a hipótese de um Sexto Pressuposto Básico a ser acrescentado à clivagem destrutiva que ocorre em grupos, sob três pressupostos básicos propostos por Bion: grupo messiânico, grupo de ataque-fuga e grupo de pareamento (descritos em *Experience in groups*, Tavistock Publications 1961a), e à sugestão de mais outros dois, por outros autores (*A clinical application of Bion's concepts, volume III, Verbal and visual approaches to reality*, Routledge 2013). O Sexto Pressuposto corresponde à tendência de criar em estados de alucinose compartilhada pelos membros do grupo, subgrupos de pertinência e subgrupos de não-pertinência. Se este estado atual do movimento, típico de nosso *zeitgeist* na sociedade circundante, não recomenda sequer uma crítica científica, a *fortiori* coloca em risco a simples nomeação específica daqueles que se propagandeiam "bionianos".

teorias de transferência e contratransferência de Freud; observou que já havia suficiente material escrito sobre estas aproximações teóricas.

Verdade e mentira

Pode-se dizer, com base nos escritos de Bion, que boa parte de seu estudo centrou-se na discriminação entre realidade e fantasia. Também, neste sentido, sua obra continua a de Freud: nas duas, o cerne é a discriminação de verdade em relação à falsidade.

Fator Pessoal

Um dos modos de Freud de fazer esta discriminação – sempre originado e centrado em sessões de psicanálise ou na clínica – foi a descoberta da existência de um "fator pessoal", ou "equação pessoal", que interfere na observação de fatos. Como saber se as conclusões de um analista não são produtos, única e exclusivamente, do seu modo de ver as coisas?[21] Não será falso afirmarmos que o "fator pessoal" ou a "equação pessoal" continuam sendo reconhecidos como "razões de ser" das disciplinas, psicologia e psicanálise. As duas têm entranhado nelas mesmas um intenso interesse prático e teórico pelo "fator ou equação pessoal".

Algumas vezes – demasiadamente? – o "fator pessoal" tem sido denominado "subjetivo", o que acabou desembocando em pelo menos mais uma escola no movimento psicanalítico, gozando atualmente – e há pelo menos 20 anos – de popularidade no movimento psicanalítico: a escola do "intersubjetivismo".[22] Não escapou da tendência de adesão a times, que considera "diferenças" como se fossem marcas de superioridade ou inferioridade, pessoal e grupal. Há muitos trabalhos advogando que o "intersubjetivismo" é superior à psicanálise escrita ou praticada por Freud, pois nunca estaríamos lidando com uma questão "intrapsíquica",

---

[21] Freud 1925h; 1926e; 1937c; 1937d; 1938c; 1939a; 1940a; 1940e; dentre outras.
[22] Melo Franco & Sandler 2005.

mas sempre "intersubjetiva". Esta tem sido a linha básica de raciocínio argumentativo, ou a retórica, para provar uma propalada inferioridade teórica ou até mesmo técnica – sem nenhum estudo estatístico de avaliação de resultados – ou obsolescência daquilo que estes autores denominam "uma psicanálise de Freud". Isto nos leva a uma situação grupal que pode ser vista como um tipo de "guerra" entre os membros do movimento psicanalítico, espraiada fora deste movimento.

Um psicanalista, por meio de sua análise pessoal, tentará diminuir a interferência de sua "equação pessoal"; manterá a máxima atenção possível. Precisará agir de modo altamente específico, dirigindo suas notações, observações, interpretações e construções, movido por "amor à verdade", conforme claramente explicitado por Freud, em muitas ocasiões, das quais exemplificamos duas, uma retirada de um de seus últimos estudos e outra do início:

> [...] finalmente, não podemos nos esquecer que a relação analítica baseia-se em um amor à verdade – ou seja, um reconhecimento da Realidade – e isto exclui qualquer tipo de falsidade ou engano.[23]

> O inconsciente é a verdadeira realidade psíquica; em sua natureza mais profunda, nos é tão desconhecido como o é a realidade do mundo externo; assim como o mundo externo permanece incompletamente apresentado pelos nossos órgãos sensoriais, o inconsciente também fica incompletamente apresentado pelos dados da consciência.[24]

Intencionalmente, colocamos uma citação de Bion que evidencia sua origem e filiação evolucionária na obra de Freud:

> Os procedimentos psicanalíticos pressupõem que haja, para o bem estar do paciente, um constante suprimento de verdade, tão essencial para

---

[23] Freud 1937c, p. 248.
[24] Freud 1900a, p. 613; itálico, por Freud.

sua sobrevivência quanto o alimento é essencial para a sobrevivência física. Além disso, pressupomos que uma das precondições para sermos capazes de aprender a verdade, ou pelo menos para procurá-la na relação que estabelecemos conosco e com os outros, é descobrirmos a verdade sobre nós mesmos. Supomos que, em princípio, não podemos descobrir a verdade sobre nós mesmos sem a assistência do analista e dos outros.[25]

Um psicanalista tentará apreender a "realidade psíquica" ocorrendo no aqui e agora, focalizada no paciente. Este fica limitado pelas habilidades intuitivas, incluindo a capacidade de compaixão dos dois integrantes do casal analítico – incialmente, uma função maior do analista, mas que acabará, pelo aprender da experiência, se espraiando nos pacientes.

Uma dentre as várias formulações sob a forma dialógica (caracterizando a fase final das contribuições de Bion, escrita cinco anos antes de seu falecimento) talvez possa ilustrar a afirmação de que a obra de Bion foi uma *evolução*, a partir da de Freud; de um modo que, até o ponto que foi nossa investigação, ainda não havia sido obtido. Podemos evidenciar esta afirmação por citações de textos de Freud e Bion.

> [...] há dois tipos de trabalho sendo levados a cabo, lado a lado, um deles estando sendo um pouquinho antecipado em relação ao outro. O analista termina um fragmento de construção e o comunica ao paciente *de tal modo que esse último possa trabalhar sobre este fragmento; constrói então mais um fragmento a partir do novo material que o paciente produz a partir daí, lida com ele do mesmo modo e tudo segue nesse modo alternante* [...].[26]

P.A.: Se, por experimentação, nós descobríssemos as formas verbais, também poderíamos descobrir os pensamentos aos quais a observação se aplicou de modo específico. Dessa maneira, conseguiríamos uma

---

[25] Bion 1959d, p. 111.
[26] Freud 1937d, p. 260 e 261; grifos do autor deste texto.

situação em que essas formas poderiam ser utilizadas deliberadamente para obscurecer pensamentos específicos.
BION: Há alguma coisa nova nisso tudo? Assim como eu, você deve ter ouvido com muita frequência pessoas dizerem que não sabem do que você está falando e que você está sendo deliberadamente obscuro.
EU MESMO: Elas estão me lisonjeando. Estou sugerindo um objetivo, uma ambição, os quais, se eu pudesse atingir, me capacitariam a ser obscuro de maneira deliberada; no qual eu poderia fazer uso de certas palavras que poderiam ativar, de modo instantâneo e preciso, na mente do indivíduo que me ouvisse, um pensamento, ou cadeia de pensamentos, que surgisse entre ele e os pensamentos e ideias já acessíveis e disponíveis para ele.

ROSEMARY: Ah, meu Deus![27]

Frequentemente, confunde-se a tentativa de Bion de circunscrever e descrever os vértices e a postura do analista, como se estivesse interessado em questões de contratransferência. Sempre baseados nos escritos deste autor, afirmamos que, segundo ele mesmo, não tinha nada a acrescentar a respeito do que já fora descrito;[28] descreve apenas o fato de que pacientes qualificáveis como psicóticos mantêm uma incessante atividade para "destampar fontes de contratransferência".[29] Sempre foi crítico quanto ao movimento iniciado por Paula Heimann de se usar a contratransferência como instrumento terapêutico, alertando aos membros do movimento psicanalítico de que contratrasnferência é uma situação inconsciente – para poder-se lidar com este fenômeno apenas na análise pessoal do analista. Não se pode manejar a contratransferência quando um analista atende pacientes – o analista pode "conhecer sobre contratransferência", mas não conhecer a coisa-em-si, denominada por Freud contratransferência.[30] Por exemplo, ao examinar um desenvolvimento negativo, em uma

---
[27] Bion 1975, pp. 69-71.
[28] Bion 1965, p. 41.
[29] Bion 1965, p. 95.

psicanálise, de um paciente que pode ser qualificado psiquiatricamente como psicótico, esquizofrênico ou *border-line*, Bion escreveu:

> O progresso da análise parece ser lento; para membros da família, ou outros observadores, pode haver pouca evidência de modificações em seu comportamento, em relação ao que era antes.
> Subitamente, uma mudança: amigos e parentes que até então negavam a existência de algo, não podem continuar ignorando sua doença. Ele tem estado estranho: permanece mal-humorado durante horas, sentado em uma cadeira. Parece estar ouvindo vozes e vendo coisas. Há certa dúvida quanto ao último aspecto; na sala de análise é difícil dizer se o paciente está descrevendo um delírio ou exacerbando sua imaginação. Na análise, está hostil e confuso. Repentinamente, uma deterioração. Evidencia-se o alarme dos familiares, por intermédio de cartas e outras comunicações, inclusive do médico da família. Parece haver razão para o analista ficar alarmado; caso contrário, expõe-se a um erro sério de cálculo e consecutiva censura.
> A opinião comum se infiltra neste tipo de situação. E de tal modo, que fica impossível fazer sequer a mera suposição da utilidade de uma perspectiva que negasse a racionalidade das ansiedades do analista e dos parentes. Ou que tais ansiedades seriam inadequadas aos fatos. Fica difícil preservar a visão analítica daquilo que está ocorrendo, pois é muito fácil encaixá-la no padrão de que a visão analítica se constituiria em uma negação da seriedade de seu impasse. Em tal situação, o analista vai tomar medidas que lhe dita sua experiência em conduzir casos analíticos. Ele vai tentar avaliar se sua própria psicopatologia pode estar contribuindo de algum modo. Menciono estes pontos, mas não vou discuti-los, exceto no que tangem à transformação e à invariância. Desejo incluir no material as ansiedades do analista; e, até o ponto em que ele tenha acesso, também as ansiedades dos amigos e parentes do paciente. É necessário que o analista considere principalmente o

---

[30] Bion 1979, p. 120.

material sobre o qual tenha evidência direta, ou seja, a experiência emocional das próprias sessões. Os conceitos de transformação e invariância podem desempenhar um papel iluminador justamente na sua aproximação a estas experiências emocionais.

Por uma série de características, é notável a mudança de uma experiência analítica confinada ao consultório para uma crise envolvendo pessoas além do par. É uma mudança catastrófica em um sentido restrito, ou seja, de um evento que produz uma subversão da ordem ou sistema; é catastrófica no sentido de se acompanhar de sentimentos de desastre nos participantes; e é catastrófica no sentido de ser repentina e violenta – de um modo quase físico.[31]

Expansões, nunca substituições

Uma das expansões propostas por Bion – ligada ao tratamento que pôde fazer com pacientes psicóticos – é a que amplia a teoria da consciência de Freud, em que a hipótese é sobre uma sucessão temporal. Na gênese dos processos conscientes, Freud supôs que haveria, hipoteticamente, um ponto inicial, dado pelos processos inconscientes, e a partir daí emergiriam processos conscientes.

Bion observou que, no manejo psicanalítico de pacientes com distúrbios nos processos de pensar (ou seja, os assim denominados "psicóticos"), esta hipótese teórica era "fraca":

> A teoria da consciência como órgão sensorial para captação de qualidades psíquicas é fraca, mas não é falsa, pois quando a expandimos, ao dizer que o consciente e o inconsciente são produzidos constantemente e juntamente funcionam como se fossem binoculares, ambos ficam capacitados para correlação e autoconsideração.[32]

---

[31] Bion 1965, p. 21.
[32] Bion 1962, p. 54. Observamos que leitores apressados ou preconceituosos (no mundo inteiro) interpretam este escrito como se Bion estivesse desqualificando ou ultrapassando o escrito de Freud.

Bion constatou, clinicamente, a expansão que Klein fez sobre a compreensão das origens da transferência.[33] Talvez – sempre baseado em seus escritos – por ter feito análise com a "Sra. Klein". Não usamos esta forma de tratamento, no Brasil – mas tal forma ainda é quase obrigatória na Europa – e era absoluta na época de Bion. A partir daí, propôs haver simultaneidade na gênese dos processos conscientes e inconscientes, levando mais adiante a proposição inicial de Freud a respeito da atemporalidade na qual funciona o sistema inconsciente. Ao descrever casos clínicos, que lhe deram base para tal afirmação, cunhou uma máxima: "nada pode ser inconsciente se não tiver sido consciente".

Com isto, e também no estudo dos processos oníricos de vigília, expandiu, mas *não substituiu* as contribuições de Freud. Por nunca ter abandonado a contribuição de Freud, não precisou "voltar" a usá-las.

A "escola" que Freud se filiou – idêntica à de Klein, Winnicott e Bion – provém de pacientes. Uma escola sempre única, portanto. Pacientes são aquelas pessoas que mantêm paciência suficiente para enfrentar sofrimentos e solicitam auxílio.

Temos aqui uma das expansões práticas advindas da obra de Bion sobre as obras de Freud e Klein: tento dizer algo a respeito da universalidade da "neurose", observada por Freud, da universalidade da "psicose", observada por Klein (e também por Fairbairn), e da coexistência de uma "personalidade psicótica" e de uma "personalidade não-psicótica" em cada um de nós, seres humanos.

Hipóteses científicas, modelos, teorias: função - alfa

Temos aqui uma primeira contribuição da obra de Bion: uma tentativa de aprofundamento no estudo de algo que prossegue em grande parte misterioso, demasiadamente sujeito a inferências – efetuadas por formulações fantasiosas racionalizadas e, portanto, plausíveis para nosso aparato intelectual restrito ao que Freud denominou, em um

---

[33] Klein 1961.

modelo teórico altamente operacional para o aparelho psíquico, de "sistema consciente".

Uma questão que permanece é que formulações plausíveis podem ser efetuadas por manipulações racionalizadas de símbolos – o quão mais engenhosas, mais plausíveis! O método é usado em outras disciplinas, como propaganda, política e direito. São formulações impossíveis de verificação científica. Apressadamente ganham na disciplina da psicologia – assim como ocorria em medicina, e ainda ocorre – o nome de *teorias*.

Na maior parte das vezes, são *hipóteses*; nos melhores casos, podem formar *modelos* verificáveis clinicamente em casos individuais, apesar dos avanços feitos pela medicina e pela psicanálise, que tentam determinar – após a captação concretizada de estímulos externos e internos que nos afetam – o quê, onde e como, muitos destes são conducentes a sofrimentos. Alguns dos sofrimentos puderam ser classificados de forma taxonômica, verbal. Persistem dependendo do treinamento clínico – independentemente da formação prévia do praticante. Estas classificações são qualitativas e quantitativas; desde o início da prática psicanalítica, e têm sido submetidas a controvérsias. A descoberta da universalidade de estados neuróticos, por Freud, e de estado psicóticos, por Klein, como um fator inevitável da condição humana – colocado em termos da existência da personalidade psicótica e não-psicótica[34] – dizem respeito a estas classificações.

Freud abriu muitas perspectivas ou rotas para pesquisa. Bion resgata parte da obra de Freud, presente em vários estudos: inicialmente, em uma obra vista por ele como provisória, um estágio para aprofundamentos posteriores, *Entwurf einer psychologie* (*Esboço de uma psicologia*). O movimento psicanalítico pode ser visto como solo fértil para proliferação de poucos saberes. Bion deixou algumas observações a respeito, mediante um método dialógico em que há alguns objetos parciais dele mesmo, sob a forma usualmente utilizada em peças de teatro ou cinema; não se trata disto, mas se trata de uma observação verdadeira a respeito do

---

[34] Bion 1957.

comportamento grupal de pessoas no movimento psicanalítico – na experiência de Bion, algo que pode ser comparada com a experiência do leitor:

> SACERDOTE: Concordo. Mas será que sua experiência sustenta a ideia que as pessoas dediquem a este assunto algum pensamento sério? Daquilo que vejo nos psicanalistas, eles não sabem o que é a religião; simplesmente transferem sua lealdade de um sistema de emoções indisciplinado, eivado de desejo, para outro sistema. Ouvi psicanalistas discutindo; sua própria discussão trai todas as características que tenho reconhecido como patognomônicas de uma espécie de religião primitiva, indisciplinada, intelectualmente desestruturada. Eles discutem acaloradamente, aduzindo motivações nacionais, racionais, estéticas e outras, coloridas emocionalmente para sustentar sua marca particular de atividade.
> P.A.: Não nego que façamos tudo isto, mas na realidade continuamos a nos questionar, e a questionar nossas motivações, de um modo disciplinado. Podemos não ter sucesso, mas também não desistimos da tentativa.
> SACERDOTE: Odeio parecer estar julgando, mas tenho que fazê-lo, para avaliar tal evidência como a recebo, já que ela toca a minha vida privada e minha responsabilidade pelos meus próprios pensamentos e ações. Vocês têm tantas seitas de psicanalistas quanto as que existem em qualquer religião que eu conheça, e igual número de "santos" psicanalíticos, cada qual com sua respectiva procissão de devotos.
> P.A.: Somos humanos e mostramos todas as fraquezas desta categoria biológica. Não paramos de venerar e adorar porque a adoração e veneração são características básicas e fundamentais e, portanto inalteráveis e inalienáveis; tentamos levar o fato em consideração.[35]

Outras obras de Freud foram resgatadas por Bion, sujeitas a notável esquecimento no movimento psicanalítico, principalmente a partir de 1960: *A interpretação dos sonhos* (1900a); *Formulações sobre os dois princípios do funcionamento mental* (1911c); *Além do princípio do prazer*

---

[35] Bion 1979a, p. 160.

(1920g); *Psicologia de grupo e análise do Ego* (1921c). O esquecimento inclui os autointitulados "bionianos", cuja crença é de que a obra de Bion seria "revolucionária".

Minha investigação permite-me afirmar que o todo da obra de Bion se origina destas "avenidas" apenas abertas por Freud – entre várias outras, ainda inexploradas. Mais especificamente: tenta focalizar e melhor identificar funções de ego (e com isto, a ontogênese dos processos de pensar, sempre incluindo o que chamamos de "memória"). As contribuições de Bion – segundo ele mesmo, e de modo claramente explícito, enfatizado em *Transformações*[36] – compuseram pelo menos duas teorias de psicanálise propriamente ditas, e várias teorias de observação do ato analítico, nos micromomentos denominados por Freud de "aqui e agora".

As duas teorias (de observação e de psicanálise), por vezes, se sobrepõem na prática, mas para efeitos didáticos Bion julgou adequado mantermos em mente sua diferenciação. As teorias sobre psicanálise propriamente dita são: "Uma Teoria do Pensar" e a teoria sobre "Continente – Conteúdo".[37] As teorias de observação foram emprestadas de outras disciplinas que já tinham maior tradição de observações no que tange a aquisições de conhecimento e apreensão sobre a natureza humana e de suas reais vicissitudes: teorias primitivas, de elaborações míticas; e outras mais sofisticadas, como as provenientes da matemática, medicina, biologia e física, que resultaram nas teorias da ciência (elaboradas principalmente por Platão e Kant, no caso de Freud e de Bion).[38]

Todas estas teorias partiram ou foram desenvolvimentos de alguns *modelos*[39] biológicos e médicos, fornecidos por dois sistemas humanos: o sistema digestório e o reprodutor. Estes modelos e conceitos auxiliares foram colocados, por Bion, em uma notação quase matemática, ou na

---

[36] Bion 1965, p. 172.
[37] Bion 1961b; 1962.
[38] Um exemplo de teoria de observação do ato analítico, baseada no modelo neurológico e psicológico denominado por Freud (ao menos de três modos: psicanálise, psicologia profunda e psicodinâmica), é a teoria sobre uma hipotética "Função-alfa".
[39] Ou *esquemas*, no sentido dado por Kant (1781, B178-179) a estas duas denominações.

teoria da ciência matemática: modelo de vínculos, com notação designada por letras, K, H e L, correspondendo a Conhecimento, Ódio e Amor (na língua inglesa: *Knowledge, Hate* e *Love*).[40]

O status de teoria científica foi sempre conferido por experiência clínica, ou de história de casos, seguindo o modelo médico. De modo sumarizado:[41] estímulos externos e internos (as denominações "externo" e "interno", embora passível de crítica, por imprecisão, foi sugerida por Claude Bernard) moldaram e estabeleceram toda a pesquisa médica, até hoje (Gross, 1998). Foram utilizados por Freud e Bion – e por boa parte de todos os analistas que possamos considerar. Estes estímulos seriam captados inicialmente pelo nosso sistema sensorial e depois dele, por uma hipotética "função-alfa", cujo funcionamento pode transformar estes estímulos em elementos básicos imaterializados para serem utilizados em alguns processos psíquicos: o trabalho onírico, para formação de mitos, para serem armazenados na memória, para pensar e para pensar os próprios pensamentos.

Os elementos básicos, após terem sido captados, foram denominados de "elementos-alfa". Os estímulos externos constituem-se como a "verdade última", incognoscíveis. São materializáveis e imaterializáveis, e podem ser estudados, ainda que de modo muito precário, parcial e transitório, pelas disciplinas da matemática e da física quântica e física relativística; em termos coloquiais, são matéria e energia. Na teoria do pensar de Bion, após 1962, foram denominados de "elementos-beta".

Platão e Kant: origens de psicanálise e a obra de Bion

Temos tentado enfatizar, em vários estudos, um fato: Freud nunca escondeu sua inspiração em Kant[42] – algo que nos parece ter sido pouco

---

[40] Sugerimos anteriormente (nas versões brasileiras das obras de Bion, publicadas pelas Editoras Imago, Martins Fontes e Blucher) nunca verter notações e simbologia, por observarmos presença de confusão. Por exemplo, quem poderia verter para o português o número Pi, 1, ou 3?
[41] Disponível em Bion (1961b; 1962). Uma revisão crítica pode ser vista em Sandler 2005.
[42] Sandler 2000b.

notado pelos membros do movimento psicanalítico. Até o ponto que sabemos, foi dado apenas um único curso sobre a influência da obra de Kant sobre a obra de Freud, e apenas em um instituto de psicanálise; como uma atividade eletiva, não obrigatória.[43] É possível observar, historicamente, que coube a Bion a função de ter trazido à consciência de membros do movimento psicanalítico a necessidade de termos conhecimento da obra de Kant, uma vez que a obra de Freud se originou dela. Outros, como Franz Alexander e Ernest Jones, mencionaram Kant – mas não do modo mais específico como o fez Bion – nas citações sobre qualidades primárias e secundárias de um objeto de estudo, nas relações entre intuições sensíveis e conceitos, a respeito da apreensão realística e avaliação de objetos de estudo e na constatação da incognoscibilidade total da realidade última. A teoria de observação denominada "função-alfa" e também o conceito "O" foram baseados nesses autores.[44] Na obra de Freud, há exemplos explícitos dessa relação. Um deles, relevante no momento, é a observação – pela primeira vez na história da ciência – da existência de algo que, à falta de nomenclatura disponível, denominou de "realidade psíquica": realidade tão incompletamente conhecida pelo nosso sistema consciente, quanto desconhecida é a "realidade material" para nosso aparato sensorial.[45]

Uma das contribuições de Bion ao movimento psicanalítico foi o resgate desta origem da psicanálise; antes dele, outros puderam percebe-la: Theodor Reik (1948) e Franz Alexander, baseado em Brosin (1952). Bem depois de de nosso estudo, apareceram outros – infelizmente, com a falsa noção de que Freud "falhou" em não explicitar sua origem na obra de Kant,[46] ou mais específicos (Sanford, 2017). Bion foi o autor que mais enfatizou a importância de Kant para nossa atividade.

---

[43] Na Sociedade Brasileira de Psicanálise de São Paulo, entre 1992 e 2000, e em duas cidades, São Paulo e Curitiba; e a partir de 2015 até o presente momento – pelo autor deste estudo.
[44] Bion 1962; 1965; o leitor pode consultar a revisão crítica e listagem exaustiva dos locais na obra de Bion onde se encontram estes conceitos, nos verbetes com estes nomes, em Sandler 2005.
[45] Freud 1900a, p. 611. Pode-se conferir uma análise dessa relação em Sandler 2000a.
[46] Tauber 2009.

Há outras possibilidades: que tenha avisado, ou, na melhor das hipóteses, lembrado aos membros do movimento psicanalítico sobre esta importância. Outros autores informados em teoria da ciência, como Franz Alexander, Ernest Jones e Otto Rank não nos pareceram – até o ponto que foi nossa investigação – cientes desta noção. Suspeitamos que o movimento psicanalítico deve a Bion a detecção de um importante instrumento metodológico para a formação de teorias em psicanálise: a recomendação de Kant (1783) de que, à falta de teorias ou outros métodos de transmissão de observações e de conhecimento, apelássemos para a confecção de modelos. Nossa investigação demonstrou a influência de Kant sobre a obra de um autor notavelmente citado por Freud: Goethe. Que alertou o investigador em ciência de que "os sentidos não erram, pois não julgam";[47] em termos de modelos, sugeriu fortemente que o investigador interessado, ou necessitado de aproximar-se da realidade, pudesse lançar mão de um tipo específico de modelo totalmente baseado em formulações verbais: a elaboração de analogias.[48]

Kant e Goethe parecem-nos ter aberto a possibilidade para que Freud dispusesse da possibilidade de descobrir um mecanismo psíquico que, à falta de nome disponível, foi chamado de "racionalização".[49] Freud estava mais bem equipado para a investigação – que incluiu a cunhagem do próprio nome – em função de sua formação médica. Algo que nem Kant, nem Goethe dispunham. Freud, mesmo não dispondo do que ele mesmo reconheceu ser a intuição típica de alguns dos grandes filósofos,[50] obteve descobertas a respeito do funcionamento psíquico ao utilizar-se do método clínico de estudo de casos. A crítica da razão pura, por Kant, parece-nos ter sido o protótipo da descoberta do mecanismo de racionalização. Dentre as muitas observações de Goethe a

---

[47] Goethe 1959 (1780-1829).
[48] Goethe 1811-1830.
[49] Freud 1911c.
[50] Freud deixou em seus escritos um comentário a respeito que obtinha conclusões à custa do trabalho árduo de observação clínica; e comparou-o com o fato de que conclusões similares ficaram disponíveis para Nietzsche por uso de intuição.

respeito da natureza humana e de outras entidades vivas, muitas vezes apoiadas nas suas intuições e analogias,[51] poderemos exemplificar a noção da existência de limites rígidos, de constituição biológica – evito intencionalmente qualificá-los como "físicos", pela penumbra de associações ligadas à concretude material – em nossa capacidade de apreensão de estímulos pelo nosso aparato sensorial.

A maior questão para nós, seres humanos, a respeito do aparato sensorial, centra-se no fato de que qualquer tipo de estímulo que possamos considerar será simultaneamente materializável e imaterializado. Há fatos materiais – nas condições normais de temperatura e pressão em que podemos existir – coexistindo com fatos imateriais, sobre a face da terra. Este é, talvez, o maior resgate feito por Kant, a partir das aquisições dos antigos gregos. Os antigos gregos e Kant não possuíam os conhecimentos possíveis após os avanços da matemática não-euclidiana, da física relativística e física quântica – o que não os impediu de intuir algo da verdade da natureza humana. Noções que ficaram perdidas do conhecimento consciente por boa parte do mundo "civilizado", por mais de um milênio. Fenômenos são captáveis, até certo ponto em sua materialidade, criando a ilusão de o próprio fato, em toda sua totalidade, seria limitado às formas materializáveis deste fato. Kant percebeu que esta crença reducionista não passa de ilusão. O clímax desta ilusão foi na invenção da Religião Positivista, por Auguste Comte. Pode-se afirmar que há uma realidade nos números: sua imaterialidade. Foram denominados por Platão de "Formas Ideais"; tempos depois, "Formas Platônicas" – o que demonstra o sentimento "demasiadamente humano" de idealizar figuras já falecidas. Sugerimos, em investigação anterior,[52] a hipótese de que o âmbito numênico, ou o

---

[51] Por exemplo, as derivadas, em parte, de sua teoria das cores. Goethe não possuía aparelhamento tecnológico para mensurar limites do aparato sensorial, disponíveis nas gerações posteriores de investigadores, nas quais encontramos alguns professores de Freud, um deles, Von Helmholtz. Não podemos nos expandir no texto sobre aquisições científicas destes dois alemães – feito em investigação anterior para uso de psiquiatras, psicólogos e psicanalistas (Sandler 2002).
[52] Sandler 1997a.

âmbito das "Formas Ideais", corresponde ao âmbito "coberto" por aquilo que Freud sugeriu ser, no aparato psíquico, o "sistema inconsciente – caso utilizemos a primeira, dentre as três nomenclaturas principais propostas por Freud para descrever o funcionamento do aparato psíquico.[53] O termo "coberto" é tosco, arriscando ao erro – em função da penumbra de significados que carreia. Há uma ênfase excessivamente materializável. Não conhecemos nenhum termo melhor. O leitor poderá contribuir para a detecção de outro termo mais adequando. "Coberto" usualmente traz à nossa imaginação figuras como cobertores, casacos, capas; talvez o termo "abrange" fosse menos impreciso. No entanto, o termo "coberto" parece-me ter pelo menos uma vantagem, no que tange à capacidade comunicacional: abre a possibilidade de que exista, em algum outro ponto/momento no espaço-tempo, a emergência ou reaparecimento de algum "encoberto" que se torna "descoberto". Esta é a tarefa de um casal efetuando uma psicanálise, composto de um paciente e de um analista.

Algumas nomenclaturas se mostram úteis para a investigação científica, ainda que indiquem uma divisão meramente didática. Uma delas é aquela baseada em uma clivagem entre meios ou ambientes "interno" e "externo" a nós. Freud, Klein, Winnicott e Bion adotaram a nomenclatura proposta pelo Dr. Claude Bernard.[54] Essa *divisão* não é muito precisa: Freud foi claro quanto a isto, quando se referiu a uma "barreira de contato";[55] conceito depois aproveitado por Bion, no que tange à separação e não-separação entre os sistemas consciente e inconsciente.[56] O progresso em medicina revelou outras barreiras de contato, denominadas filtros orgânicos, existentes na estrutura celular da pele, dos rins, no líquor cefalorraquidiano, nos vasos sanguíneos,

---

[53] Freud 1900a. As outras duas nomenclaturas foram: (i) formulações sobre os dois princípios do funcionamento psíquico, de 1911b; (ii) as três instâncias psíquicas (id [*Das Es*], ego e superego) (1923b).
[54] Gross 1998.
[55] Freud 1895a.
[56] Bion 1962.

nas várias mucosas do sistema digestório, que permitem trocas do meio interior (por exemplo, a luz nos vasos sanguíneos ou no intestino) com o meio exterior a elas. O aproveitamento da divisão feita por Claude Bernard insere-se na filiação de Freud – e da psicanálise – à tradição de observação clínica em indivíduos que sofrem. No caso de Freud, pode-se identificar a influência de Claude Bernard, Gustav Theodor Fechner, Rudolf Virchow, Hermann von Helmholtz e Heinrich Koch – fornecida para Freud por E. Brücke. E da neuropsiquiatria, desenvolvida por Jean Marie Charcot. O nome para a especialidade médica que tentou lidar com o aparato psíquico e seus distúrbios funcionais caiu em desuso, após os anos 1970. Em grande parte, a nosso ver, pela atividade ter sido assumida, em maior prevalência quantitativa, por outros ativistas – psicólogos, pedagogos, assistentes sociais, fonoaudiólogos, terapeutas ocupacionais e até mesmo, em alguns locais, quiropráticos.

Rotulando pessoas?

Para descrever algumas contribuições notáveis de W. R. Bion para a prática psicanalítica atual, podemos ressaltar o estudo de grupos. Parece-nos que Bion, utilizando-se da obra de Freud a respeito de grupos e integrando-a à obra de Melanie Klein, observou um estado alucinatório de senso de concretização de algo que permanece, na realidade, não concretizável – efetuado por grupos de pessoas, o que amplifica uma concretização individual, já que um grupo é composto de vários indivíduos – que confunde o movimento psicanalítico com psicanálise. Não nos observamos filiados a nenhum time, partido, gangue, mesmo sabendo que há pessoas que preferem acreditar que o são; ou sentem-se forçadas a isto. Reivindicam adesão a tais crenças. Por vezes, de modo violento. Acreditam piamente que pertencem a agregações em grupos. Observei que o fazem em fugas fantásticas, de natureza alucinatória, por sentirem-se perseguidas, imaginando ser insuportável ter consciência mínima de estados de não-agregação: experimentar solitude – o termo é pouco usado em português, significando uma situação na qual a pessoa está consigo mesma, e que pode ser feita de modo voluntário

– parece-lhes solidão absoluta. Estar uno consigo mesmo lhes parece, em contraste, caos absoluto: uma catástrofe, uma mudança insuportável. Entretanto, segundo a observação psicanalítica utilizando a contribuição de W. R. Bion, estes estados de solitude e mudança são condições necessárias de desenvolvimento.[57] Pessoas há que se sentem desamparadas: entregam-se acriticamente a crenças e idealizações; entre estas crenças, está aquele que se origina de uma situação real – a dependência natural de um seio, e depois, de uma família. A agregação a grupos, em etapas posteriores da vida, dependendo do grau, pode se ligar à permanência do fator de desamparo natural, mas com características primitivas, da infância da espécie e do indivíduo, quando originada por instintos paranoides violentos. O desamparo infantil que não pode ser lidado em termos de desenvolvimento resulta, neste caso, na persistência de uma fantasia imaginosa e atuada, no sentido de *acting-out* descrito por Freud:[58] catexias instintivas transformam-se em ações, que podem ser racionalizadas, ou seja, a pessoa dá um salto direto, do impulso para a ação, sem interpolar processos de pensamento, como se fosse uma questão de sobrevivência. A vida grupal – imaginária – substitui a vida real.[59]

Há algumas especificações a respeito do fator que denomino "desamparo" – característica básica de nossa espécie, intitulada por nós mesmos "espécie humana" –, iluminado minimamente – até o ponto de conhecimento deste autor, ainda que não totalmente – por alguns autores: Gustave Le Bon, Wilfred Trotter, S. Freud, E. Cannetti, A. Toynbee e

---

[57] Bion 1965, p. 8-11, 81; 1967, p. 32.
[58] Até o ponto que foi nossa investigação, a melhor revisão do conceito foi feita por Otto Fenichel 1945; em 1963, a Associação Psicanalítica Internacional fez todo um congresso, em torno do que acabou se tornando um tema teórico.
[59] O fenômeno foi mais bem estudado por Freud e Bion – e pode ser submetido à reflexão de psicanalistas que percebam na prática o que foi colocado, por Bion, em termos do paradoxal, que também obedece ao princípio de Fechner de narcisismo e "social-ismo" – os textos mais completos a respeito destes conceitos estão em *Cogitações* e a versão compactada, em *Transformações*. Há a interveniência, vários outros fatores envolvidos nesta situação, denominados por psiquiatras, psicanalistas e psicólogos como "maníacos".

W. R. Bion.[60] Na hipótese de que os textos destas pessoas tenham sido objeto de reconhecimento mínimo por parte do leitor, pouparemos sua atenção, reduzindo citações bibliográficas. Tentamos desenvolver estas observações sobre o microcosmo de pequenos grupos em outros textos, dos quais citamos apenas dois: observações em grupos pequenos e médios (de 2 até 240 pessoas), por Bion, que aplicou as observações de Freud e Melanie Klein sobre o estudo de grupos, sugerindo a existência de "pressupostos básicos grupais" de natureza esquizoparanoide, que impedem a formação de grupos de trabalho,[61] e nossa extensão sobre estas observações, que resultou na hipótese de uma alucinose de pertinência ou impertinência a grupos imaginados no aparato psíquico das pessoas componentes do grupo.[62] Formação de "grupos identitários" – como os denomina o Prof. Leopoldo Fulgencio[63] – parece-nos constituir-se como um problema, por sua natureza alucinatória, e pela perda dos limites do ego individual; o que Freud denominou "ego ideal" triunfa.

Em outras palavras, reconhecendo o fato social de que pessoas acreditam – trata-se de crença, não de observação de fatos – que existam freudianos, abrahamanianos, junguianos, stekelianos, adlerianos, ferenczianos, biswangerianos, hartmannianos, kleinianos, winnicottianos, bionianos, kohutianos, lacanianos (não será surpresa se algum dia surgir algum "greeniano" – sinais de fumaça já começam a aparecer), etc., etc., etc.[64] Shakespeare parece ter sido capaz de qualificar a questão de um modo tão compacto, como só poetas o conseguem ser:

Ah!... no catálogo, todos passam por homens,
Assim como sabujos e galgos, vira-latas, desentocadores,

---

[60] Estamos deixando de lado, não por ignorância, estudos ideológicos, na tentativa de mantermo-nos limitados a estudos científicos.
[61] Bion 1961a.
[62] Sandler 2013, p. 229; 2015.
[63] Comunicação pessoal ao autor.
[64] *Ad infinitum?* Citar toda esta nomenclatura – cujas qualificações bastante se assemelham à Nomenklatura soviética, pela ambiência alucinada de fantasias de superioridade, e transitoriedade assassina, "rei morto, rei posto" – exigiria um catálogo.

apontadores, rastreadores, cães d'água e cães-lobos são tachados de cachorros.⁶⁵

Caso a formulação verbal de Shakespeare soe estranha a alguém, a leitura ou audição da peça esclarece que a fala é atribuída a um criminoso homicida sem nome, como bem o deve ser, por questões de sobrevivência; e que se refere (como representação teatral de ficção, indicando uma realidade mais viva do que muitos dos componentes grupais) a assassinar um ser humano, quando o personagem "MacBeth" tenta avisá-lo de que a vítima seria hábil no uso da espada. Para o criminoso, não importa o nome, nem tampouco se é uma pessoa hábil ou inábil que vai ser eliminada. Assim, quando o método psicanalítico – que se ocupa da indivisível natureza humana, pois "psicanálise real é vida real"⁶⁶ – "torna-se" um nome impresso, apropriado por alguma entidade autointitulada oficial, indistinguível de um clã, ou de um time de futebol, ou de pátrias e nacionalidades, etnias... houve um crime diante da possibilidade de prática da psicanálise. Prática dependente de interações construtivas, experienciais, entre duas pessoas.

Métodos de comunicação: entre pacientes e analistas, e entre analistas

No final de sua vida, Bion deixou uma reflexão, em que podemos ver qual é a sua noção a respeito da possibilidade de ter contribuído para a atividade psicanalítica – contemplando os objetivos desta atividade. Este diálogo interno e último talvez sirva para que o leitor possa dialogar não mais com Bion (falecido quatro meses depois), mas consigo mesmo.

É difícil perceber qual era o problema quando Sócrates, que de acordo com Platão se descreveu no Theaetetus como uma parteira – foi

---

⁶⁵ *Ay, in the catalogue, ye go for men / As hounds and greyhounds, mongrels, spaniels, curs / Shoughs, water-rugs and demi-wolves, are clept / All by the name of dogs*. MacBeth III, i, 92.
⁶⁶ Uma resenha exaustiva do conceito "psicanálise real" pode ser vista em Sandler 2005, p. 605. Bion 1974, p. 114.

condenado à morte por ter corrompido a juventude (caso se possa confiar em Platão). Mas assim foi. Em época mais recente, parece haver um tipo de insatisfação com as visões filosóficas correntes, como sendo inadequadas para os fins necessários. Durante a época que estive em Oxford, havia rumores a respeito de um negócio chamado "psicanálise" e de alguém chamado Freud. Eu nada sabia a esse respeito; tampouco na Universidade se conhecia grande coisa sobre o assunto.

Fiz algumas investigações, mas fui persuadido que não era nada que valesse mesmo a pena – havia muitos estrangeiros e judeus misturados com a coisa, e então seria melhor não me envolver.

No entanto, quando tive a sorte de cruzar com John Rickman, decidi iniciar uma análise com ele.

Descobri que a análise era extremamente esclarecedora. Para minha surpresa, a psicanálise parecia manter uma relação *sui generis* com aquilo que eu pensava ser senso comum. Então, infelizmente, sobreveio a ameaça de guerra, e vi terminar minha experiência analítica.

Depois da guerra, Rickman sentiu que não era possível continuar me analisando, porque havíamos tido muitas experiências juntos durante a guerra. No entanto, após certa hesitação, arrisquei-me e decidi procurar Melanie Klein. Aquilo que ela dizia, frequentemente, parecia um tanto quanto extraordinário; apesar disto, vi que havia um tipo de senso comum ali – algo que de modo algum eu pudesse considerar óbvio ou mesmo claro, mas por outro lado não era apartado do que eu sabia a meu respeito ou a respeito de outras pessoas, ou mesmo a respeito de minha experiência de guerra.

No devido tempo, vi-me oficialmente qualificado pela Sociedade Psicanalítica Britânica, e envolvendo-me gradualmente em assuntos com os quais não estava familiarizado – inclusive aqueles para os quais eu não possuía a menor qualificação para enfrentar, tais como Presidente da Sociedade Psicanalítica Britânica. Nunca senti que tivesse sido treinado para ocupar uma posição de tanto prestígio.

Tive muitas oportunidades de ouvir meus pacientes falarem sobre meus muitos defeitos e falhas, assim como sobre os defeitos e falhas da psicanálise. O mesmo tipo de coisa ocorreu quando transferi minhas atividades – pensei então que seria por um período curto de tempo, talvez uns cinco anos – para os Estados Unidos. Levou muito tempo para me acostumar, uma vez mais, ao fato que ninguém jamais ouvira falar de mim, a não ser uma ou duas pessoas que pareciam sentir, por alguma razão, que queriam ter alguma assistência a mais. Ao mesmo tempo, haviam me atribuído uma série de qualidades ou capacidades que pareciam ser irrelevantes; se eu tivesse as qualificações ou o hábito, teria me achado metido no papel de um tipo de messias ou deidade. Tudo isto correu paralelamente com o tornar-se cristalinamente claro para mim que eu era um mero ser humano, que a psicanálise, afinal de contas, era apenas uma forma de comunicação verbal, e que havia limites para o que se podia fazer com ela – especialmente pelo fato da pessoa estar na dependência de ter alguém que ouça aquilo que ela tem a dizer. Assim, por ter que dizer alguma coisa, e também por ter que ter alguém que ouvisse o que eu dizia, ficou claro que estava sendo impingida a mim uma posição, ou eu estava sendo convidado a ocupá-la, inteiramente alheia a meu alcance ou capacidade.

Comparando minha experiência pessoal com a história da psicanálise, e mesmo com a história do pensamento humano, que tentei esboçar *grosso modo*, parece bastante ridículo que alguém se encontre na posição de ser visto, estar nesta linha de sucessão, ao invés de constituir apenas uma de suas unidades. É ainda mais ridículo esperar-se que alguém participe de um tipo de competição por precedência de quem está por cima. Por cima do que? Aonde este por cima entra nesta história? Aonde entra a própria psicanálise? O que está em disputa? O que é esta disputa na qual se supõe que alguém esteja interessado? Sempre ouço – como sempre ouvi – que sou um kleiniano, que sou louco. Será possível estar interessado neste tipo de disputa? Acho muito difícil ver como isso poderia ser relevante, cotejado com o acervo de luta do ser humano para emergir da barbárie e da existência puramente animal para algo que poderia ser denominado uma sociedade civilizada.

Uma das razões de estar falando isto aqui é porque penso que seria útil caso nos lembrássemos da proporção das coisas nas quais estamos envolvidos, e onde, aproximadamente, se localiza um pequeno nicho que poderíamos ocupar.⁶⁷

Haverá algo mais corruptor do que idolatria, e do que pessoas que a aceitam, havendo inclusive os que por ela procuram? Usada de modo intencional pela meritocracia política nos vários movimentos sociais e, de modo surpreendente – pelo menos para o autor deste texto –, no movimento psicanalítico. Bion deixou sua própria apreensão deste fato, colocado como típico de qualquer *establishment* (termo escolhido por ele) que se considere – como se pode constatar na citação acima. Talvez possamos nos lembrar de uma frase que tem sido atribuída a Kant e também a Napoleão Bonaparte: "Que Deus cuide de meus amigos, pois de meus inimigos, sei como cuidar". Diz Bion:

SACERDOTE: Milton falou do Pandemônio.
DIABO: Isto foi antes que a Razão assumisse a direção.
P.A: E o Juqueri – Já que a Razão foi um Diretor muito ruim. As assim chamadas *leis* da lógica eram uma receita para o Caos. Não deixaram nenhum espaço para a vitalidade. Mesmo hoje, ela seria uma natimorta, caso não tivesse encontrado refúgio naquilo que Alice chamaria de loucura, ou –
DOUTOR: Psicose maníaco-depressiva, ou histeria, ou esquizofrenia, *et cetera, et cetera, et cetera* – e assim por diante.
P.A: Ou o Royal College of Physicians, ou o Royal College of Surgeons.⁶⁸
DOUTOR: Ou a Associação Psicanalítica Internacional, ou a Igreja.
DIABO: "Vá lá, Justiça; vá lá, Percy. Vá lá, Eustácio; vá lá, Perdão".⁶⁹ Adoro ouvir isto: é música para os meus ouvidos! Todos mortos – e todos tão vívidos.

---

⁶⁷ Bion 1979b, p. 386.
⁶⁸ O equivalente brasileiro seria a Associação Médica Brasileira.
⁶⁹ "*Go it Justice; go it Percy, / Go it Eustace, go it Mercy*", no original. Referência ao episódio de Ana Bolena.

P.A: Todos os Institutos são mortos; portanto, como todos os objetos inanimados, seguem as leis e subleis que são compreensíveis dentro dos limites do entendimento humano. Entretanto, como estas Instituições são compostas de pessoas e indivíduos, que são susceptíveis de desenvolvimento, a Instituição começa a ceder à pressão.[70]

Parece-nos que Bion como seu contemporâneo Winnicott foram as duas pessoas que fizeram parte do movimento psicanalítico, sem jamais romperem com este movimento, e sendo submetidos a violências quase inomináveis, mas centrando-se em exclusão, mais contribuíram para que psicanalistas brecassem a tendência notável de tentar se comunicar com pacientes utilizando-se de jargões, com palavras inicialmente cunhadas para facilitar a comunicação entre psicanalistas. Bion tentava dispensar o uso de palavras desse tipo, ao perceber que sua contribuição inicial – de 1950 até 1970 –, que trouxera ao psicanalista praticante uma considerável série de novos termos, correspondendo a concepções e conceitos antes apenas implícitos, e então inexistentes na área da consciência,[71] estava sendo rapidamente degradada em jargão incompreensível. Sua observação mostrou-se real e tem assolado alguns membros do movimento psicanalítico após seu falecimento: um candidato à presidência da International Psychoanalytical Association, inspirado em demagogos tão típicos na sociedade circundante de nossos tristes tempos do início do século XXI, tem cabalado votos dizendo aos eleitores que "vote em um bioniano". Não sabemos se endereça outras cartas a outros membros que não professam esta alucinação com outro nome idealizado, dizendo "vote em um lacaniano" etc. O que no século XX era visto como ecletismo degradante, hoje é visto como abertura.

---

[70] Bion 1979a, p. 25.
[71] Sandler 1988; 2005; 2015a; 2015b.

Método de escrita: diálogos

O método dialógico de escrita precisaria causar espécie para psicanalistas? A abjeção à última obra de Bion, *Uma memória do futuro*,[72] demonstra que causou. Outra vez, apontado como "revolucionário", Bion assinala, neste livro, a surpresa de Freud ao ver o ultraje social[73] a respeito de suas observações sobre a sexualidade infantil. Não seria psicanálise, em si, uma prática que se faz por diálogos? Por formulações verbais? Por uma conversa entre um paciente e um analista, como avisou Freud, com toda clareza, em muitos escritos? Não foi Freud quem fazia um diálogo com leitores ou pessoas imaginárias, mas de base real, em muitos de seus escritos?[74] Bion, na sua obra final, usou o método dialógico, complementado pelo uso de uma linguagem coloquial, evitando o uso de uma linguagem técnica.[75]

Sob nossa observação, Bion fez uso de seus próprios "objetos parciais" – derivados narrativos de sua própria experiência na vida, indivisível de sua experiência psicanalítica. Na citação abaixo, de "A Aurora do Esquecimento" – volume III de *Uma memória do futuro* – o acrônimo "P.A." indica um objeto parcial de uma pessoa que se chamou Wilfred Ruprecht Bion. Seu significando e sentido são os mesmos de um psicanalista. "Roland" e "Robin" são outros objetos parciais, indicando pessoas dedicadas à criação animal e agrícola, e que tiveram experiências de guerra armada.

> ROLAND: Frequentemente ouço o que um psicanalista diz a um paciente "quando ele era uma criança..." ou "quando ele era um bebê", tal e qual evento ocorreu. Parece que não há nenhuma evidência para

---

[72] Que registramos em outros livros, artigos e conferências (Sandler 1988; 2015a; 2015b).
[73] Em meios não médicos, em sua época, em que o assunto era abordado livremente, por exemplo, por Krafft-Ebing e Havelock Ellis.
[74] Por exemplo, em *A questão da análise leiga*, 1926e.
[75] Que, na visão de Bion, claramente expressa em *O aprender com a experiência, Elementos da psicanálise, Transformacões e Atenção e interpretação*, estava sendo submetida à rápida degenerescência por parte dos membros do movimento psicanalítico.

sustentar estas afirmações e nada que o analisando possa fazer a respeito de algum evento que se reputa ter ocorrido no passado.

P.A: Concordo que o "passado" é o passado e nada pode ser feito em relação a ele. Tudo que pode ser feito é aquilo no presente sobre consequências atuais de alguma ação efetuada no passado. O que é *feito* em psicanálise é "feito" por meio de discurso articulado, no presente. Em cirurgia, não dizemos; "uma época você teve uma cauda como um macaco"; dizemos: "Existe uma malformação na porção inferior de sua espinha; penso que valeria a pena para você permitir-me operá-lo. Penso que você achará que podemos aliviá-lo e quando acabar o período de convalescença, não terá mais esta queixa". Não estou preocupado em dizer que uma coisa ou outra coisa aconteceu "na infância", ou "antes de você nascer", e assim por diante, *ad infinitum*. Isto poderia ser relevante se eu estivesse ensinando embriologia psicológica, ou arqueologia psicológica, ou história. A psicanálise, na prática, está analogicamente muito mais próxima da cirurgia, mas isto é apenas uma analogia.

ROBIN: Parece-me que você está prestes a fazer comentários resseguradores, talvez lisonjeiros, sobre aquilo que a maioria de nós encara como um estado de coisas desastroso – aquilo que denominamos estar louco, ou insano. Você não considera a psicose algo sério?

P.A: É claro que sim; considero todos os estados de mente como sendo dignos de estudo. A seriedade do estado não melhora se ele for mal nomeado ou permanecer não tratado. Todos os termos descritivos – adormecido, acordado, sadio – precisam de manutenção constante. Parentes e doutores permitem que suas esperanças sejam estimuladas pelos fatos da cirurgia, medicina e psicanálise a um otimismo indistinguível da irresponsabilidade ou descuido. É um infortúnio tão grande quanto se acrescentar à depressão e ao desespero, passividade e negligência.

ROLAND: Não há substituto para o senso comum.

P.A: Substitutos para senso comum formam uma legião; as pessoas se voltam para qualquer ação que ofereça uma alternativa ao senso comum. Eles tornam-se devotados à psicanálise, pois pensam que as teorias são como uma fuga romântica e sedutora do senso comum;

tornam-se devotados à análise individual quando seria preferível a análise comum ao senso de um grupo. É muito mal-vindo o fato que bebês – talvez até mesmo os fetos – exibam "senso comum".
ROLAND: Ora veja! Você pode mesmo dar algum exemplo de uma criança que percebe o senso comum?
P.A: Permita-me começar por algo que você até mesmo já deve ter observado por si mesmo; isto tem me fascinado e eu ainda não encontrei nenhuma explicação adequada. Um bebê, quase um recém-nascido, tem um pinico colocado nos seus traseiros por uma mãe esperançosa que ele vá evacuar lá dentro, e não em suas fraldas. Sua face fica tomada de expressões de determinação e concentração intensas, e pronto! – para alegria materna – lá está uma contribuição modesta, porém adequada, ao pote.[76]
ALICE: Daquilo que tenho ouvido, a complacência e ignorância dos psicanalistas faz com que lhes seja difícil dar qualquer passo adequado pra aperfeiçoar a si mesmos e à psicanálise.
P.A.: Há um perigo na crença de que a psicanálise é uma nova abordagem a um recém-descoberto perigo. Se os psicanalistas tivessem uma visão abrangente da história do espírito humano, eles poderiam avaliar a real extensão desta história de assassinato, fracasso, inveja, decepção.[77]

Há muitas outras passagens na obra de Bion a respeito do uso de jargões. Por exemplo, quando se utiliza de neologismos que nos parecem dotados de sutil bom humor:

P.A.: O seu Satânico Jargonista ficou ofendido; com o pretexto de que o jargão psicanalítico estivesse sendo erodido por erupções de clareza. Fui obrigado a procurar asilo na ficção. Disfarçada de ficção, de vez em quando a verdade se infiltrava.
ROLAND: Pensei que na psicanálise tudo era sexo.

---

[76] Bion 1979, p. 175.
[77] Bion 1979a, p. 194.

P.A.: Já que psicanálise é um interesse humano, você naturalmente presumiria que ela, com certeza seja sexual sem que nenhum psicanalista tenha te dito. Como você disse: "tudo sexo". Já que as teorias psicanalíticas são sobre seres humanos, ou se referem a seres humanos; poderíamos sentir que tais teorias assemelhar-se-iam à vida real, a pessoas reais. Assim sendo, sexo deveria aparecer em algum lugar nas teorias.
ROLAND: Mas não em todo lugar.
P.A.: Mesmo assim, vocês dois parecem ficar surpresos que a religião faça parte da discussão. A arte e a ciência também devem ser parte dela. Num processo de simplificação, nós podemos reduzir a *discussão* a proporções manejáveis e dividir o *falar sobre* o animal humano nestas três categorias principais – ciência, religião e arte.[78]

Equação pessoal: diferenciação ou confusão, eis a questão

Psicólogos e psicanalistas nunca são estrangeiros à pesquisa daquilo que Freud nomeou como "equação pessoal": um dos fatores interagindo na ontogenia e filogenia do que conhecemos sob o rótulo demasiadamente geral de natureza humana e de seus sofrimentos. São intensamente interdependentes do que Freud denominou "séries complementares".[79] As duas denominações nos parecem precisas.

Um dos modos propostos por Freud para lidar com a "equação pessoal" foi tentar observar a interferência do observador (psicanalista) no objeto observado, até certo ponto. O "ponto" é de variabilidade infinita e depende de características inatas, genéticas, constantemente conjugadas com situações ambientais cobrindo vasta gama de eventos no espaço tempo (filogenéticos e ontogenéticos), no mais das vezes compondo hipóteses cuja verificação tem sido extremamente lenta, dependente de investigações transdisciplinares – atualmente cobrindo antropologia, etologia, genética, sociologia, psicologia social, psicanálise e psiquiatria

---

[78] Bion 1977b, p. 117.
[79] Freud 1916x.

transcultural. Estas investigações transdisciplinares foram colocadas em termos teóricos, por Freud, como referidas às "séries complementares".

"Fator pessoal" é origem e o fulcro das disciplinas, psicologia, psicanálise, psiquiatria, medicina, mesmo quando acrescidas de outros vértices. Atualmente, poucas disciplinas sociológicas não valorizam a função fundamental do indivíduo nas assim denominadas "revoluções sociais". A "equação pessoal" emerge no lugar comum da psicologia atual, que é vista como "ciência da subjetividade". Novamente, registrar o dito, não implica em concordância ou discordância – é apenas registro de fato social, a existência de uma formulação verbal. "Subjetividade" está na lista de termos inicialmente filosóficos que se tornou jargão, título de escolástica e, finalmente, gíria.

Modos: transformações, invariância

Palavras há que admitem alguns sentidos componentes. Propomos a utilização da palavra "modo": determinado procedimento de efetuar algo, material ou não. O quão mais o evento ocorrer no tempo, mais imaterializado será – como uma peça teatral; ou uma leitura; ou uma sessão de psicanálise; ou uma cirurgia. "Modo" admite uma situação, ou forma pessoal, dada por algo que usualmente se denomina (com toda a falha que caracteriza qualquer palavra isolada) "ritmo"; mas também sempre admite generalização: sem esta última, o procedimento não funciona para produzir aquele "algo" situacional, transitório, materializado e imaterializado ao mesmo tempo. Justamente pelo "modo" que será feito. O "modo" define tudo, no espaço e no tempo. Um automóvel pode ser um meio de transporte, ou pode ser uma arma assassina – depende do modo pelo qual será usado.

Para o que agora propomos denominar "modo" existem infinitas – enquanto duram, atemporais e paradoxalmente transientes – transformações, em que se modifica a forma externa. Mas é possível apreender, ainda que parcialmente, a existência de conjunções constantes; ao se reunir, ainda que transitoriamente, apontam para invariâncias que são reais e verdadeiras, imaterializadas.

Com isto, tentamos expor, de modo sintético, mais uma das contribuições de Bion para a observação da prática psi-canalítica: a teoria de Transformações e Invariâncias. Parece-nos um momento notável nestas contribuições, que possa ser, em analogia, representado pelo momento histórico da navegação marítima, o do "Cabo da Boa Esperança". A esperança, no caso, é de que seja possível fazer psicanálise livre de falsas controvérsias e confusões nomológicas e cultos a personalidades. Em outras palavras: a nosso ver, talvez seja a mais importante contribuição de Bion para a observação e prática de psicanálise; ou, pelo menos, uma das mais importantes.

Não por coincidência, Bion tem incitado resistências notáveis entre membros do movimento psicanalítico – sempre confundindo a obra com a pessoa. Pessoas que no início lhe tinham simpatia não hesitaram em qualificá-lo, e à sua obra, de ter ficado "gagá", na época em que escreveu *Transformações* e tudo que escreveu depois – principalmente, a trilogia *Uma memória do futuro*. Joseph 2003, também evidencia o fato – notado até o ponto que sabemos, por André Green 1992) – da exclusão peremptória de Bion de todos os congressos da Associação Psicanalítica Internacional, a partir de 1961 – quando escreveu "Uma teoria do pensamento".

Bion detalha teoricamente esta contribuição em pelo menos dois livros, *Transformações* e *Atenção e interpretação*. De modo prático, ao menos nos livros: a trilogia *Uma memória do futuro*, *The long week--end* e *War memoirs*.[80] A teoria espelha fatos descobertos por dois matemáticos, James Joseph Sylvester e Arthur Cayley.[81] Trata-se de desenvolvimento notável da lógica não-euclidiana: cálculos matriciais. Constituem-se, na obra de Bion, como um transplante transdisciplinar, o que também ocorreu noutras disciplinas ou ciências.[82] Bion

---

[80] Mantemos o título em inglês pela inexistência de versões em português publicadas.
[81] Bell 1937; Hingham 2008.
[82] Muito rapidamente foram utilizados na química Rouvray 1989; trinta anos antes de Bion, para o estudo de física quântica, por Paul Dirac 1932; vinte e cinco anos depois, para o estudo filosófico, por Nozick 2001; e atualmente têm sido utilizados em estudos de teoria e história musical.

utilizou-se do termo "empréstimo". Embora não tenha explicitado que tomou de empréstimo esta teoria destes dois autores, pudemos comprovar esta hipótese inferencial em pesquisa anterior: um trabalho de campo na biblioteca particular de Bion, mantida por sua viúva, a Sra. Francesca Bion.[83]

Em nossa apreensão da obra de Bion, o empréstimo da teoria de Transformações e Invariâncias, aplicada à observação psicanalítica, deu-se de modo homólogo e não heterólogo. Estamos emprestando termos derivados da prática médica e biológica, especializada em transplantes e implantações de órgãos humanos. Transplantes heterólogos são forçados, desafiam a natureza genética, ficam fadados à rejeição.

Bion nos fornece definições analógicas do empréstimo, inicialmente colocadas de forma predominantemente teórica. E também enunciadas de forma coloquial, na qual o sentido prático pode ficar mais evidente. Como exemplo da primeira forma:

> Suponhamos que um pintor percorra uma vereda em um campo semeado de papoulas, e que ele pinte esta paisagem. Em um extremo desta série de eventos, temos o campo de papoulas; no outro, pigmentos dispostos sobre a superfície de uma tela. Podemos reconhecer que o segundo representa o primeiro. Apesar das diferenças entre um campo de papoulas e um fragmento de tela, e da transformação executada pelo artista sobre o que viu – para fazer com que aquilo assumisse a forma de um quadro – posso supor que *algo* permaneceu inalterado; e que deste *algo* depende o reconhecimento. Denomino de invariantes, os elementos que vão compor o aspecto inalterado da transformação.[84]

O termo "inalterado" indica um fator: transcendência. Invariante demarca algo – em si, e de modo último, que transcende tempo e espaço. Não podemos nos alongar na descrição deste fator que

---

[83] Sandler 2005; 2006.
[84] Bion 1965, p. 1.

denominamos "transcendência": talvez seja útil, ao menos, enfatizar que se trata da herança platônica na obra de Freud – e, consequentemente, de Bion.[85]

Como exemplo do segundo modo, a transformação coloquial, para comunicar o conceito:

> TOM: Vocês me ouviram e eu ouvi vocês, seus filhos da puta! O que vocês estão aprontando? (Clareia. Tom perscruta em volta de si e gradualmente começa a ver) Ah, então vocês estão aí! Fingindo que estão dormindo. Tudo bem, eu tenho uma resposta para vocês. Vou botar vocês para dormir – pra sempre. (Fora de si de ódio, aproxima os punhos cerrados da personagem mais próxima. Punhos que se enterraram nas roupas de cama. Sua violência é tal, que Tom não consegue se recobrar. Para; chorando. Com ódio impotente, incapaz de recuperar uma postura ereta).
> ROLAND: Homem de Neardental.
> TOM: Seu trapaceiro. Ainda te pego! Você se acha muito esperto. Tenho sangue nas veias. Eu vivo. Sou escravo de minhas paixões; juro por Deus que vou tratar de fazer meu escravo. Mulheres – é isto que desejo. Você vai ver. Você e seus trapaciclistas – vou transformar os filhos da puta em meus escravos. Não é à toa que eu tenho dentes e mandíbulas. Vou esfolar vocês... (berros) Me levanta! Me ajuda a ficar em pé, que eu te mostro.
> PSIQUIATRA: Você vai acordar todo mundo, seu idiota. Enfermeira, dá um pico nele – morfina, e rápido.
> ENFERMEIRA: Mas essa dose não é quase letal?
> PSIQUIATRA: Meu trabalho é manter a ordem por aqui. Se a questão é decidir entre a vida dele e a minha, por mim que seja a dele! Uma dose de morfina quase letal para ele não passa de um soporífero para o chefe. E o que é um soporífero para o chefe é o meu feijão-com arroz.

---

[85] Leitores poderão se aprofundar consultando outras publicações, de outros autores e deste autor (Sandler 1997a, p. 73; 2000a).

BION: O que aquele cara, o Qual-é-mesmo-o-nome-dele, chama "Transformações", não é?[86]

Uma degeneração no trabalho em psiquiatria, em função de pressões externas ao movimento psiquiátrico – de resto, já conhecidas, nas várias constatações de que boa parte dos psiquiatras exercem uma atividade de controle social – ocorre atualmente, desde pelo menos os anos 1980, sob conformação de interesses financeiros de laboratórios farmacêuticos, corrompendo a prática científica,[87] potencializadas pelo distanciamento da prática clínica, na formação universitária.[88]

Nesta corrupção degenerativa, houve um terceiro fator: abandono institucional da psiquiatria universitária, dos avanços providenciados pelo uso adequado das observações de Freud (que só podem ser obtidas por meio de experiência de análise, mas que foram gradualmente substituídas por desentendimentos intelectualizados, por racionalização, fornecida por crenças positivistas de causalidade positivista, demasiadamente desencaminhadas por negarem a validade do vértice). O desencaminhamento degenerativo se completou por outro abandono: o da prática de observação fenomenológica. De modo idêntico à prática psicanalítica, baseia-se em experiência clínica. Psiquiatrias atuais, com algumas exceções, não estão mais capacitadas a encontrar conjunções constantes de comportamentos humanos e a inseri-los em síndromes, cujos diagnósticos centram-se em fatos selecionados,[89] procedimento que originou tanto a psiquiatria moderna como seu enriquecimento pelo vértice psicanalítico.[90]

---

[86] Bion 1975, p. 91.
[87] Whitaker & Cosgrove 2015.
[88] Professores universitários e também em centros de formação em psicanálise substituem a atividade clínica por atividade burocrática, ou de supervisão (de candidatos a obterem títulos institucionais), transitando em caminho sem retorno, conscientemente ou não, para a meritocracia política. A prevalência desta situação é notável. Desconhecemos qualquer investigação estatística que pudesse, sob critérios atuais, confirmar tal constatação, indiscutível sob o método de observação de casos.
[89] Bleuler 1913, 1913-1960; Jaspers 1913.
[90] Dalzell 2007, pp. 478 e 470.

O resultado do desencaminhamento: confusão diagnóstica, pelo empobrecimento inevitável na falta de discriminação, complicado por aparência de excessiva discriminação – pois a classificação internacional de doenças pensa poder se basear apenas em listagem de sintomas, ou escalas de sintomas. Relações desordenadas de sintomas tentam substituir a experiência clínica "ao pé do leito", como se costumava dizer na formação médica, ou de atenção contínua e íntima a pacientes – que permite detecção intuitiva de síndromes. Outro abandono – um estudo mínimo de etimologia – constitui-se o quinto fator de complicação: "clínica" tem o sentido de "eu me inclino"; inicialmente ligado a uma atitude física, implicou em uma atitude psíquica.

Sumarizando: ocorre uma situação de corrupção no favorecimento apriorístico – indistinguível de preconceito – de vértices absolutamente materializados para considerar a função psíquica. No entanto, mesmo nesta psiquiatria severamente empobrecida que compõe a atividade mais "normal", se adotarmos critério estatístico, o "fator pessoal" ou "subjetivo" ainda consegue se manter como área de interesse prioritário.[91]

Aspectos biográficos: uma pessoa e sua obra

Quando o intuito inicial é apresentar contribuições de uma, ou mais pessoas, para uma disciplina científica, e com maior magnitude, quando esta pessoa ainda não se tornou popular, tornou-se hábito apelarmos para biografias desta, ou destas pessoas.

Isto tem dado a ilusão de que a pessoa seria conhecida; em muitos locais, confunde-se a pessoa com sua obra. Isto nos parece ter ficado ainda mais caracterizado no movimento psicanalítico – em parte, pela noção da importância do "fator pessoal", que tentamos rever. Como toda ênfase, ou exagero, isto tem produzido distorções – temos notado que nunca se leva em conta os alertas de Freud a respeito de biografia – que alcançaram um ápice no momento em

---

[91] Bracken et al. 2012.

que ele proibiu um amigo literato (Arnold Zweig) de perpetrar uma biografia a seu respeito.[92] A proibição alcançou outros literatos.

No entanto, o movimento psicanalítico transformou os exercícios psicanalíticos em torno de relatos autobiográficos ou histórias sobre fatos que cercaram a vida de algumas pessoas, escritos por Freud (sobre Leonardo da Vinci, Goethe e Woodrow Wilson), em "psicobiografias" causais, na tentativa – demasiadamente transformada em certeza – de explicar a obra pela vida da pessoa. Talvez isto seja útil para obter caricaturas nebulosas e falhas, principalmente quando se lhes confere valor causal a respeito destes autores.

Seria uma alternativa relembrar umas poucas funções desempenhadas por estas pessoas, durante sua vida? No caso de Bion, sabe-se nasceu na India,[93] mas nunca teve educação deste país. Ao contrário, sendo filho de um funcionário público inglês lotado naquilo que era uma gigantesca colônia, seguiu o costume social: foi levado para Oxford, para ser educado – separando-se do convívio com os pais e uma irmã menor. Foi educado dentro de uma seita protestante não-conformista, típica dos colégios primários nesta cidade. Alistou-se voluntariamente, aos 17 anos – burlando a lei – acompanhando a moda europeia de alistar-se para lutar no que ficou conhecido como "Primeira Guerra Mundial". Moda que levou dois milhões de pessoas a fazer o mesmo alistamento voluntário, nas cinco principais capitais da Europa. Passou dois anos na França – país de seus ancestrais, de origem huguenote, que haviam sofrido de perseguição dita religiosa, típica do catolicismo, e que se refugiaram na Inglaterra. Lutou em Cambrai – duas vezes – e na segunda campanha em Ypres, como comandante de "tanque de guerra", então apresentada para os militares como arma secreta que resolveria as batalhas com perdas mínimas para o lado inglês. O resultado foi de que apenas um quinto

---

[92] Young-Bruehl 1999.
[93] Matura – na época, denominada Mutra: região do interior, selvagem, *habitat* natural de tigres e elefantes, que circundavam a moradia da família de Bion. Não havia nenhuma das amenidades e desenvolvimentos urbanos, como esgotos, água encanada ou eletricidade; seu pai, engenheiro, ajudou na implantação desta última. Bion saiu da Índia antes da implementação deste serviço.

dos jovens soldados, deste batalhão, voltou com vida: a engenhoca movia-se a doze quilômetros por hora e revelou-se uma fornalha ambulante, sob bombardeios. Recebeu as duas maiores condecorações reservadas para oficiais não comissionados (que não faziam carreira) do exército de artilharia mecanizada (DSO e VC, acrônimos para Distinguished Service Order e Victoria Cross), que ostentou até o fim de sua vida em receituários e cartões de visita – como sua "marca da vergonha", segundo ele mesmo, por ter sido condecorado por atos que o governo julgou ser de bravura e heroísmo. Nunca concordou com tal julgamento, e deixou isto claro, ao deixar registrado em sua autobiografia *The long week-end* e, anteriormente, no diário de guerra que chamou *War memoirs*, escrito na época das batalhas. Em sua visão, havia cometido um erro sério: saíra da cabine do tanque em função de uma gripe muito forte – que estava ceifando vidas em todo mundo – e pedira aos comandados que também o fizessem. Deixou o tanque engrenado, e o trambolho, por coincidência, bateu em uma casamata disfarçada, como se fosse um pequeno monte de guerra, que abrigava alemães fortemente armados. O tanque explodiu – como de costume –, mas os soldados alemães foram junto, "testemunhou" o ato Bion, protegido por vários quilômetros de distância e uma nuvem de cordite, terra, sangue e tripas humanas, um oficial do batalhão de inteligência tentava observar a batalha usando binóculos, imaginando poder testemunhá-la. Bion voltou ao alojamento com uma certeza: seria preso e enfrentaria a corte marcial – extremamente violenta e rígida naqueles tempos marcados por deserções. Maldizia-se por ter entregue ao inimigo a engenhoca de guerra que comandava e de tê-la perdido. Ao invés disto, foi enviado para Londres para receber a DSO, dada pelo Rei George VI.[94] Depois do armistício, em 1918, voltou para Oxford, sendo beneficiado pela atitude responsável dos governantes de tentar fornecer as melhores condições aos oficiais que retornaram, traumatizados pela batalha. Dedicou-se ao estudo de história e de educação física. Enfrentou um processo disciplinar e expulsão, sob alegações de

---

[94] Imperador que ficou famoso por tartamudez e benevolência; pai da Rainha Elizabeth II, ainda viva.

má-conduta sexual; um dos episódios deu-se por ter feito um trabalho de biologia, a respeito da reprodução sexual de uma plantinha, dente-de-leão – que havia sido plantada no Estádio de Esportes da escola.[95] Alguns dos professores e o reitor da Universidade – formados na mesma escola religiosa em que Bion havia sido educado, os Protestantes Não-Conformistas –, desconfiando das alegações, garantiram-lhe o prosseguimento na educação, mas em Londres. Pois Bion interessou-se por medicina e psicanálise, nos anos 1920 – apesar de ter sido avisado que evitasse a última, que, segundo os professores em Oxford, "estava cheia de judeus"[96]. Conseguiu ser admitido no University College, fundado por Jeremy Bentham, e que mantinha um hospital. Foi discípulo daquele que pode ter sido o cirurgião mais competente daqueles tempos no solo inglês, o britânico Wilfred Trotter, tradutor da obra de Pascal e interessado em movimentos de massa – deixando obra sociológica utilizada por Freud. Por coincidência, colega de turma de Ernest Jones, com quem manteve amizade até o fim de sua vida; foi uma das personalidades que auxiliaram a saída de Freud da Áustria nazificada.[97]

Alguns gostam de divulgar o falso fato de que esta pessoa, Wilfred R. Bion, "inventou a psicoterapia de grupo". De nada adiantou que ele tenha se revoltado pessoalmente com isto, afirmando que se tratava de falsa atribuição. Ou seja, trata-se de difamação praticada às avessas, como se fosse boa fama, o que demonstra idolatria. Isto se tornou hábito no movimento psicanalítico. Bion, como outros antes dele e contemporâneos, dedicou-se ao estudo de grupos humanos em situações de crise, certamente nutrido pela sua experiência de capitão de tanques na Primeira Guerra Mundial, depois desenvolvida na Segunda Guerra Mundial como psiquiatra na comissão de admissão de oficiais para as Forças Armadas Britânicas. Neste posto, também instituiu um método

---

[95] Bion 1977b, p. 216. O autor depreendeu o fato após a leitura do volume II de *Uma Memória do Futuro*, integrada à leitura do volume I de *The Long Week-End*. Confirmou-o em conversa com Francesca Bion.
[96] Bion 1979b, p. 375.
[97] Rosen 2006.

diverso de escolha de comandantes. Havia questões vitais nas esquadrilhas de caças da Força Aérea: perdiam mais soldados e oficiais do que a capacidade de treiná-los e alistá-los; o aparelhamento aéreo estava se extinguindo, o que depois ficou conhecido como "Batalha da Inglaterra". Em uma situação desesperadora, Bion sugeriu que os comandantes seriam escolhidos por seus pares na esquadrilha – e não por antiguidade ou conexões políticas. Foi a respeito do resultado conseguido que Winston Churchill fez uma de suas mais emocionantes observações públicas, por espelharem a verdade: "Nunca tantos deveram sua vida a tão poucos": pilotos de caças da Força Aérea Real afugentaram os pilotos de grandes bombardeiros da Forca Aérea Alemã, que estava conseguindo, no discurso de seu chefe, "colocar os ingleses de joelhos".

Este homem praticou o que pensou ser psicanálise por pelo menos quatro décadas. Enviuvou antes dos cinquenta anos: sua primeira esposa, a Sra. Betty Jardine, artista de teatro, faleceu durante o parto de uma menininha. Assumindo, em condição de quase pobreza econômica – sua e de seu país – a responsabilidade da criação de uma filha, além da manutenção de seus pais.

Encontrou outra amada, que, segundo ele, motivou-lhe prosseguir vivendo. Esta pessoa lhe deu mais dois filhos. Todos que o conheceram afiançam sua conduta e postura absolutamente antiautoritárias e parcimoniosas; nunca foi testemunhada nenhuma explosão emocional; tinha uma compleição e porte físico que impunham respeito.

Escreveu artigos e livros que foram considerados "obscuros" e "difíceis de entender" e, simultaneamente, "revolucionários" – quando ele mesmo alertou sobre o obstáculo que implicam tentativas de entendimento racionalizado e nunca reivindicou para si títulos como este, que lhe pareciam abstrusos. Winnicott reviu um destes livros – *Elements of psychoanalysis* (1963) – concluindo que Bion representaria o futuro da psicanálise. Há um fato que não tem sido divulgado: aos 82 anos, resolveu escrever mais dois livros.[98] Um destes teria duzentas páginas,

---

[98] Parthenope Bion-Talamo: comunicação pessoal ao autor, 1996.

quase em branco, contendo apenas o cabeçalho, com a seguinte inscrição que daria o título à obra: "Obrigado, Freud". O outro livro seria uma antologia de poesias para uso de psicanalistas praticantes. Os dois projetos foram impedidos por sua morte, de uma rapidez estonteante, por leucemia mieloide aguda.

Sua primeira filha pensou ser filósofa (e realmente concluiu um doutorado sobre a obra de Hegel), mas decidiu se dedicar à psicanálise. Seu único filho, do segundo casamento, tornou-se médico especialista em cuidados intensivos, e é personalidade reconhecida mundialmente nesta área. Sua terceira filha dedicou-se à atividade editorial, na Universidade de Oxford, e, a partir de 1990, na Tate Gallery.

Wilfred Bion viveu e participou de um *zeitgeist* que perdurou por algo em torno de quase duzentos anos, em que havia, no dizer de Celli (2010) e Cytrynowicz (sem data), "médicos psicólogos".

Bion e o "fator pessoal", por ele mesmo

Será oportuno reproduzir a visão de W. R. Bion a respeito de "fator pessoal":

> P.A.: As pessoas frequentemente presumem que sou vazio de cultura ou de equipamento técnico, ou de ambos.
> ROLAND: Você parece pouco acostumado com isto.
> P.A.: Não; faz parte da profissão do analista estar familiarizado com o mundo real, enquanto que os leigos pensam poder se manter cegos e surdos a estes componentes desprazerosos da vida real.
> ROLAND: Qual é a solução que você sugere? A psicanálise me parece estar disponível apenas aos ricos, e mesmo assim apenas para confirmar a estes analisandos e seus analistas sua crença que o mundo dos ricos é o melhor dos mundos possíveis.
> P.A.: Penso que este é o melhor dos mundos possíveis porque não conheço nenhum outro mundo que seja possível. Isto não é pensar como Pangloss, que não há nenhum modo pelo qual poderíamos lutar por melhorá-lo. Consideramos que a tentativa de melhorar os

humanos é tão urgente quanto valiosa. Não conheço nenhum analista que encare a psicanálise com complacência, mas infelizmente nossos descontentamentos, discussões internas e desacordos são facilmente mal interpretados como a expressão da crença de que alguma corporação ou instituição é melhor. Não tenho esta crença; no entanto, eu *sou* um crítico.

ALICE: Gostaria de não ter evidências tão frequentes do fanatismo e do mau humor dos psicanalistas.

P.A.: Eu também – tenho uma porção de oportunidades para observar os meus próprios. E tenho boas razões para estar familiarizado com a tensão à qual é exposto o psicanalista praticante. Entende-se que o trabalho de médicos e cirurgiões deve ser responsável, árduo e desgastante, mas não transparece que os psicanalistas estejam expostos às mesmas pressões.

ROBIN: Você tem que admitir que o público leigo tem dificuldades em conseguir ver quanto sacrifício existe em possuir um lar confortável, boa comida, um escritório barato e fácil de manter, e rendimentos razoáveis.

P.A.: Não censuro o público. É tolice nutrir ressentimentos por ter que viver no mesmo mundo que nossos pacientes. Minha impressão é que eu e meus colegas mostramos considerável tolerância para com as características de que precisamos necessariamente estar conscientes. Um cirurgião não pensa que um câncer seja belo, nem um médico admira a pureza de um cancro; ainda menos pensam ser necessário contrair a doença – ainda que Hunter tenha sido intrépido demais em sua pesquisa das espiroquetas. Espera-se que um psicanalista seja sensível ao sofrimento psiconeurótico e psicótico.

ROBIN: Não sofremos todos destas dores?

P.A.: Em certo sentido, sim. A experiência de um médico que observa o sofrimento em relação ao qual nada pode fazer é parecida com a do psicanalista que sabe como a dor mental de uma neurose é intensa, mas nada pode fazer porque sua intervenção seria acusada ressentidamente de intrometida e interesseira.

ROLAND: Isto não diminuiria com a experiência da eficácia da psicanálise?

P.A.: Provavelmente – como acontece quando se sabe que um clínico geral é muito competente. Mas o psicanalista não pode se apoiar em uma longa história de sucessos terapêuticos. Na medicina física, os triunfos são perdidos nas selvas não espetaculares, não observadas da Saúde Pública – água pura, ar puro, comida não poluída. Ninguém dá um tostão pelo solitário com seu microscópio, ou para o excêntrico que critica alguém fumando na mercearia ou em outro lugar público.
ROLAND: Se você quer que se honre o médico, ele também deveria ser reconhecido como a fonte do conhecimento que capacita o viciado a injetar heroína nas próprias veias.
P.A.: Eu não pretendi advogar honrarias. Talvez, se pretendesse, poderia também advogar "desonrarias", estátuas erigidas para o Marques de Sade por seus serviços à crueldade.
ROLAND: Então você se opõe às "honrarias"?[99]

Pode-se afirmar cientificamente: Bion foi alguém que jamais concordou com certos qualificativos que lhe tentaram pespegar, nos grupos em que tentou conviver. Segundo muitos que o conheceram social e também intimamente, era quase impossível vê-lo irritado, a não ser quando se defrontava com qualificativos idolátricos; fossem em sua forma positiva (idolatria expressa) ou negativa (iconoclastia).[100]

Bion nunca mencionou publicamente nomes de pacientes.

Após sua morte, os qualificativos idolátricos começaram a imperar em muitos meios sociais: dentre eles, aquele que lhe atribuiu o "papel" de ter "inventado a psicanálise de grupo", de ter "revolucionado" a psicanálise, de "ser contra Freud". As pessoas que assim o afirmam

---

[99] Bion 1979a, p. 138.
[100] Relatos pessoais ao autor deste texto, por pessoas que o conheceram intimamente: Sra. Francesca Bion (1995); Dra. Parthenope Bion-Talamo (1997); Sra. Virgínia Leone Bicudo (1981); Sr. Frank Julian Philips (entre 1981 e 1988); Dr. Albert Mason (1991). Por pessoas que o conheceram como pacientes em análise: Dr. James Grotstein (1981-2004); Dr. James Gooch (2004); Dr. Luiz Alberto Py (2010); pessoas que serviram como tradutores simultâneos para o português em seminários, ou participaram de seminários clínicos em suas visitas ao Brasil: Dr. Jayme Sandler (1973 e 1974); Dr. Mario Yahn (1973).

desconhecem, ou desprezam, uma das manifestações contrárias de Bion a esse respeito, publicadas pelo menos em uma entrevista, para A. Banet, Jr.[101]

Experiências em grupos

O fato é que Bion foi responsável por elaborar uma técnica de manejo grupal – apenas uma, pois já havia várias, pelo menos desde os anos 1920 quando Pratt, um clínico geral, a introduziu para tentar lidar com pacientes hospitalizados portadores de tuberculose.[102] Estas técnicas lidam com grupos qualificados numericamente como pequenos e médios – entre seis e vinte pessoas (Pisani, 1991). A diferença, que pode ser vista como expansão em relação às técnicas grupais anteriores e contemporâneas, constitui-se uma aplicação de algumas iluminações advindas da psicanálise. Parece-nos notável a facilidade que o movimento psicanalítico, ou o *establishment* psicanalítico, como o denominou Bion, transforma "uma" em "a" ou "o", implicando em dominância total e única: um fenômeno grupal estudado por ele, baseado em Freud e Klein – sob a hipótese de prevalência de núcleos paranoides e narcisistas, compartilhados pelos integrantes do grupo. Nesta situação, impede-se a formação daquilo que Bion denominou "grupos de trabalho".[103] Grupos funcionam sob "pressupostos básicos": um tipo de desorganização que admitiu nomeações descritivas – que podem se constituir como etapas provisórias, histórico-genéticas, por vezes necessárias (dependendo da evolução psíquica individual, prévia, dos integrantes dos grupos), mas nunca suficientes, para a formação ou reformação de "grupos de trabalho".

O trabalho com grupos de Bion iniciou um modo integrador prático e teórico, que acabou marcando toda sua produção: as conclusões das experiências em grupos foram uma primeira integração entre os

---

[101] Bion 1976c.
[102] Hadden 1955; Sandler 1975; Pereira, A. A. M & Sandler 2013.
[103] Bion 1961a.

trabalhos de Freud e de Melanie Klein, na época, sujeitos a intensas falsas controvérsias. A observação de Bion – que tomou um tempo que para hoje talvez fosse surpreendente (três meses) – tornou-se clássica. Originou uma esperança, em outros analistas, de que pudesse haver uma "psicanálise de grupo".

Bion realizou este trabalho em conjunto com John Rickman, que havia sido seu analista, em ambiente militar, durante a Segunda Guerra Mundial, em pelo menos três contextos: uma comissão psiquiátrica para admissão de soldados; na escolha dos comandantes de esquadrões de pilotos de aviões de caça, para afugentar e tentar eliminar bombardeiros pesados enviados pela força aérea da ditadura alemã, que preparava uma invasão nas ilhas britânicas; e em um hospital de reabilitação para feridos, então chamados "neuróticos de guerra". A nomenclatura, como tem sido usual em psiquiatria, modificou-se atualmente. Estas pessoas são qualificadas como tendo "neurose pós-traumática". Neurologistas e psiquiatras, na atualidade, demonstram, por atos, que acreditam na ideia de que mudanças de nomenclatura implicariam em progresso na disciplina – esperança altamente dubitável. Talvez impressionados com os reais progressos na área diagnóstica, por desenvolvimento tecnológico, e também na área terapêutica em algumas especialidades, como cardiologia, ortopedia e oncologia? Em que área as nomenclaturas não se modificam com a velocidade que tem ocorrido em psiquiatria e neurologia? Esta questão era conhecida na área da psicologia.

Parece-nos digno de nota uma descrição do episódio sobre a escolha de comandantes de esquadrões de pilotos de caça, na Força Aérea Real (RAF). Objeto de apenas um relato publicado até hoje (Lyth,

---

[104] Nossa pesquisa na biblioteca particular de W. R. Bion, em 2004, conservada desde 1979 por sua esposa, a Sra. Francesca Bion, que facultou nosso acesso e nos orientou, não resultou na descoberta de nenhum documento a respeito. A documentação – livros publicados pelo Exército Britânico, descrevendo a atuação de seu marido – resumiu-se à Primeira Guerra. Obtivemos relato da Sra. Isabel Ménzies Lyth, esposa do Dr. Oliver Lyth e amiga do casal Bion; reconhecida psicanalista, que também trabalhou em instituições, mas, igualmente, não produziu documentação. O mesmo, em nossa pesquisa com os filhos de Bion. Ainda não obtivemos resultado de nossa consulta no setor histórico da Força Aérea Real.

1980),[104] tem sido pouco divulgado. Originou uma das exclamações mais emocionadas do político Winston Churchill: "nunca tantos deveram tanto a tão poucos": a quantidade destes pilotos era, comparativamente, muito pequena, inferior às necessidades. No entanto, o esforço destes jovens, submetidos a pequeno treinamento, resultou em trabalho muito bem-sucedido. Foi um elemento fundamental que forçou a desistência, por parte da ditadura alemã, do plano de invasão, naquilo que ficou conhecido como "Batalha da Inglaterra". Bion aplicou um método democrático para a escolha dos comandantes: os próprios pilotos é que escolhiam quem seria seu comandante, ou "líder". Na situação de urgência, o alto comando aceitou substituir a tradição militar baseada em antiguidade e pertencimento à elite financeira, social e política. Depois, Bion participou de experiência que perdurou por pouco mais de três meses, em um hospital de reabilitação de retaguarda, para soldados feridos, localizado em Northfield. Aplicou, inicialmente, o que aprendeu na adolescência danificada pela guerra, antes depois da Primeira Guerra, quando fora professor de ginástica e treinara atletas para natação e *rugby*. Neste local, já trabalhavam outros psiquiatra militares[105] – notadamente o Dr. Siegmund Heinrich Foulkes, emigrado alemão, cuja técnica se inspirou em algumas observações de Freud, mas diferenciava-se daquela idealizada por Bion no que tange ao fator diretivo, no qual o monitor assumia função pedagógica, dita egoica. Foulkes e Bion não tinham muita noção do que um e outro faziam, devido a uma compartimentalização burocrática excessiva que caracterizava o ambiente militar, sujeito a cadeia de comandos que não primavam por intercomunicação. Todos os psiquiatras observaram que pequenos grupos de pessoas, formados por indivíduos, agem como se fossem um todo, do mesmo modo que Le Bon e Freud enfatizaram em grandes grupos. Os integrantes tendem a perder, no sistema consciente, aspectos essenciais de suas individualidades quando se inserem em ação grupal; ficam mais sujeitos a inserções do sistema inconsciente,

---

[105] Harrison 2000.

marcadas por irracionalidade, atemporalidade e fantasias de superioridade narcísica e paranoide. A experiência em Northfield foi feita em conjunto com o Dr. John Rickman: ambos se utilizaram de um sentido comunitário bem desenvolvido de doutrina religiosa protestante Quaker, da qual Rickman era adepto. Bion e Rickman aplicaram o método na Clínica Tavistock por cinco anos, antes de abandonar experiências práticas no manejo de pequenos grupos. Observaram três modos de relacionamento ou vinculação intragrupal que impedem a formação de "grupos de trabalho". Denominaram estes modos de "pressupostos básicos", baseados na teoria dos instintos de Freud e – parece-nos importante enfatizar – que se basearam nas teorias dos instintos humanos de Darwin e Lamarck. Certamente nossa sobrevivência depende de alguns pressupostos; no que tange aos impedimentos para obtermos um Grupo de Trabalho, os pressupostos impedientes foram denominados da seguinte forma: Grupos messiânicos, Grupos de Luta e Fuga, e Grupos de acasalamento.[106]

Duas teorias integradas sobre vínculos[107]

Estas experiências em grupos continuaram no trabalho que tomou todo o resto da vida de Bion, nos trinta e dois anos seguintes. Abandonou o trabalho prático em grupos, assim como as atividades na Clínica Tavistock, para se dedicar integralmente à psicanálise, pela qual observou que todos nós, seres humanos, mantemos relacionamentos ou vinculações com aquilo que nos parece constituir-se em três "entidades", animadas ou não:

1. Modos com os quais nos relacionamos com outras pessoas – a partir de um grupo básico, formado de duas pessoas, no contexto analítico

---

[106] Bion 1961a.
[107] O breve resumo sobre as duas teorias de vínculos pode ser visto de modo detalhado na obra de Bion 1962; 1970 e também em outros estudos deste autor (Sandler 2005).

(um paciente e um analista), usando um conceito de Rickman, da "psicologia de duas entidades vivas";[108]
2. Modos de nosso relacionamento com eventos, ou ocorrências reais;
3. Modos como nos relacionamos com coisas materializadas.

Entre 1962 e 1970, Bion propôs duas teorias sobre vínculos, segundo o vértice psicanalítico voltado para aproximações com a realidade; seis vínculos, baseados na teoria dos instintos elaborada por S. Freud (instintos epistemofílicos, de vida e de morte.) e na biologia: de *ódio*, *amor*, *conhecer*, *simbiótico* (trocas com utilidades para todos os membros de uma relação), *comensal* (convívio sem trocas) e *parasítico* (em que uma entidade extrai vida da outra).[109] Cada um destes vínculos pode ocorrer em suas formas positivas e negativas. Um destes vínculos, que fundamenta processos científicos, é o vínculo do *conhecer*, para o qual Bion adotou o sinal "K" (*Knowledge*).[110] Os outros vínculos foram chamados de L (*Love*) e H (*Hate*).

Na segunda teoria de vínculos, apresentada em 1970, Bion abandona a notação sígnica; portanto, os vínculos são apresentados apenas em sua formulação verbal.

Os leitores poderão notar que todo estudo de Bion parte da condição especial de observação participante; uma condição empírica, obtida em sessões de psicanálise – um paciente convivendo com um analista, interagindo e tentando, ou impedindo um relacionamento. Tudo isto aumentou, qualitativa e quantitativamente, a pesquisa a respeito da "equação pessoal".

---

[108] Uma tradução peculiar que propomos para "two body psychology": Rickman 1950.
[109] O termo "comensal" fora usado em 1962, na teoria sobre continente-contido; em 1970, passa a fazer parte da segunda teoria de vínculos, e a nomeação segue totalmente o sentido biológico deste termo; corresponde, na segunda teoria, ao vínculo simbiótico.
[110] O uso de notação quase matemática foi utilizado, pela primeira vez, por Freud, em *Entwurf einer Psychologie*, 1895a. James Strachey dedidiu, com a anuência de Marie Bonaparte e Anna Freud – mas não de Freud – dar o título de "Projeto para uma Psicologia Científica".

Contratransferência?

Outra contribuição de Bion a respeito da pesquisa da "equação pessoal", voltada especificamente para a sessão psicanalítica, surgiu quando ele se deu conta da impossibilidade de investigar questões de contratransferência durante sessões de psicanálise com pacientes. Não podemos nos alongar nesta situação, detalhada em outros trabalhos,[111] mas somente enfatizar que a observação de Bion, a partir de 1958, coincide totalmente com a definição original de Freud: estados contratransferenciais só podem ser examinados na análise pessoal do analista. Não podem ser examinados durante os contatos com os pacientes.

Em nossa observação, postulações deste tipo foram popularizadas pelos Drs. Heinrich Racker e Paula Heimann ao ponto de terem se tornado lugar-comum, desprezando – talvez inconscientemente – a análise pessoal do analista. O sistema inconsciente vira "reserva de mercado" do paciente – um psicanalista o teria dominado totalmente, ao analisar sozinho suas contratransferências, enquanto está trabalhando com o paciente. Tal postulação, contemporânea à séria diatribe pessoal da Dra. Paula Heimann contra a Sra. Melanie Klein, acabou ficando como postulado indiscutível – ou seja, nunca submetido à análise crítica – no movimento psicanalítico.

Um instrumento: grade (*grid*)

Ao *não* se filiar ao que já estava sendo chamado pelas próprias pessoas e também pelo grupo circundante – a sociedade psicanalítica britânica, que funcionava como diapasão – de "kleinianos" e, com mais intensidade, pelo grupo das próprias pessoas conluiadas com o grupo circundante, de "neokleinianos", Bion ficou mais livre para

---

[111] Sandler 2005; 2009; 2015a.

examinar as posturas dos analistas durante uma sessão de psicanálise, em termos dos vértices que poderiam adotar para formular suas interpretações. A nota de rodapé à página 3 de *Transformações* – publicado em 1965 – não deixa dúvidas quanto ao fato: "Na prática, deploro o uso de termos como "transformação kleiniana" ou "transformação freudiana". Uso-as aqui apenas para facilitar a exposição". Nesta mesma obra, que é uma continuação das anteriores (exposta em *O aprender com a experiência* e *Elementos de psicanálise*), ao examinar os processos psíquicos envolvidos na aquisição de conhecimento – pelo exame dos vínculos K, um dos vínculos que podemos manter com eventos, coisas, pessoas, incluindo obras artísticas, textos científicos –, Bion expressa que "O pressuposto subjacente à fidelidade ao vínculo K é que as personalidades do analista e do analisando podem sobreviver à perda de sua capa protetora de mentiras, subterfúgio, evasão e alucinação, e podem até ser fortalecidas e enriquecidas pela perda. É uma suposição fortemente questionada pelo psicótico, e a *fortiori* pelo grupo, que se baseia em mecanismos psicóticos para sua coerência e sentido de bem-estar".[112]

Dois anos antes, alertara sobre distorções de leituras concretizadas a respeito do Complexo de Édipo, isentando a obra de Freud no que tange à existência destas leituras, fascinadas por formas narrativas. No entanto, o alerta deixa claro que cálculos algébricos, que permitem a constatação do valor-verdade nas formas narrativas utilizadas em matemática, inexistem em psicanálise: "O uso que Freud fez do mito de Édipo iluminou algo além da natureza de facetas da personalidade humana. Revendo o mito graças às suas descobertas, é possível ver que ele contém elementos não enfatizados nas investigações mais antigas; haviam sido eclipsados pelo componente sexual do drama. Os desenvolvimentos da psicanálise tornaram possível dar mais peso a outras características. Já de início, em virtude de sua forma narrativa, o mito

---

[112] Bion 1965, p. 143.

liga os vários componentes na história de um modo análogo à fixação dos elementos de um sistema dedutivo científico, por incluí-los no sistema: é semelhante à fixação dos elementos no cálculo algébrico correspondente, em que tal cálculo existe. Nenhum elemento, como o sexual, pode ser compreendido salvo em sua relação com outros elementos".[113] Em retrospecto, supomos que o distanciamento científico que Bion guardou das então nascentes tendências "neokleinianas", idêntico ao distanciamento em relação aos que se qualificavam de "freudianos" e "annafreudianos", acrescido deste tipo de observação do ato analítico, contribuíram para que nenhum grupo ou pessoa destacada na meritocracia política fizesse qualquer tipo de convite para que Bion apresentasse suas ideias em congressos, a partir de 1961. Estas atitudes hostis do grupo circundante – nada diversas daquelas dirigidas à obra de Freud, confundindo a obra com a pessoa – não impediram que Bion prosseguisse, agora mais bem instrumentado para o exame do "valor-verdade" incluído em enunciados verbais do analista e do paciente, que tenham sido claramente expressos durante sessões de psicanálise. O movimento psicanalítico estava mais interessado em construir pseudoteorias "explicacionistas" palatáveis, usando palavras inicialmente elaboradas para descrever fatos ocorridos na clínica: um idealismo baseado nos dotes retóricos ou literários de certos autores, mas não originados da clínica; alicerçado por movimentos idolátricos e modismos políticos. Bion prosseguiu elaborando as teorias de observação do ato analítico. Deram-lhe condições de elaborar um instrumento para mensurar, ainda que apenas quantitativamente, o "valor-verdade" contido em notações, comentários, interpretações e construções que psicanalistas podem fazer nas sessões, *vis-à-vis* o "valor-verdade" contido nos enunciados dos pacientes, que também podem ser mensurados quantitativamente por este instrumento – em princípio para ser usado extrassessão. Este instrumento foi denominado de dois modos, *Grid*

---

[113] Bion 1963, p. 58.

("Grade") e também I (Ideia).[114] A não ser pela inserção de uma revisão de livros feita em base científica por Donald W. Winnicott para a *International Journal of Psychoanalysis*, acompanhada de loas por pessoas que não descreviam os fatos que poderiam basear seus elogios, e críticas ferinas mal disfarçadas, dizendo que a obra de Bion era "fascinante" e "contraditória", sem a preocupação em descrever os motivos para tais qualificações, estes dois livros, *Elementos de psicanálise* e *Transformações*, podem ser contados como as obras menos lidas e também menos adquiridas no mercado, de todos os livros publicados por autores considerados notáveis. Bion começava a ganhar a fama – justificável – de ser um autor pouco lido. A influência de sua obra – por pessoas "a favor" e "contra" – era desproporcional à vendagem e leitura desta mesma obra. Descrevemos anteriormente o fato de que, quarenta anos depois, membros do grupo autodenominado "neokleiniano" falaram em público que Bion havia ficado maluco e estava gagá quando escreveu estes livros e todos os outros que se seguiram.

A *Grade* apela para uma formulação visual bidimensional, baseada na geometria euclidiana; no conceito de "senso comum", formulado por Locke; e na teoria do pensar de Freud, como uma das funções de ego, presente no desenvolvido material e psíquico de todo ser humano. Composto de dois eixos que se intersectam, ou coordenadas euclidianas, vinculados por senso comum. Formam um todo bidimensional, relembrando a tabela periódica de elementos químicos.[115]

O instrumento pode ficar dividido em várias categorias, distribuídas no plano bidimensional euclidiano determinado pela interseção dos dois eixos.

---

[114] Bion 1963. Nossa pesquisa de campo, na biblioteca particular de Bion, acrescida a conversas com a Sra. Francesca Bion e Dra. Parthenope Bion Talamo, permitiram-nos concluir que Bion estava influenciado pela tentativa de Rudolf Carnap; e, ainda que de modo inverso, pela crítica que fez às ideias de Karl Popper (Sandler 2006).

[115] Esboçada pela primeira vez por Lavoisier, e aperfeiçoada por Mendelejev. As associações com os elementos buscados pelos antigos gregos e pela Química são óbvias; assim como com ideias a respeito do sentido da palavra "psicanálise", que Freud realmente se inspirou na Química – um dos melhores métodos para apreensão da realidade, ombreando-se à Física; e, como esta disciplina faz uso da matemática para esta tarefa.

	1 Hipótese definitória	2 ψ	3 Notação	4 Atenção	5 Investigação	6 Ação	7 ...n
A Elementos-β	A1	A2				A6	
B Elementos-α	B1	B2	B3	B4	B5	B6	... Bn
C Pensamentos oníricos, sonhos e mitos	C1	C2	C3	C4	C5	C6	... Cn
D Pré-concepção	D1	D2	D3	D4	D5	D6	... Dn
E Concepção	E1	E2	E3	E4	E5	E6	... En
F Conceito	F1	F2	F3	F4	F5	F6	... Fn
G Sistema científico dedutivo		G2					
H Cálculo algébrico							

Quadro 1: A Grade

Eixo Horizontal, que determina colunas na representação visual: funções de ego

Um dos eixos, desenhado geometricamente na representação visual como uma linha horizontal, representa as funções de ego, conforme observadas e estabelecidas por Freud, acrescidas de mais duas categorias.

O número 1 representa hipóteses definitórias, que podem ser vistas como se fossem uma âncora, ou um ponto de partida. Correspondem às preconcepções inatas do ser humano, quando são coordenadas com o eixo vertical, e também aos estímulos internos e externos, em si incognoscíveis. Em nossa visão, seria uma categoria inspirada na obra de Kant.

A outra coluna é nomeada com um sinal muito usado em notação matemática, a letra grega de nome Ψ (Psi). Não se pode saber, atualmente, os motivos que fizeram Bion escolher este nome: esta coluna representa mentiras e falsidades. O leitor poderá fazer suas associações.

Fugas de fantasia imaginativa continuam sendo a atividade mais possível que se possa ter, nesta nossa condição humana; diferem de fantasias, devaneios e sonhos, que se utilizam de nossa capacidade de fazer imagens, ou imaginação. A primeira é libertina; a segunda tem um alto grau de liberdade. Vamos poupar o leitor de nossas associações; de resto, não passíveis de confirmação, pois Bion faleceu em 1979. As duas colunas às quais nos referimos receberam números: 1 e 2.

As outras colunas seguem a numeração, contemplando as funções de ego observadas e nomeadas por Freud (1911b): notação, atenção, investigação e ação. Na coluna correspondente à ação, que poderia ser chamada de conação, como o fez Aristóteles e, de modo mais claro, Moses Mendelsohn, pode-se incluir o que Freud denominou *"acting-out"*, ou, em português, atuação: um instinto se transforma em ação sem interpolação dos processos de pensar. No entanto, a coluna 6 não se resume ao *acting-out*; pode incluí-lo ou não.

Bion esperava que outros analistas acrescentassem mais colunas, que pudessem corresponder a outras funções de ego, representando a evolução do pensar.[116]

Eixo Vertical, que determina linhas na representação visual, ontogenética dos processos de pensar

Demarcado por letras de A até H, em progressão, este eixo vertical representa a genética dos processos de pensar, que pode ser vista como um tipo de ontogenética.

---

[116] Tentando prosseguir nesta indicação de Bion, o autor deste texto, baseado em experiência clínica, tentou desenvolver o instrumento, propondo "grades" tri, quadri, hexa e muldimensionais (Sandler 1986; 2000; 2013).

Uma interseção entre os eixos horizontais, identificado pela letra A. A intersecção com o eixo horizontal começa a determinar categorias mais precisas: A1 completa a designação do ponto de partida, que vimos acima: é "ocupada" por aquilo que Bion denominou elementos-beta, que representam a realidade última, incognoscível: estímulos externos e internos que podem ser captados, mas nunca entendidos, pelos nossos órgãos sensoriais. Kant escreveu, de modo um tanto otimista, que nossos órgãos sensoriais não se enganam, pois não julgam; podemos dizer, não pensam, reagem por arco reflexo na captação de estímulos sensorialmente apreensíveis.

A letra B demarca a área dos elementos-alfa. As outras letras denotam situações mais sofisticadas: sonhos, memórias, mitos, modelos científicos (letra C); preconcepções (D); concepções (E); conceitos (F); sistemas dedutivos científicos (G); e cálculos algébricos (H) – que seria a forma mais sofisticada que poderia ser atingida pelos processos de pensar.

Sumarizando e reiterando: a crítica científica feita por Bion a respeito do uso de constratransferência durante uma sessão analítica, incrementada pela apresentação do estudo "Uma teoria do pensar" (1961b), da publicação dos *Elementos de psicanálise*, em 1963, e *Transformações*, em 1965, caracterizou historicamente sua não-filiação aos movimentos grupais de características messiânicas. Não se envolveu nos partidos políticos que passaram a assumir formas explícitas após a morte de Melanie Klein (em 1961). Isto lhe custou a gradual exclusão do grupo feito pela meritocracia política, no movimento psicanalítico. Os dois livros, como o anterior, tentaram integrar as obras de Freud e Melanie Klein. Alguns membros falavam mais abertamente que eram "kleinianos", e dentre estes, dois passaram a ser considerados, por eles mesmos e pelo grupo, como "princesas herdeiras de Klein".[117] Outros se consideravam "freudianos", e gradualmente "annafreudianos". Os "kleinianos", à medida que se multiplicaram – havia uma rivalidade por postos em comissões didáticas, para formação de novos analistas –,

---

[117] Grosskurth 1986.

foram se tornando "neokleinianos". Todos eles interessados em ocupar postos na meritocracia política. Começaram a haver "composições políticas" entre estes dois grupos, resultando em novas cisões, com a criação de um "grupo intermediário" – em que nomes como o de Christopher Bollas despontaram.

Bion prosseguiu não fazendo parte de nenhum destes grupos. Com Roger Money-Kyrle, Isabel Ménzies Lyth, Oliver Lyth, Elliott Jaques e alguns psicólogos da Tavistock Clinic, como R. Gosling, compunha um grupo que jamais foi constituído, herdeiro do mesmo movimento de exclusão de Melanie Klein, sob fantasias grupais de que se tratava de uma "dissidente"; entre os "neokleinianos", há os que afirmam que "inveja não existe".

No que tange aos objetivos deste texto, talvez seja necessário enfatizar que as tentativas de cooptação, por meio de oferecer a Bion funções burocráticas consideradas como prestigiosas, estavam tendo uma consequência desejada: provaram ser impeditivas de um trabalho criativo em psicanálise. Expressaram-se pelo posto administrativo de presidente da Sociedade Psicanalítica Britânica, por duas vezes. Outro marco foi a publicação de um livro que modifica algumas visões, com o benefício do tempo, em relação aos atendimentos psicanalíticos para pacientes qualificados como psicóticos, cujas considerações a respeito de estados de onipotência, responsáveis por destruição do contato com a realidade, foram alvo de reação de contrariedade, em um espectro que abrangia impossibilidade de apreensão – pela tendência de explicar e racionalizar, que já havia tomado as ideias aceitas pelo movimento psicanalítico, após a morte de Freud, e mais ainda após a morte de Melanie Klein. Denominou este livro de *Second thoughts*; em princípio, uma coletânea de artigos escritos entre 1950 e 1961, mas submetidos a um exame crítico, compondo a parte final do livro, sob o título aparentemente inocente de "Comentário".

> Levando a evidência para outro aspecto, o da memória sensorial, sua evidência seria a revelação da magnitude na qual a relação do paciente

com Deus estava perturbada por modelos desejados sensorialmente (ou seja, elementos pertinentes à categoria C), que impediam a experiência inefável, em função de sua concretude – e, portanto, por sua inadequação para representar a realização. Em termos religiosos, esta experiência parece ser representada por enunciados a respeito de que o indivíduo e a raça errante permitiram ser enganados por imagens esculpidas, ídolos, estatuária religiosa, etc. ou, em psicanálise, pelo analista idealizado. É necessário fornecer interpretações baseadas no reconhecimento do desejo, mas não podem ser derivadas e nem fornecidas a partir do reconhecimento da memória sensorial. É de longo alcance a necessidade para tais apreciações e interpretações. Poderia estender a teoria psicanalítica para que abrangesse a visão dos místicos – a partir do Bhagavad Gita, até o presente momento. O psicanalista que aceita a realidade da reverência e do temor reverencial, a possibilidade de um distúrbio no indivíduo que se torna uno a si mesmo e que, portanto, aceita a possibilidade de impedir a expressão de reverência e temor reverencial. O postulado central é que o evitar envolvimento com uma associação já existente é essencial para um desenvolvimento mental harmonioso – um estado de estar-se uno à Realidade última, ou "O", como a denominei. Segue-se que uma interpretação envolve a elucidação de evidências que toca o estado de estar uno a si mesmo, e não apenas evidências da operação incessante de uma relação imatura com um pai. A introdução de "sentido" ou "direção" envolve extensões na teoria psicanalítica atualmente disponível. Distúrbios na capacidade de estar uno a si mesmo associam-se a atitudes megalomaníacas.[118]

Neste comentário, introduz reflexões críticas que haviam composto algumas das conferências que estava dando no "oeste selvagem" – como eram vistos os Estados Unidos, pela população inglesa. Nestas reflexões, expande os conceitos de "O" e introduz o conceito de "estar uno a si mesmo" – nossa transcrição em português para o termo intraduzível

---

[118] Bion 1967, p. 144, 145.

atonement. Emprestado da linguagem religiosa, tenta se aproximar daquilo que Klein descreveu como "posição depressiva". Parece-nos uma das fontes de falta de apreensão da obra de Bion, quando o leitor confunde um empréstimo de uma notação, de um mero termo, com uma postura religiosa em si. É correto afirmar que Bion percebendo a situação grupal de cooptação, o negativo do ódio destrutivo dirigido à sua pessoa, migra, no final de 1966, com toda sua família, para "oeste selvagem", em Los Angeles – com a ajuda de um amigo também analisado por Melanie Klein, que já havia enfrentado sérios problemas grupais, Albert Mason – e livra-se do "morno ambiente de Londres", como ele mesmo avaliou.[119] Embora tenha sido convidado para se radicar no Brasil, por D. Virgínia Leone Bicudo,[120] julgou mais adequado permanecer em um local onde conhecia, até certo ponto, a língua. Depois de cinco anos, e já no continente norte-americano, produz mais um livro; como os outros dois, prontamente rejeitado pelo *establishment*: *Atenção e interpretação* (1970). Introduz o conceito de "místico", exemplificando com figuras da história das religiões: Jesus Cristo, Isaac Luria, Martin Buber e a tradição muçulmana do Sufismo. O "místico" já havia sido delineado como noção em *Transformações*, com os exemplos da poesia teológica de Dante, São João da Cruz, Meister Eckhart e J. Ruysbroeck: pessoas que tentam fazer aproximações com aquilo que é verdade; deixando implícitas as reações de seus contemporâneos diante de tais aproximações.

Escritos contendo críticas sérias à formação de analistas foram publicados postumamente.[121] Nos Estados Unidos, em uma estada planejada para dois anos, logo modificada para quatro, mas que perdurou por dez anos, Bion produz sua obra final – a nosso ver, uma síntese de tudo que havia tentado comunicar nos vinte anos anteriores, em nova forma: *Uma memória do futuro*. Nova, nos limites da sua produção

---

[119] Francesca Bion: comunicação pessoal para o autor, por carta (1983). Estes termos estão referidos em *Uma Memória do Futuro* e *The Long Week-End*.
[120] Virgínia Leone Bicudo, em comunicação pessoal ao autor (1975); informação referendada por Francesca Bion 1993.
[121] Bion 1971.

escrita anterior, mas não nos limites das formas literárias conhecidas em teoria da ciência.

Analogias, modelos, teorias

Fenômenos apreendidos por médicos[122] e também por psicanalistas e psicólogos, em termos metodológicos, para finalidades de pesquisa da natureza humana, apelam para aquilo que Goethe e alguns outros, como Spinoza, Bacon, Vico, Schopenhauer, Nietszche, apelaram: o uso de analogias verbais para expressar observações a respeito da natureza e comportamentos humanos. Freud e Bion não foram exceções neste apelo – como já assinalado por outros autores.[123]

Em relação a Freud e Bion, não apenas no que se refere às observações, mas também nas suas tentativas de intervenção com finalidades terapêuticas individuais, sob o vértice psicanalítico, encontramos o uso de um processo de pensar que se utiliza de analogias que mantenham alguma correspondência com a realidade que tentam espelhar. A confecção de modelos verbais, pelo uso de analogias, pode dar ensejo, caso se acompanhe da observação de dados empíricos, de se fazer generalizações intuitivas. Ou seja, obtidas por intuição sensível. Estamos nos utilizando da terminologia de Kant. Generalizações que possam dar conta de uma parcela minimamente suficiente destes dados empíricos básicos. Se não for minimamente suficiente, em algum momento surgirá um dado empírico que refutará o modelo verbal, ou a analogia. A partir daí – a experiência em psicanálise e também em outras disciplinas científicas o demonstram – torna-se possível, para alguns praticantes, formar modelos, que poderão ser usados para formular noções, concepções e conceitos que abranjam os dados empíricos básicos (ou boa parte deles), individualizados. Ainda que de modo mais raro, a partir destes

---

[122] Até certo ponto da história, mais ainda presentes em muitos modelos e teorias e doutrinas usadas, como a doutrina do neurônio.
[123] Fulgencio 2006.

modelos, noções, concepções e conceitos, pode-se obter alguma teoria, que realmente corresponde ao fato real. Este processo foi recomendado pela primeira vez – até o ponto que chegou nossa investigação – por Francis Bacon (1620). Analogias, modelos, noções, conceitos que possam ser considerados científicos necessitam ser originados e, depois, amparados em alguma realidade. Inicialmente apreendida empiricamente – não apenas a *empeiría* definida pelos antigos gregos, referentes somente ao uso do aparato sensorial. Mas além e também aquém do espectro de absorção de nosso aparato sensorial, incluindo experiência vivida, conjugando duas formas da mesma existência, elucidadas pela primeira vez por Freud, e denominadas realidade material e psíquica. O termo "realidade material" foi emprestado, por Freud, da obra de Kant. Pode ser colocado nos termos da física moderna; matéria e energia. Não se trata de realidade material ou psíquica; nem de matéria ou energia. Há um paradoxo a ser enfrentado: uma existência monista, que se apresenta sob duas formas. A existência pode ser qualificada como pertencente ao âmbito numênico – incognoscível de modo último. A relação entre as duas formas da mesma existência permite aproximações, em termo de conhecimento. Um exemplo pode ser a equação das relações entre matéria e energia: o quadrado da velocidade da luz, iluminada pela equação descoberta por Einstein, na Teoria da Relatividade Geral.

Um atrelamento mínimo a dados empíricos básicos é absolutamente necessário, como ponto de partida. Há alternativa? Historicamente, se este atrelamento não é feito, pode-se elaborar falsas teorias, ou delírios racionalmente estruturados por meio de "manipulações engenhosas de símbolos", como esclareceu Alfred North Whitehead – plenos de plausibilidade racional para nosso sistema consciente.

Bion sugeriu – e parece-nos ser razoável investigar esta sugestão – que parte considerável, provavelmente excessiva, dos produtos escritos ou apregoados por membros do movimento psicanalítico pode ser "uma vasta paramnésia para ocupar o vácuo de nossa ignorância".[124]

---

[124] Bion 1976a.

Freud refutou razoável quantidade de teorias propostas por ele ao se dar conta da impossibilidade de atrelá-las a dados empíricos básicos; ou, quando algum dado empírico básico não se encaixava na teoria, não hesitou em modificar a teoria. Foi criticado por alguns de seus seguidores iniciais, como o Dr. Eugen Bleuler, para quem uma teoria, para ser verdadeira, teria que ser imutável. Até que ponto o exemplo de Freud tem sido seguido, na contínua emissão de "novas teorias"?

> O primeiro requisito para usar uma teoria é o uso de condições apropriadas de observação. A mais importante delas é a psicanálise do observador, para assegurar que ele tenha reduzido a um mínimo suas tensões e resistências internas; de outro modo, elas obstruiriam sua visão dos fatos, impossibilitando a correlação do consciente com o inconsciente. O próximo passo exige atenção do analista. Darwin enfatizou que julgar obstrui a observação. No entanto, o psicanalista precisa intervir com interpretações; nisto se envolve o exercício de julgar. Um estado de *reverie*, conducente à função-alfa, à introdução do fato selecionado e da feitura de modelos, junto a um suprimento limitado a poucas teorias asseguram menor probabilidade que ocorra um rompimento grosseiro no tipo de observação recomendado por Darwin; podem ocorrer interpretações com perturbações mínimas de observação.[125]

Máximas (relativas aos objetivos do tratamento psicanalítico)

Enfocar o método psicanalítico como método de tratamento nos parece ser uma "característica de fábrica" ou genética, proposta e praticada inicialmente por Freud. Isto não diz respeito à sua eficácia ou falta dela, mas sim à caracterização de um objetivo – de uma ação real. Freud, baseado em experiência, não mantinha dúvidas quanto às dificuldades

---

[125] Bion 1962, pp. 86-87.

de aplicação do método com objetivos terapêuticos, apontando várias vezes sua ineficácia e fazendo tentativas de desenvolvimento: decorrentes de sua postura científica.

Tentamos colocar, ao longo deste texto, que o tratamento se dirige – tem um vetor – aos sofrimentos (vicissitudes) de seres humanos individuais, indivisíveis da natureza humana, tal como ela é. Se houvesse o termo "incliváveis", fora do âmbito de neologismos disfônicos que correm o risco de pedantismo involuntário, poderíamos utilizá-lo mais amplamente.[126]

Com grande probabilidade, leitores deste meu texto conhecem a excepcionalidade do modo de escrita de Freud, correspondendo a uma habilidade que pode ser vista como tendo um fator inato, acoplado por outro fator desenvolvido por aprendizado, depois esclarecido pelo próprio Freud como um exemplo de uma "série complementar". Excepcionalidade confirmada por julgadores do "Prêmio Goethe", atribuído a Freud pelas suas contribuições à língua alemã.[127] Outra evidência: uma habilidade para cunhar frases que se tornaram máximas, por vezes, quase parábolas, de formulações verbais de conceitos de modo altamente compactado. No elenco não-exaustivo de algumas destas máximas, poderemos inserir as contribuições de Bion sobre máximas de Freud que sintetizam objetivos do tratamento psicanalítico:

Tornar consciente, o inconsciente

Bion expande este objetivo do trabalho analítico por meio da experiência com pessoas portadoras de distúrbios no seu aparato de pensar, nas quais a personalidade psicótica prevalece – os assim chamados

---

[126] Em algumas línguas, como o português falado no Brasil, a atividade de inventar palavras com bases racionalizadas fornecidas por disciplinas acadêmicas, como gramática; ou por decreto governamental, tem sido condenada ao fracasso, por recusa e até ridicularia, no que se refere a imposições de uso generalizado – como foi o caso dos termos ludopédio (futebol) ou sinesíforo (chofer), em que se tentou aproveitar de um decreto de uma agência federal proibindo o uso de anglicismos e francesismos.

[127] Freud 1930.

"psicóticos" e, de modo principal, os que recebem o diagnóstico psiquiátrico de "esquizofrênicos". Bion completa a máxima ao apontar que na personalidade psicótica nada poderá pertencer ao sistema inconsciente se não tiver pertencido, em algum espaço tempo, ao sistema consciente. A observação destes pacientes demonstra que a teoria sugerida por Freud, em que o sistema consciente sucede, temporalmente, o sistema inconsciente, é "fraca". Bion esclarece com todas as letras que "não é falsa". Vamos voltar a citar, mas agora de modo mais longo, *Learning from experience*. Bion introduz o conceito de "visão binocular", a ser usado durante o atendimento psicanalítico:

> A teoria da consciência é fraca, mas não é falsa, pois quando a acrescemos para dizer que o consciente e o inconsciente produzidos constantemente e juntamente funcionam como se fossem binoculares, e, portanto, são capacitados para correlação e autoconsideração. Em função do modo de sua gênese, exclui-se o registro imparcial da qualidade psíquica do *self*; a "visão" de uma parte, pela outra, é, de certa forma, "monocular". Por estas razões, e também por outras originárias da experiência clínica, achei insatisfatória a teoria dos processos primários e secundários para a psicanálise desta classe de pacientes, nos quais aparece a parte psicótica da personalidade. A teoria é fraca na necessidade de postular dois sistemas naquele ponto em que, na minha teoria da função-alfa, uma experiência emocional é transformada em elementos-alfa, para fazer com que sejam possíveis o pensamento onírico, pensamento inconsciente de vigília e armazenamento na mente (memória). Atribuo a uma falha da função alfa, o aparecimento de elementos-beta e seus associados íntimos, os objetos bizarros, e os sérios distúrbios comumente associados com o aparecimento excessivo de elementos psicóticos da personalidade.[128]

---

[128] Bion 1962, p. 55. Detalhes sobre os conceitos de "visão binocular" e "objetos bizarros" podem ser obtidos neste mesmo livro, *O aprender com a experiência*; uma revisão completa aparece em outro trabalho deste autor (Sandler 2005).

A expansão de Bion sobre um objetivo de uma psicanálise parece-nos utilizar de modo pleno a concepção da atemporalidade do sistema inconsciente, já observada por Freud, que, provavelmente pela limitação de não ter tido a oportunidade de tratar de pacientes psicóticos, não pode ampliar devidamente sua teoria, no que tange ao sentido total desta atemporalidade, e que nos parece ter sido obtida na expansão provida por Bion. Isto demonstra que não houve nada de revolucionário, mas de "evolucionário". Tornar consciente, o inconsciente, e principalmente o trânsito entre os dois sistemas, pode ser visto por aquilo que Freud descreveu como "sistema pré-consciente". Bion, novamente utilizando as teorias de Freud, aproveita o conceito de "barreira de contato", do *Entwurf einer psychologie*, para enfatizar o valor do sistema pré-consciente neste trânsito, mas agora, em outra teoria de observação: a teoria da função-alfa. Esta teoria cumpre a função de deixar claro que a natureza da desintegração entre o que se chamou de neurologia e de psicanálise corresponde a uma clivagem psicótica na mente de pesquisadores, encantados pela religião positivista.

Bion aponta seguidas vezes, em todos os seus quatro livros básicos,[129] que os problemas enfrentados por filósofos da ciência – preferimos denomina-los de teóricos da ciência – são os mesmos problemas enfrentados por pacientes psicóticos. Para tanto, Bion denomina a realidade última, composta por estímulos sensorialmente apreensíveis – externos e internos – como "elementos-beta". Não podem ser conhecidos, podem apenas ser apreendidos pelo nosso sistema sensorial; atualmente, assunto de neurofisiologistas; no passado, de "psicofísicos", os antecessores dos "psicanalistas": a analogia de Freud para cunhar este nome com a química, inspirado nos "psicofísicos", parece óbvia.

O percurso no espaço-tempo interno foi chamado por Bion de algo a ser compreendido sob a teoria da "função-alfa". Este percurso

---

[129] *O aprender com a experiência, Elementos de psicanálise, Transformações, Atenção e interpretação* – as páginas e parágrafos em que isto ocorre estão reproduzidos, de modo ordenado historicamente, em outra obra (Sandler 2005).

prossegue incognoscível; e o modelo teórico de função-alfa é útil como uma primeira abordagem sobre o "tornar consciente, o inconsciente", e seu vice-versa.

Para este movimento duplo, dinâmico, "intrapsíquico", Bion propõe o uso de mais um instrumento, que denominou *"Grid"* – vertido para o português falado no Brasil como "Grade". Em Portugal, onde o cuidado com a língua é diverso daquele usado no Brasil – mais sofisticado – a versão nos parece mais feliz: "Grelha". Como esclarecemos em vários outros trabalhos, não é útil propor mudança em termos consagrados pelo uso; mas o reparo é necessário: por "Grade" tem uma penumbra de significado estático, enquanto que o instrumento proposto por Bion tem uma natureza dinâmica.

Um dos exemplos clínicos que originou a expansão teórica de Bion sobre a obra de Freud pode ser visto na seguinte citação:

> O paciente que, consistentemente, refere "não pode entender", pode não estar simplesmente resistindo, mas sim, resistindo de um modo peculiar. De fato, pode ser que aqui resida a principal diferença entre a resistência como algo peculiar ao neurótico e à relegação ao inconsciente, e a destruição psicótica dos meios de compreensão que são associados a uma consciência plena do que, comumente, é a mobília do inconsciente. "Eu não entendo", ou "não sei por que", ou "não sei como", etc., podem ser tomadas como asserções *positivas* da *incapacidade* para sonhar, ou como uma afirmação desafiadora, de uma capacidade para *não* sonhar.
> Se for assim, o uso psicanalítico do sonho como um método pelo qual o inconsciente é tornado consciente, é um emprego inverso do que seria, em natureza, a maquinaria empregada na transformação do consciente em material adequado para a estocagem no inconsciente. Em outras palavras, o trabalho onírico que conhecemos é apenas um pequeno aspecto do sonhar propriamente dito – o sonhar, propriamente dito, sendo um processo contínuo e pertencente à vida de *vigília*, agindo através de todas as horas de vigília, embora não seja usualmente observado, exceto no paciente psicótico. A possibilidade de observá-lo no psicótico depende de uma peculiaridade que torna o seu inconsciente observável. Será essa

peculiaridade a dispersão do ego, do "senso comum", dos vínculos com a realidade, deixando o id exposto? De qualquer modo, a hipótese que, numa sessão analítica, eu possa ver o sonho do paciente tem se provado muito valiosa, especialmente em conjunto com a sua contraparte, a visão da atividade contrastante da alucinação.[130]

Onde havia id, haja ego[131]

A máxima anterior de Freud foi expandida por ele mesmo. Não houve substituição, mas expansão. Os leitores deste texto, com muita probabilidade, já conhecem as duas máximas – usualmente ensinadas em cursos de psicologia sob os rótulos de "teoria topográfica" e "teoria estrutural" – nomenclatura popularizada por autores argentinos, franceses e norte-americanos. Como toda rotulação de autores posteriores ao autor que criou os termos, comporta algumas falhas e pode ser objeto de crítica, que não será feita neste momento.

A partir desta modificação de Freud, Bion pôde expandir o alcance dessa formulação, expondo uma diferença – a meu ver fundamental – entre uma atividade filosófica, conhecida pelo menos desde a época de Sócrates, e a atividade que caracteriza o psicanalista. Em *Transformações*, Bion sugere que um objetivo do método psicanalítico é fornecer uma ajuda para que pessoas *tornem-se* quem elas realmente são. Bion devolve a natureza "psicodinâmica" à psicanálise: no ato analítico, realizado no contexto analítico, duas pessoas se encontram em um consultório, abrigadas por sigilo íntimo, onde pode ocorrer o *tornar-se*.

Não se trata da pessoa conhecer quem ela é – um objetivo filosófico estabelecido, aparentemente, por Sócrates. Esta tarefa pertence apenas ao sistema consciente – pode interessar à psicologia acadêmica, mas não à psicanálise, ou "psicologia profunda".[132] Este nome era senso

---
[130] Bion 1959a, p. 37.
[131] Freud usa de uma analogia – sobre a secagem que ficou famosa em sua época do lago holandês Zuyderzee – para indicar o sentido da máxima (Freud 1933a, Lesson 31, ao final).
[132] Outro nome adotado por Freud para designar a atividade psicanalítica.

comum na psiquiatria da época: utilizado por Pierre Janet, Jean-Martin Charcot, Karl Bonhöffer (Ströhle et al., 2008). Um problema que percebemos – com o auxílio da contribuição de Bion – na história das ideias da civilização ocidental, é que a categoria, ou nível conhecido como "conhecimento", sempre se reduz a algo estático; em termos gramaticais, "o conhecimento". Até que ponto as descobertas de Newton – que esclareceu algumas contrapartes na realidade de algo que denominou "dinâmica", expandindo o que ele também denominou "estática" e "cinemática" –, foram absorvidas em nosso aparato de pensar? Não foi por mera coincidência que Freud ainda propôs mais um nome para a atividade que descobriu: "psicodinâmica". Em *O aprender com a experiência* e *Elementos de psicanálise*, Bion exemplifica situações de tornar-se, um ato de aquisição, passando-se de um ato estático para um estado dinâmico: levando a concretude inanimada à vida, em resumo. Novamente, nutrido pelo trabalho com psicóticos, no qual a aparência não era de que poderia estar dormindo, nem acordado; e que a pessoa não diferenciava seu estado de um estado de morte, nem de vida.[133]

Bion sugere explicitar alguns modos de funcionamento psíquico, antes implícitos. Alguns descobertos por ele e sempre advindos das observações de Melanie Klein – que descobrira o movimento em tandem entre as posições esquizoparanoide e depressiva. A nosso ver, deixou mais claro o movimento, usando de uma notação pouco usual, mas já utilizada por Freud: o emprego de uma dupla seta, vinculando as duas posições. Observa a existência de imobilização estática em uma das posições, resultando, no aparato psíquico do paciente e nas ações de pacientes psicóticos, em extinção da vida psíquica, pródromo de extinções da vida da pessoa. Pacientes propensos a acidentes e a piora nas condições de portadores inatos de doenças degenerativas, que precisam se submeter a cirurgias e também a tratamentos medicamentosos, exibem sintomas psiquiátricos importantes. A partir da experiência vívida, existente na situação clínica, Bion observou estar sendo submetido a processos contínuos de

---

[133] Bion 1956; 1957.

"identificações projetivas" (Klein 1946), em que havia um movimento dinâmico que ele denominou "reversão de perspectiva" ou "perspectiva reversa", à custa de um uso maciço de identificações projetivas, cujo objetivo seria conseguir um tipo de libertinagem isenta de responsabilidade, de arbítrio pessoal em relação a afetos e emoções sentidas como dolorosas. Na perspectiva reversa, o interlocutor é que deveria experimentar a dor, e não o paciente, cuja dor era autóctone a ele mesmo. Isto inclui todos os processos de pensar: o analista deveria pensar, no lugar do paciente. Ou seja: na perspectiva reversa, ocorre a tentativa de transformar uma situação dinâmica, em uma situação estática.[134] Conceitos básicos da psicanálise estão implícitos nesta ênfase, como aqueles referentes ao trabalho onírico, depois estendido para a vida de vigília, como mecanismos de defesa do ego: repressão, negação, clivagem, deslocamento, transformação no contrário, regressão, fixação, sublimação.

Bion – e também sua primeira editora, Francesca Bion – partia do princípio de que leitores de seus textos já haviam obtido experiência em psicanálise, presumindo apreensão minimamente suficiente dos conceitos e teorias de Freud e Klein.

Em outras palavras: uma formação que poderia ser qualificada como psicanálise depende de aprender-se com a experiência (Bion 1962). Experiência do que? De psicanálise. Não pode ser obtida por leituras de textos ou aulas fornecidas por outras pessoas, por mais experientes que sejam:

> um erudito pode ver que uma descrição é de Freud ou de Melanie Klein, mas permanecer cego para a coisa descrita. Freud disse que as crianças eram sexuais; isso foi negado ou reenterrado. Tal destino poderia ter ocorrido à psicanálise inteira, se não tivesse havido alguém, como Horácio dizia de Homero, para conferir-lhe imortalidade.[135]

---

[134] Bion 1963. Leitores interessados poderão ver um resumo exaustivo destes conceitos em outra de minhas investigações (Sandler 2005).
[135] Bion 1975, p. 8.

A concepção de "tornar-se", expressa em *Transformações*, foi desenvolvida cinco anos depois, resultando no conceito de "estar-se uno a si mesmo": em inglês, obtido à custa de um neologismo hifenizado "*at-one-ment*";[136] um estado harmônico da pessoa com ela mesma, com seus objetos internos realísticos, obtidos por um "senso de verdade".[137]

A dificuldade em observar o desenvolvimento "contribui para a ansiedade de se estabelecer 'resultados', por exemplo, da análise".[138]

A harmonia a que Bion se refere é uma harmonia de senso comum: da pessoa com ela mesma, dentro dela mesma. Um estado natural da pessoa tornar-se quem ela realmente é, e então ser, minimamente e transitoriamente, quem realmente é. Bion sugere um instrumento imaterializado e ao mesmo tempo materializável para ser utilizado durante uma sessão psicanalítica, a nosso ver, originando aquilo que Freud observou ser "associações livres": uma "linguagem de consecução", no original, *Language of achievement*[139] – linguagem corresponderia ao elemento materializável, e consecução, ou consequencial, o elemento imaterial, dinâmico, vivo.

Eventuais alargamentos deste estado, ou situação, correm por conta de fatores individuais; mas também, e de modo necessário e fundamental, da comunhão analítica que pacientes e analistas possam realizar. De modo coloquial, este estado pode ser classificado como de *intimidade*. Sempre dependendo da prevalência ou de um equilíbrio entrópico entre os dois princípios do funcionamento mental. Para algumas pessoas, esse estado pode significar assassinato – seja "autoassassinato" ou heteroassassinato. Pode ocorrer com uma psicanálise bem-sucedida. Em geral, heteroassassinato ocorre em primeiro lugar com o abandono da análise, pelo paciente, que prefere não divisar quem ele é na realidade. O abandono pode ser materializado de algumas formas: propostas de conluio, de habitação conjunta em alguma expressão do princípio do prazer, ou o

---

[136] Bion 1970, p. 177.
[137] Bion 1961b, p. 119.
[138] Bion 1963, p. 63.
[139] Bion 1970, p. 131.

paciente para de ir ao consultório do analista. Aquilo que Freud descreveu como intelectualização, fuga para a saúde, ou reação terapêutica negativa correspondem a estas formas. Bion a descreveu como prevalência de memória, desejo e entendimento – o alerta que ele deixou quanto à atitude do analista,[140] parece-nos valer igualmente para o paciente.

Bion, de modo análogo a Freud, também cunhou máximas para uso do psicanalista praticante: podem ser vistas em *Transformações, Uma memória do futuro*; como também em várias conferências dadas em São Paulo, Nova Iorque, Londres, Roma e Paris. Um exemplo:

> A mente, fardo demasiadamente pesado, que a besta dos sentidos não consegue carregar.[141]

Um não-objeto em psicanálise: substituindo máximas por jargões

Retornemos à experiência do uso de jargão, fornecido por algumas disciplinas em ciência – como a matemática euclidiana e a química estequiométrica. Progrediram mediante a identificação do "negativo", daquilo que "não é" – por exemplo, a "prova por absurdo" de teoremas. O método estatístico descobriu a possibilidade de fazermos "hipóteses nulas", para serem testadas estatisticamente. Inspirados nestas disciplinas, parece útil tentarmos alcançar formulações verbais sobre objetivos de um tratamento psicanalítico pela formulação do que não sejam os objetivos.

Em nossa visão, houve o infortúnio – não exclusivo de nossa disciplina, a psicanálise – de que termos criados por Freud tenham se tornado, de modo rápido e principalmente após o falecimento de Freud, jargões.

O campo semântico dos jargões, locupletado de significados multivariados, fica tão alargado que resulta na perda do sentido inicial dos

---

[140] Bion 1967.
[141] Bion 1975, p. 48.

termos. O termo passa a significar aquilo que o leitor pensa, ou imagina, ou pressupõe, ou ouviu falar por alguma "autoridade" – um título conferido por leitores e seguidores –, resultando na impossibilidade de apreensão do sentido inicial dado pelo autor que cunhou, inicialmente, o termo com um significado específico. Exemplos no movimento psicanalítico: *inconsciente, sexualidade, transferência, contratransferencia* etc. Isto impossibilita o uso do termo caso haja o intuito científico envolvido na comunicação. Jargões, palavras de ordem, podem ser úteis em outras atividades – tais como na política, ou nas arregimentações religiosas ou militares. Seriam úteis em disciplinas científicas? Cada leitor pode formar sua opinião. Parece-nos que há um efeito principal destes processos de "jargonificação", que transformam uma expressão verbal de algo vivo, dinâmico, em algo estático, morto: o afastamento da experiência prática, fornecida apenas e tão somente pela experiência clínica, que é sempre dupla: a do atendimento de pacientes e a do atendimento do analista, em sua "análise didática".

Nas várias traduções, a palavra usualmente traduzida como "inconsciente", desgastou-se por uso indiscriminado, clivado do texto original, em que a intenção necessária foi de que pudesse adquirir senso comum. Algo que adquiriu por pouco tempo, mas ao se transformar em lugar comum, por banalização e pouco saber – algo perigoso, segundo Alexander Pope (1911) – o termo perdeu o sentido original. No contágio propiciado pela excessiva penumbra de significados, o fato de que "desconhecido" é sinônimo de "inconsciente" foi se perdendo no sistema consciente de muitos membros do movimento psicanalítico. Isto inclui, necessariamente, os estudantes em universidades. Pelo menos em nossa observação, tornou-se difícil encontrar quem se dedique a uma análise detalhada e crítica no *sentido*, e não no significado da palavra inconsciente – ou seja, algo que não é conhecido.

Dispomos, pelo menos no Brasil – e em qualquer outro país que não use a língua alemã –, de uma palavra que ainda não atingiu o status de jargão: "desconhecido". No alemão utilizado por Freud, *unbewusst*, palavra formada pelo prefixo *Un* implicando "não", e o verbo *wissen*, conhecer; alemães ao se referirem à atividade científica, falam *wissenschaft*. O termo é senso comum entre juristas; advogados terminam suas petições ou pareceres utilizando-se da expressão "dou ciência". Ou seja, "conheci". No entanto, dentro do movimento psicanalítico, e cento e vinte anos depois, "inconsciente" ganhou características concretizadas, quase religiosas, por vezes antropomórficas, ou como se fosse uma entidade concreta. Fala-se "O inconsciente". A nosso ver, trata-se de problema tão flagrante quanto comum em versões latinas de termos anglo-saxônicos: um uso abusivo do artigo – como se fosse uma pessoa, ou uma coisa, que pudesse ser visível ou palpável. Neurologistas fantasiam "tê-lo" localizado no sistema límbico ou nos núcleos da base; e atualmente em uma região que anatomistas chamam de amígdala, onde creem que seja gerada a emoção complexa que denominamos "medo". O valor do termo "inconsciente" como modelo científico, possuindo contrapartes na realidade, foi se evanescendo. Chegamos ao ponto – e isto ocorreu já nos anos 1940 – de se dizer que "Freud inventou o inconsciente" – termo de uso corrente em vários autores, pelo menos a partir de Kant. No mito de Diógenes, procurava-se um homem; hoje em dia, membros do movimento psicanalítico procuram um tal de "inconsciente", negando que haja algo que permanece desconhecido. O estudo do sistema inconsciente é um instrumento prático para ser usado no aqui e agora de uma sessão analítica, mas não uma coisa que pode ser guardada em armários, estantes, livros ou lições em classes universitárias, ou aulas de religião, ou programas de televisão, ou internet:

> Aquilo que precisamos ouvir do paciente não é apenas aquilo que ele sabe, e esconde de outras pessoas; ele precisa nos dizer também aquilo que ele *não* sabe.[142]

> O psicanalista tenta ajudar o paciente a transformar aquela parte de uma experiência emocional que lhe é inconsciente, em uma experiência emocional que lhe seja consciente.[143]

---

[142] Freud 1939a, p. 174; grifado por Freud.
[143] Bion 1965, p. 47.

Caso o psicanalista faça isto, ele ajuda o paciente a obter conhecimento privado. No entanto, considerando-se que o trabalho científico demanda que a descoberta seja comunicada para outros pesquisadores, o psicanalista precisa transformar *sua* experiência privada de psicanálise de modo tal que ela se torne uma experiência pública.

Considerando o momento atual, que perdura por mais de meio século, de degeneração de textos teóricos, por releituras e releituras e releituras, disfarçadas de leituras pós-modernas "descontrutivistas"– nome em que o óbvio, sempre o mais difícil de se ver, como "a ponta de nossos narizes", na observação de Issac Asimov,[144] ou seja, a destruição degenerativa é negada – parece-me necessário, adotando um modelo médico, especialmente utilizado em psiquiatria, executarmos um tipo de "desintoxicação", no que tange à constatação de adoção acrítica de jargões. Sugiro que usemos, por um período a ser determinado, apenas um sinônimo para o termo, "inconsciente", e também voltemos a não abreviá-lo. Usaríamos então "desconhecido", e também "sistema inconsciente", e talvez "sistema desconhecido". Por algum tempo, hoje impossível de definir, estaríamos disciplinados a não usar o termo "inconsciente".

Esta é a tarefa do analista para tentar se aproximar de seus objetivos: "navegar" de modo mais preciso possível no "sistema desconhecido", abrangendo os sistemas dinamicamente intercomunicantes ("sistema pré-consciente" e "sistema consciente"). A sinonímia poderá ser aplicada a estes "dois": "sistema pré-conhecido" e "sistema conhecido". O sistema consciente ou sistema conhecido[145] abrange o âmbito dos fenômenos, conforme definido pelos antigos gregos.[146]

Não nos parece possível que o objetivo de uma psicanálise seja o de confundir os meios – terminologias, nomenclaturas, concepções, conceitos e teorias – com a finalidade. Falar sobre psicanálise difere

---

[144] Em *Eu, robô*, um *best-seller* por meio século.
[145] Insisto que utilizemos, pelo menos no período de desintoxicação (de jargão), o termo duplo, sempre acompanhado da palavra "sistema".
[146] Definição resgatada por Kant 1781.

de praticar a psicanálise propriamente dita – uma prática que se faz no contexto analítico, em um consultório onde há duas pessoas tentando conversar, em sigilo dentro de um ambiente minimamente sereno, isento de ideologias, interesses comerciais, preconceitos, postulados, julgamentos de valor, pedagogias.

O caráter transitório da consciência

Nada permanece ao nível da consciência: o âmbito dos fenômenos, das transformações, é sempre transitório.[147] Diz Bion:

> em geral, a consciência é somente um estado extremamente fugitivo. O que é consciente só o é por um momento. Quando nossas percepções não o confirmam, isto é só uma contradição aparente; ela é explicada pelo fato de que os estímulos que evocam a percepção podem persistir por períodos mais longos, de tal forma que a percepção pode se repetir. Todo este estado de coisas é claro em relação à percepção consciente de nossos processos de pensamento, que podem igualmente persistir, mas podem também passar num piscar de olhos.[148]

Tornar-se difere de "ser"; o termo enfatiza a dinamicidade viva, o movimento. Uma equivalência mais concretizada pode ser vista no movimento do sangue ou dos hormônios. Praticar isto em sessão de análise equivale, em analogia, a navegar, utilizando-se de correntes naturais: "não se briga com o mar", dizem os navegadores e também pessoas que quase se afogaram em aventuras domingueiras. É necessário haver percepção mínima e transitória, que possibilite enfrentar aquilo que é desconhecido da pessoa, tanto por ela quanto pelo analista: o momento seguinte. Todo momento seguinte – futuro – independente do intervalo de tempo,

---

[147] Pessoas que se intitulam "neurocientistas" têm "descoberto" esta realidade como se ela nunca tivesse sido descoberta antes; tomam o cuidado de nunca citar a obra de Freud, creditando-a a mapeamentos por imagem obtida por aparelhos de ressonância magnética. (Berezin 2019)

[148] Freud 1939a, p. 83.

seja por milésimos de segundo ou dezoito meses, é desconhecido. Caso aceitemos que toda novidade não passa de esquecimento, uma metáfora – que pode ser vista como mito, e não texto sagrado como o fez Von Herder – aparece no "Velho Testamento": "no início, tudo eram trevas".[149]

Será útil que cada praticante se pergunte: estou sendo dogmático, assestado para o que julgo já conhecer? Ou para o que algum autor famoso escreveu e que então já é conhecido? O autor famoso atendeu o paciente que estou atendendo agora?

Luzes

Um psicanalista, utilizando o método psicanalítico, num contexto psicanalítico, poderia descobrir, observar e descrever quais seriam as "luzes" específicas de cada paciente que tenta atender?

Um paciente pode ter tido alguma noção mínima a respeito destas luzes; infere-se que teve, pois prosseguiu sobrevivendo. Analogicamente, podemos dizer que usualmente as luzes são "apagadas" – no âmbito da percepção – para ele (ou ela) mesmo (a), pela conjunção constante de mecanismos de defesa do ego[150] e por mecanismos formadores de psicose por excelência; um dos quais a *racionalização*.[151] Este é um dos objetivos em um tratamento psicanalítico: descobrir, observar e descrever as "luzes" próprias de cada paciente que não sofreram totalmente de "resistências" – outro termo cunhado por Freud.

A inspiração em estudos físicos tem sido decretada como ilegal, por alguns membros do movimento psicanalítico – que tentaram substituir a denominação por "recalcamento". Temos observado que a inspiração na disciplina conhecida como Física prossegue talvez não

---

[149] O leitor poderá se recordar de que um movimento anti-dogmático por excelência foi chamado, além de "século das luzes", de "Iluminismo".
[150] Notadamente *negação*, *projeção*, *clivagem*, formando outro mecanismo de defesa ainda mais complexo, tanto na sua formação como na observação e manejo durante sessões analíticas: *identificação projetiva* (Klein 1946).
[151] Que não é um mecanismo de defesa, apesar de contribuir para formar alguns deles. Freud 1911c.

observada. Antes, advinda da disciplina "Eletricidade"; agora, da disciplina física "Hidrostática". Seria útil um conhecimento mínimo das duas, que pudesse justificar tanto uma como a outra? Freud deixou clara sua inspiração. Retornando ao nosso assunto, sem tomarmos nenhum partido semântico a favor ou contra as duas palavras, mas defendendo a posição de não acrescentar novos termos que podem até mesmo ser sinônimos – o que nos parece incrementar confusão quando há um objetivo de comunicação científica –, sugerimos apelarmos novamente para o "negativo": um psicanalista *não* é encarregado de fornecer luzes ao paciente.

Não somos advogados, nem pedagogos, nem policiais, nem sacerdotes a serviço de alguma religião. Freud observou um fenômeno, que denominou "Transferência", de natureza alucinatória: a fantasia precoce, "tênue e tenaz",[152] de que um psicanalista seria o pai, ou mãe de um paciente, ou alguém que, realisticamente ou não, tenha sido importante na sobrevivência do paciente durante os tempos em que o paciente era uma criancinha desamparada. Freud parece ter colocado em risco a amizade social – provavelmente falsa – que o Dr. Josef Breuer parecia nutrir por ele, quando o avisou sobre os perigos de estimular fantasias transferênciais em pacientes. Tentou-lhe dizer, aparentemente sem sucesso, que um psicanalista não é pai do paciente, nem a mãe, nem alguém superior, um ídolo fantasioso. O que a psicologia do sistema consciente, a literatura e a bíblia denominam de vaidade, pode ser descrita, cuidada e em alguns casos manejada terapeuticamente, em casos individuais, sob a complexidade de aspectos narcísicos, de habitar-se, em tempo integral e dedicação exclusiva, a posição esquizoparanoide.

Descrevemos características que fazem com que aquele paciente seja ele, ou ela. Cabe ao paciente decidir se as características descritas, do modo mais preciso possível – ainda que ao sabor do momento, e, esperançosamente, vividas na vívida experiência que é uma análise –, são débitos ou créditos. Cabe ao paciente decidir. Não nos cabe – se

---

[152] Bion 1956, p. 38.

mantivermos nossa função – julgar, já que não somos o casal parental que gerou o paciente, nem policiais, advogados, políticos, ministros religiosos ou pedagogos.

Mudança psíquica?

Nossa experiência inclui uma década de vivência contínua, diuturna, em hospital psiquiátrico; uma década em serviço de epidemiologia psiquiátrica e psiquiatria comunitária; sete anos em um serviço de reabilitação de medicina; e quase meio século de contínuo atendimento psicanalítico em "clínica privada". Tal experiência nos permitiu a observação de pessoas que nos procuraram, ou procuraram psicanálise, por apresentarem falsas mudanças. Mesmo em casos em que há mudanças reais – traumas originados por moléstias degenerativas, como neoplasias ou por acidentes "físicos", como cair de uma escada, ou desastres rodoviários e similares, com decadência por perda de diversas massas corpóreas nos sistemas osteomuscular e nervoso, além de outros sistemas orgânicos internos – é possível observar a alta prevalência de complicações falsas, no âmbito imaterializado das sensações, sentimentos, afetos, emoções e experiências emocionais. A cognição destas mudanças pela pessoa e também por alguém que tente atendê-la pode ficar obliterada – por vezes marcando o início da falsidade: mudanças no âmbito das sensações e sentimentos lhes parecem ser verdade absoluta.

A própria procura por um auxílio possui um fator preponderante: são pessoas movidas ou impulsionadas por fantasias imaginárias, compostas de imagens visuais, auditivas, tácteis, cenestésicas e proprioceptivas, e até mesmo olfatórias, em combinações diversas, cujo intuito seria provar que a falsa mudança seria verdadeira. Fragmentos parciais de realidade são utilizados para conferir verossimilhança. Para quem tem, conscientemente ou não, inato ou não, dificuldades para pensar, poderá criar e manter fantasias imaginativas de que estará vivendo em "universo" (o recurso de aspas é para indicar a falsidade intrínseca) de crenças, no qual fragmentos clivados de fatos reais são utilizados para montar, racionalizar e tentar manter crenças. Um conceito que tem se demonstrado útil, contendo um anglicismo hoje normal em nossa língua, para sumarizar esta situação pode ser encontrado na obra de Donald Winnicott: Falso *Self*. Para algumas pessoas, tanto as que se submetem a um tratamento psicanalítico ou não, experimentar um falso *self* pode ser útil, como estágio intermediário, ou etapa, para poder desistir de usá-lo. Em nossa experiência, um tratamento com a ajuda de um psicanalista abrevia significativamente o tempo necessário para se obter esta desistência. O termo, "algumas pessoas", indica que outras "algumas" não desistem. Em outras palavras, ficam impossibilitadas de aprender com a experiência – usualmente, submetidas ao ciclo de avidez e inveja, por prevalência do princípio do prazer-desprazer. Em termos de verdade e mentira, experimentar mentira é condição necessária para se aproximar de verdade; em termos teóricos propostos por Freud, trata-se de um "teste de realidade".[153]

Notamos anteriormente que um psicanalista respeita a criança que existe em cada adulto; mas como observou Hanna Segal, o psicanalista trabalha com o adulto que existe em cada criança.[154] Um psicanalista, para atingir minimamente os objetivos terapêuticos, precisa entrar em contato com suas próprias expressões vivas dos instintos de morte.

Quando existe um paciente que tolera sentir aflição (tantas vezes chamada angústia) suficiente para procurar um analista, pode encontrar alguém disposto e habilitado a executar um trabalho que mantenha consideração pela busca da verdade e respeito pela vida. Se este analista – independentemente de seu sexo – mantiver ou desenvolver intuição analiticamente treinada que lhe permita se mover no âmbito numênico, poderá fazer uma ação denominada por Bion de "busca da verdade-O".[155] O paciente percebe, ainda que nebulosamente, estados vivenciais que

---

[153] Freud 1911c.
[154] Segal 1982.
[155] O é uma notação quase matemática indicativa de verdade última, ou "Origem", no sentido específico de origem de estímulos iniciais, internos ou externos, que podem ser captados pelo nosso aparato sensorial (Bion 1965, pp. 12-13 e p. 15). Tenho observado a atribuição de significados, por leitores, em um espectro que vai do abstruso ao exotérico, para um termo que foi escolhido justamente por não ter nenhum significado. Bion 1970, p. 29.

um psiquiatra ou neurologista, ou psicólogo ou neuropsicólogo, e também alguns analistas denominariam de "confusão mental". E de que seus métodos subservientes – tantas vezes escravizados – ao princípio do prazer-desprazer têm se demonstrado malsucedidos. Ou totalmente fracassados. Esta pessoa, que havia se apresentado de forma talvez sofisticada em termos de aparências externas, facilmente captáveis pelo sistema consciente – dela e nosso – com falsas mudanças, "desmuda" à medida que o casal psicanalítico – um paciente e um analista - encontram algum modo, sempre desconhecido, de prosseguir.

Temos, então, outra formulação sobre o que são os objetivos de uma psicanálise: podemos observar o *modo* pelo qual esta pessoa em particular estrutura inconscientemente ou "desconhecidamente" para ele mesmo e também para seu analista seu pensar. Podemos observar *onde*, *quando* e *como* este paciente se aproxima ou se afasta de Verdade. Não *da* verdade. Isto coloca Bion e Winnicott no mesmo âmbito, aquele descoberto por Freud e praticado por Klein – que duvidava ser possível analisar um adepto da mentira.

Desenvolvimento e seu contrário

Bion sugeriu que existem pelo menos duas preconcepções inatas:

1. preconcepção de Seio – nos estudos *Uma teoria do pensar* e *O aprender com a experiência*;
2. preconcepção de Édipo, em *Elementos de psicanálise e Transformações*.

A gênese dos processos de pensar ocorre na ausência. Ausência do quê? Inicialmente, de um seio. Pode-se cunhar uma máxima, como o fez Hanna Segal, a respeito desta observação de Bion: "Não-seio, portanto, um pensamento". Pensamento do quê, nesta ausência primeva – a mais primeva possível –, tratando-se de um mamífero, como nós, seres humanos, em nossa etapa pós-natal? De um seio, obviamente. No entanto, esta ausência real só poderá ser feita depois de, pelo menos, uma apresentação de um seio. Esta, a teoria do pensar proposta por Bion.

Ressaltamos: trata-se de *uma* teoria, e não *da* teoria, uma designação que poderia lhe conferir, ainda que ilusoriamente, o *status* de única – um escorregador para fantasias de superioridade.

Se todo conhecimento é sempre um reconhecimento, como observou Freud, há uma preconcepção filogeneticamente adquirida em todos nós. Que reconhece – inconscientemente – um seio, quando algum seio é apresentado a uma criança em particular. A alternativa seria a extinção da criança, caso nenhum seio lhe seja apresentado – contingência melhor exemplificada pela "angústia de aniquilação" descrita por Melanie Klein. Esta angústia indica a presença de um adulto, ainda que rudimentar, "habitando" a realidade material e psíquica de uma criança. A angústia de aniquilamento, no recém-nascido, não é apenas uma produção fantástica – é realidade. Com o tempo, poderá ser utilizada para produções fantásticas, com o auxílio da imaginação desvinculada da realidade.

Na frustração – não apenas do desejo, como querem alguns, mas também da necessidade – e também na experiência satisfatória, ou seja, em que há um seio real sendo oferecido, é que surge um pensar – a criança pensa e simboliza um seio, na ausência de um seio concreto, que sempre se impõe – ou pelo fato de que o aleitamento termina; ou por plenitude, além da qual um bebe só poderia vomitar. Surgem então representações do seio, introduzindo-se a gênese do pensar; introduz-se o princípio da realidade. Parece-nos que a melhor formulação desta contingência real foi obtida por Donald Winnicott: o seio já está lá, e a criança fantasia o seio. É um paradoxo que admite tolerância, mas não resolução.[156]

O interesse por psicanálise na vida infantil, proveniente da obra de Freud, foi mais bem especificado quando ocorre falta daquilo que Donald Winnicott, Harold Searles, Wilfred Bion e John Bowlby intitularam, respectivamente: maternagem suficientemente boa, ambiente facilitador, *reverie* e apego – naturais na vida de qualquer um de nós,

---

[156] Winnicott 1969a.

mas que podem variar em grau (quantitativamente), tanto no oferecimento como na cognição e recepção.

A observação em sessões de psicanálise permite considerar que ocorre desenvolvimento mental quando há algum vínculo entre um ato concreto, o da alimentação, e algo que pode ser visto tanto aquém como além disto; talvez de uma conjunção destes dois algos, imaterializados, na qual um ato pode ser formulado por doação mútua, entre e com um casal. O protótipo deste ato pode ser dado de um modo que facilita sua apreensão: uma mãe ou substituta que forneça alimento ao bebê; e do bebê, que respeita um fato real, fome, um dado sensorial que apresenta, em urgência, necessidade de alimentação. Alia o ato concretizável, por vários aparatos orgânicos, em conjunção de tal modo complexa que permanece desconhecida, a não ser superficialmente: o aparato sensorial, digestório, neuromuscular, endócrino, concentrando-os em mais um segundo ato: o de encontrar um mamilo e sugar um seio. Trata-se de um ato, paradoxalmente, receptor e doador – o que seria de uma determinada mãe, sem o seu bebê? É uma condição de existência – visões superficiais, típicas do sistema consciente, concluem que a doação é apenas da mãe, em mão única. Este relacionamento prototípico – até onde foi a investigação psicanalítica – entre e com um bebê e um seio materno poderá germinar novas experiências emocionais, abrangendo amplo espectro. A partir da formação simbólica – já que um símbolo representa algo que não ele mesmo – observada por Freud e, de modo mais detalhado, por Melanie Klein, poderá alcançar, em alguns casos, alguma estruturação mínima daquilo que Freud representou pelo Complexo de Édipo, ou o "triângulo Edipiano" – um modelo derivado da geometria euclidiana e do número áureo –, estruturação esta, em infinitos graus qualitativos, que poderá resultar em possível dissolução, ou não, conforme descritas por Freud. Ainda não dispomos de estudos estatísticos nem de metodologia científica que possam relacionar dados para quantificar o número de casos de pessoas nas quais se estrutura o Édipo; nem quando existe a falta de estruturação. Em alguns casos individuais pode-se formar algum esboço de como isto ocorre. A mera detecção impõe o uso do método psicanalítico, cujo custo em tempo ainda não pode ser enfrentado por estudos estatísticos. Nem tampouco, dispomos de estatísticas sobre o grau de dissolução minimamente bem-sucedida.

Graças às contribuições de Bion, baseadas em Freud e Klein, pode-se dizer que o símbolo mais primitivo até hoje reconhecido é a contraparte imaterial do seio: o não-seio, condição necessária para a iniciação (podemos utilizar uma expressão atual, já senso comum mundial, na língua inglesa: *start-up*) do processo de pensar. Só é possível haver o pensamento "um seio" e a simbolização "do seio" quando inexiste o fornecimento externo, por assim dizer, de algum seio concreto. Padrões individuais de crescimento determinam-se pela extensão (ou falta dela) na qual um bebê tolera (ou não) a frustração provocada pela *presença do não-seio*. Esta formulação paradoxal fundamenta e sintetiza a teoria do pensar de Bion: a presença de um não-seio equivale à ausência do seio, mas isto não ocorre no vácuo. A tolerância desafia o primado do princípio do prazer-desprazer, e marca a introdução do princípio da realidade. Estamos tentando resumir algo descrito em detalhe em *Uma teoria do pensar*, que poderia ser visto como um primeiro capítulo do livro *O aprender com a experiência*, que prossegue a mesma investigação. Esta situação prototípica tem análise ainda mais aprofundada no início do capítulo cinco de *Transformações*, conforme se pode apresentar em uma situação clínica de uma análise de um adulto.

Desenvolvimento incluiria, a partir de um momento arbitrário (na história das ideias) em que Bion escreveu *Transformações*, um temor respeitoso para com a existência de "verdade O": abreviatura para "verdade" e "verdade última", ou "realidade última": situação enfrentada por muitos cientistas, teóricos da ciência e filósofos, pelo menos até Nietzsche – e por pacientes, seus analistas e todas as pessoas que conseguem sobreviver. O conceito está descrito nestes livros e sistematizado em outra obra do autor deste texto.[157] Cinco anos depois, em *Attention and*

---

[157] Sandler 2005.

interpretation, Bion empresta um termo utilizado na teologia e introduz o conceito "estar-uno-a-si-mesmo" (*atonement*), para auxiliar o analista a perceber a relação entre o ser humano e "O":

> O psicanalista aceita a realidade de reverência e temor, a possibilidade de haver uma perturbação no indivíduo que impossibilite estar-uno-a-si-mesmo (*atonement*) e, portanto, expressar reverência e temor. O postulado central é que estar-uno-a-si-mesmo (*atonement*) com a realidade última – ou O, como a denominei para evitar envolvimento com uma associação existente –, é fundamental para crescimento mental harmonioso. A isso segue que interpretação envolve a elucidação de evidência que diz respeito a estar-uno-a-si-mesmo (*atonement*), e não esclarecimento apenas da evidência da operação continuada de relação imatura com um pai... Perturbação na capacidade de estar-uno-a-si-mesmo (*atonement*) está associada a atitudes megalomaníacas.[158]

Crescimento equivale, em psicanálise, a uma capacidade evoluída para amar, odiar e conhecer que abrigamos sentimentos agressivos sem que precisemos ser oprimidos por satisfazê-los, ou negá-los. Em outras palavras: crescimento implica em desenvolvimento emocional.

Linguagem técnica, matemática e coloquial

Muitos membros do movimento, entre 1940 e 2000, passaram a usar a linguagem técnica durante as sessões, criando um ambiente propício a esnobismos, pleno de vácuo na essência do que precisaria ser observado e comunicado. O dano que esta situação fez para as relações do movimento psicanalítico com a comunidade social circundante, incluindo a academia, é difícil de avaliar. Suspeitamos que boa parte das críticas de teóricos da ciência à psicanálise, como

---
[158] Bion 1967, p. 145.

acusações de esoterismo, de fundação de seitas etc., teria sido poupada, caso o movimento psicanalítico tivesse sido preservado deste tipo de degeneração, cujo componente linguístico pode ter sido um fator notável.

Alguns autores – Bion, Ralph Greenson e Donald Winnicott – perceberam a situação. Talvez Bion e Winnicott tenham sido os autores que mais contribuíram para que a linguagem usada intrassessão voltasse a ser coloquial. Muitas vezes se usava um mesmo termo para se referir a fatos diferentes; ao lado disto, houve uma desenfreada criação de novas nomenclaturas dirigidas aos mesmos fatos, criando discussões meramente semânticas, responsáveis por falsas controvérsias entre os membros do movimento psicanalítico. A linguagem passou a não exercer minimamente sua função de comunicação: nem para pacientes, nem para analistas.

Uma alternativa que pareceu viável para Bion foi apelar para um sistema de notação quase matemática – usando letras gregas e iniciais, como sinais, e também alguns símbolos. Isto ocorreu entre 1959 e 1974. Há indicação segura, em seus escritos, que o fracasso desta alternativa o fez voltar-se, a partir de 1974 e até o final de sua vida, para uma linguagem coloquial, de modo dialógico, para comunicar fatos psicanalíticos. Na época em que escreveu seus quatro livros básicos, usou a notação quase matemática. Para o leitor poder apreender o sentido da citação abaixo, será necessário que se familiarize com o sentido das notações K e O. K implica no vínculo dos processos de conhecer; o sinal é a inicial da palavra *Knowledge*, conhecimento. Pensamos que não é útil se traduzir sinais ou símbolos, principalmente na obra de Bion. O é um símbolo usado para denotar a realidade última; o âmbito numênico. Inclui todos os estímulos originais que recebemos, vinculados ao funcionar humano, de nossa realidade material e psíquica, interna a todos nós. O sinal → deriva do estudo de cálculo integral, mais especificamente, da noção de limites. Implica em um movimento dinâmico, que parte de algo e chega a algo. Foi usado na elaboração do instrumento *"Grid"* (Grade), e também no empréstimo da teoria das transformações. Na citação abaixo, o sinal quase matemático K → O, uma equação verbal cuja leitura é "transformação em K, rumando para tornar-se uma transformação em O". O sinal K, no livro *O aprender com a experiência*, de 1962, foi usado para denotar o vínculo K; três anos depois, no livro *Transformações*, publicado em 1965, K passou a indicar uma transformação exercida pelo nosso aparato psíquico para obtermos conhecimento consciente de alguma coisa, ou evento, ou pessoa. Estes modos diversos, mas complementares de notação, estão descritos em detalhe em outra obra deste autor:[159]

> A concepção psicanalítica de cura incluiria a ideia de uma transformação por meio da qual um elemento é saturado, e por meio disto fica pronto para posterior saturação. Mas é preciso fazer uma distinção entre esta dimensão de "cura" ou "crescimento" e "avidez".[160]
> Na realidade psíquica, pode-se falar em "memória sonho-símile"; pode-se ainda qualificar este tipo de memória como essência do ato psicanalítico. Aquilo que se relaciona a um pano de fundo de experiência sensorial não serve para os fenômenos da vida mental, que são desprovidos de forma, intocáveis, invisíveis, inodoros, sem gosto. Estes elementos psiquicamente reais (no sentido de pertencerem à realidade psíquica) são os elementos com os quais o analista tem que trabalhar... o sacrifício de memória e desejo leva ao desenvolvimento da "memória" sonho-símile, que é uma parte da experiência da realidade psicanalítica. A transformação da experiência emocional em desenvolvimento mental do analista e do analisando contribui para a dificuldade de ambos de "lembrar" aquilo que ocorreu; na medida em que a experiência contribui para o desenvolvimento, não é mais reconhecível. Se não se lhe assimila, acrescenta-se àqueles elementos que são lembrados e esquecidos. Desejo obstrui a transformação a partir de conhecer e entender para ser, $K \rightarrow O$.[161]

---

[159] Sandler 2005.
[160] Bion 1965, p. 153.
[161] Bion 1970, p. 71.

Passo necessário, mas não suficiente

Este é o passo necessário, no que se refere aos objetivos do tratamento analítico: a partir de um "conhecer" (K), de um "falar sobre algo" e compreendê-lo, em direção a O, estar uno à realidade como ela é, numa situação em constante evolução. A experiência científica, espalhada por pelo menos dois milênios, assim com a experiência analítica e a experiência de vida de qualquer pessoa demonstra nossa dificuldade (ou a dificuldade de seres humanos) para executar este passo:

> A separação sistemática em dois objetos, bom e mau, consciente e inconsciente, prazer e desprazer, feio e bonito, forneceu um quadro de referência que parece ter facilitado o desenvolvimento do conhecimento, mas o elemento de crescimento parece ter escapado à formulação, principalmente quando ele lembra maturação.
> Crescimento, + ou -, permanece inacessível ao pensamento, apesar de inconfundível para o sentimento. Dentro dos limites dos universos de discurso existentes, é impossível relacionar pensamento conceitual e sentimentos apaixonados.[162]

Por que estamos afirmando que se trata de um passo necessário, mas não suficiente? Uma resposta aparece na introdução de *Seven servants: four works by Wilfred R. Bion*, republicação norte-americana, em volume único, dos quatro livros básicos do autor. Nessa introdução, Bion lança mão do livro *The elephant's child* – que vertido para o português incorre o risco de perder o sentido, mas poderia ser tanto "O elefantinho", como "O filho de um elefante" –, escrito por Rudyard Kipling, cuja vida teve pontos em comum com a biografia de Bion – ambos nasceram na Índia, viveram na Inglaterra vitoriana e tiveram a experiência de guerra. Neste livro, há uma poesia chamada "*So many verses*", cuja tradução seria "Tantos e tantos versos...", em que se pode

---

[162] Bion 1975, p. 77 e 138.

ler uma construção metonímica e metafórica de Kipling sobre o livro de T.E. Lawrence, *Sete pilares da sabedoria*, um texto clássico, também usado para finalidades didáticas na Inglaterra vitoriana e eduardiana:

> Os Sete Pilares da Sabedoria são:
> Mantenho seis serviçais honestos. Ensinaram-me tudo o que conheço.
> Seus nomes são O que, Por que, Quando, Como, Onde e Quem.
> Lanço-os por terra e mar,
> Para leste e oeste.
> Mas após trabalharem para mim,
> Dou-lhes um descanso.
> [Está faltando um?]
> Aquele que falta completa os sete.[163]

Tolerância de paradoxos

Baseado nas aquisições de Freud, Klein, Winnicott e Bion, e nos resultados obtidos em minha experiência analítica, temos sugerido a possibilidade e utilidade de considerarmos mais um "princípio fundamental" na prática do trabalho analítico, além das regras já expressas por Freud: uma disciplina pessoal de tolerar paradoxos.[164] Embora nos pareça claramente implícito, e por vezes, explícito na obra de Freud, por exemplo, na formulação dos dois princípios do funcionamento mental, na elaboração da teoria dos instintos, e espalhado em muitos trabalhos clínicos, tal princípio é indivisível dos resgates que os textos de Bion fazem sobre os textos de Freud. Nossa experiência em psicanálise autoriza-nos a enunciar que um fator fundamental no

---

[163] *The Seven Pillars of Wisdom are: / I keep six honest serving-men. They taught me all I knew./; Their names are What and Why and When And How and Where and Who./ I send them over land and sea,/ I send them east and west.;/ But after they have worked for me,/ I give them all a rest./ The missing one completes the seven.*

[164] Sobre paradoxos, ver Winnicott 1969a; Bion 1975. Tolerar sem apresentar Falsas Resoluções, possíveis apenas em contradições, usualmente ocorre por negações e clivagens (Freud 1925h; 1939a; Sandler 1997c, p. 191; Sandler 2000).

desenvolvimento psíquico é a possibilidade de incrementar nossa tolerância a paradoxos.

O protótipo desses paradoxos – no exame histórico das contribuições de Bion – pode ser a formação de um objeto interno percebido simultaneamente em seus aspectos amados e odiados, como um objeto único, não clivado naquilo que lhe é mais fundamental, por ser expressão dos instintos básicos, das emoções básicas, no dizer de Melanie Klein. A clivagem ocorre quando a pessoa fantasia que seriam dois objetos. Equivale à integração do objeto total mais bem descrita por Klein. O leitor pode consultar *Uma teoria do pensar*,[165] em que esta integração confere ao bebê, e ao indivíduo, um "sentido de verdade". Esta é uma, dentre outras, formulação verbal compactada – constituindo um conceito – na qual Bion integra a obra de Freud com a de Klein, explicitando uma função essencial dos vários grupos de instintos: uma busca por verdade, sem apelar para questões estéticas, e menos ainda, jurídicas e pedagógicas. Alguns leitores da obra de Bion, a nosso ver, têm hipersimplicado suas contribuições e criado séria confusão: tomam um comentário único, de valor analógico, a respeito da função daquilo que é verdade, como problema que emerge no trabalho com psicóticos, tentando estender a analogia como se fosse propaganda do uso de estética, substituindo psicanálise. Este fenômeno social também se expressa na obra de autores que julgam ter visto misticismo na obra de Bion – tomando o fato de que ele sugere que alguns autores de poesia teológica, na tradição mística, conseguiram se aproximar da questão sobre apreensões transitórias de verdade de modo mais eficaz do que autores em disciplinas científicas – notadamente, a matemática.

Em outra investigação, tentamos demonstrar que o todo da obra de Freud, Klein e Winnicott se fez à custa do fato de que todos eles toleraram paradoxos, sem tentar resolvê-los; todas as teorias elaboradas por eles se centram nesta descoberta.[166] Desenvolvimento emocional

---

[165] Bion 1967, p. 119.
[166] Sandler 1997a; 2003.

implica em crescimento de significado: ocorrem acréscimos de significado nos processos do pensar, incrementando complexidade e sofisticação, e no relacionamento daquilo que Bion denominou, em uma de suas poucas teorias de psicanálise propriamente dita, continente-conteúdo.

Resulta daí crescimento no continente e também no conteúdo, que está contido, ainda que temporariamente, no continente: algo importante em uma sessão de análise, na medida em que existem profissionais cuja deficiência em análise pessoal permite a introdução de uma tendência, consciente ou não, para o autoritarismo; para aceitar e se conluiar, muitas vezes alegremente, com idealizações; ou para uma preferência em exercer outros tipos de psicoterapias, como as de suporte ou de reforço (caso realmente existam, além do pensar desejoso – na língua inglesa *wishful thinking*), atividades indistinguíveis da prática da advocacia e pedagogia, visando adaptação ou rebeldia social.

Se o analista apreendeu, ainda que minimamente, estas tendências em si mesmo, com o auxílio de sua própria análise, ou também no caso de analistas que não nutram tais tendências, o casal analítico poderá desenvolver-se no enfrentamento do desconhecido, pela "*dúvida tolerada*".[167]

Poderão fazê-lo à medida que se permitirem exercer um trabalho mútuo de ouvir – e não apenas escutar, o que sempre será uma porta de entrada. Poderão associar livremente; e não apenas imitar, no sentido idealizado, servil ou sedutor. Ato contínuo ou descontínuo, mas sempre ato, poderão "inseminar-se", um ao outro, realizando um trabalho ativo e minimamente harmônico, de interpenetração e renúncias contínuas.

Continente/conteúdo

No livro *O aprender com a Experiência*, com intuito de simplificar a comunicação entre analistas – independentemente de julgamentos sobre sucesso ou ausência dele, nesta tentativa –, Bion, simultaneamente ao uso de uma notação quase matemática, também utilizou uma notação

---

[167] Bion 1962, p. 92.

quase biológica para simbolizar uma teoria que integra, sem clivagem, realidade material e psíquica. Com esta teoria, tentou abarcar ainda mais a profundidade do funcionar do aparato psíquico, incialmente considerada como sexual – não sexualizada, embora possa sê-lo, em estados primitivos, individuais ou antropológicos, como observou Freud em muitas ocasiões, por exemplo, nos estudos *Totem e tabu* e *Sobre o narcisismo*. Denominou esta teoria de continente/conteúdo, derivada da genética humana, que já possuía os símbolos representando o feminino e o masculino, ou ♀ ♂. Esta teoria é a forma mais desenvolvida da teoria do pensar. Depende, harmonicamente, do pensar, e pode-se dizer, é o pensar em seu modo mais básico e profundo. Os processos de pensar iniciam-se por preconcepções, em sua marcha para concepções. Esperamos que a leitura deste texto sirva como estímulo para que o leitor possa consultar a obra original de Bion – pois a incompletude é uma qualidade de todo texto sumário.

Na elaboração da teoria do continente/conteúdo, Bion utilizou-se, explicitamente, de três modelos:

1. O do retículo, a partir de um questionário criado pelo colega, Elliott Jaques,[168] que também foi analisando e colaborador de Melanie Klein;
2. Dos espaços em branco idealizados por Alfred Tarski,[169] que podem ser preenchidos;
3. De um ambiente, ou um meio, no qual emergem ou entram em protrusão "*conteúdos suspensos*"; brotando de uma "*base desconhecida*".

---

[168] Elliott Jaques, canadense, foi um dos poucos amigos pessoais do casal Bion. Segundo Virgínia Bicudo e Francesca Bion, era o mais belo analista daquela época – beleza material e psíquica, podemos dizer. Foi um dos poucos continuadores do trabalho em grupos de obra de Bion, em um experimento raro no mundo: conseguiu manter os empregados em uma indústria de aço no pós-guerra de uma Inglaterra empobrecida, sob o fogo cerrado de sindicato violento, e com a ajuda mútua do proprietário e dos próprios empregados, que baixaram seu salário por tempo indeterminado (no final, menos de uma década) para manter a indústria funcionando. Mudou-se para os Estados Unidos, como professor na Georgetown University, de administração de empresas.

[169] Alfred Tarski foi um matemático e teórico da ciência nascido na Polônia; provavelmente o mais eficiente teórico no que tange a certas formulações de aproximação com a verdade – por contar com a experiência científica.

As contrapartes na realidade deste modelo manifestam-se por meio de exemplo observáveis: um bebê que suga; um bebê no útero; um pênis e uma vagina; o processo de aprender da experiência.

Bion incrementa a notação biológica com uma notação matemática, derivada de operações de potencialização e da teoria das séries de Frege,[170] para indicar um movimento progressivo: os sinais $♀^n$ e $♂^n$ para o desenvolvimento de $♀♂$. Em psicanálise, como na vida, desenvolvimento pode ser positivo ou negativo; vinculador, construtivo, ou desvinculante, destrutivo, dependendo da égide que esteja seguindo, se a dos instintos de vida ou de morte. Bion sugere que a possibilidade de aprender "depende da capacidade de $♀^n$ manter-se integrada e mesmo assim, perder rigidez".[171]

Talvez seja mais fácil visualizar o modelo por uma de suas manifestações concretas – com um alerta para dizer que as manifestações concretas também são modelos. Consideremos um bebê dentro de um útero, com os dois submetidos a um processo de crescimento. É necessário ter em mente que qualquer concretização específica, ainda que facilite o entendimento, nunca substitui o que ocorre na realidade, modelo científico, o que implicaria em reducionismo. O modelo científico pode ser utilizado de modo geral, e, portanto, imaterial: vale para qualquer continente/conteúdo que seja necessário considerar na situação clínica, sempre desconhecida, até que ocorra. E, quando ocorre, é momentânea, não pode ser reproduzida, nem por palavras, por constituir-se passado assim que ocorre. Este é mais um dos desafios de praticar psicanálise, que para alguns exerce fascinação e para outros, ojeriza – duas faces da mesma moeda: o ódio ao conhecimento.

---

[170] Frege, G. 1884. *The Foundations of Arithmetic*. London: Pearson 2007. Uma introdução, para nós leigos interessados, que nos parece excelente pode ser encontrada em Kline, M. (1972). *Mathematical Thought from Ancient to Modern Times*. Volume III. New York: Oxford University Press, p. 1192.
[171] Bion 1962, p. 93.

Idealmente, o aprendizado em evolução tende a aumentar em sofisticação, tendendo ao infinito.[172] O desenvolvimento de conhecimento é inseparável da sua deterioração, destruição, ou "menos K". O desenvolvimento, estando relacionado com o material do inconsciente, é temido: "Evolução mental, ou crescimento, é algo catastrófico e atemporal".[173]

Desenvolvimento está intrinsecamente relacionado à dor. Tanto o senso comum (definido neste texto, segundo Locke; difere de lugar comum, o banal) como o saber médico observam a existência de *"dores do crescimento"*.[174] Tentamos dar uma ideia do conceito de "reversão de perspectiva", ou "perspectiva reversa".[175] Nesta contingência, há excesso de apelos pessoais à identificação projetiva: *"evidência de dor"*. Qualquer desenvolvimento tem aspectos dolorosos; pode levar a mudanças catastróficas e exige abandono de hábitos considerados como prazenteiros.

Instrumentos práticos

Sonho, Ato, Trabalho Onírico, Apresentação: sonhar o material da sessão analítica

Sonhos: um nome que damos para correspondências, no âmbito dos fenômenos, de atos internos que integram estímulos inicialmente captados pelo nosso aparato sensorial a outros atos internos. Não sabemos quais são, em sua totalidade, mas sabemos algumas expressões deles, graças ao trabalho de Freud; temos algumas pálidas e distantes confirmações advindas do uso de outros métodos. Um ato interno foi chamado por Freud de "restos mnêmicos": resíduos fragmentários de experiências diurnas, armazenados no que chamamos de memória, que podem ser transformados em imagens recuperáveis. Ocorrem no ou intermediados pelo sistema inconsciente, cuja atemporalidade é um fator marcante: podem ter acontecido poucas horas, dias, meses ou anos

---

[172] Bion 1962, p. 94.
[173] Bion 1970, p. 107-8.
[174] Bion 1962, p. 63.
[175] Bion 1963, p. 60.

antes da ocorrência do ato onírico. Parecem ocorrer em alguma área cerebral, no que tange à memória, provavelmente no rinencéfalo, mas afetam muitas outras áreas, conduzidas pelo sistema neuroendócrino, como o hipotálamo, hipófise, glândulas suprarrenais, tireoide. Pertencem à nossa realidade material e psíquica. Estímulos podem provir de nós mesmos e também do meio ambiente. Qual a função do sonhar, já que tudo na natureza tem uma função?

Aqui reside mais um acréscimo fornecido pela contribuição de Bion ao trabalho de Freud. Freud apontou, em *A Interpretação dos sonhos*, a existência do trabalho onírico diurno, de vigília, e não apenas durante o estado de sono: "a vida de vigília depende dos sonhos",[176] de modo visceral, segundo nossa experiência. Não podemos saber nada sobre os fatores pelos quais Freud não estendeu a investigação sobre a vida onírica de vigília. Podemos fazer hipóteses históricas. Estaria totalmente ocupado em demonstrar a validade da sua interpretação dos sonhos, como evidência da existência do "sistema inconsciente", dos fatos da realidade psíquica? É possível perceber que, diferente dos interpretadores de sonhos citados no Velho Testamento, interpretação de sonhos, em psicanálise, não é uma questão que se encerra na própria interpretação de sonhos, em si mesma. Além disto, poderíamos pensar que ninguém pode fazer tudo: Freud abriu caminhos – sua visão a respeito de si mesmo era a de um explorador, sob o modelo de um Marco Polo moderno. Suas observações e manejos de fatos descobertos por ele serviram como ponto de partida para analistas de gerações posteriores. Até o ponto que foi minha investigação, Freud deu outras indicações ao elaborar a hipótese de um trabalho de sublimação, que existiria em artistas que denominou de criativos[177] – mesmo que isto tenha sido em uma época na qual ainda não havia considerado a existência dos instintos de morte –, estando, em suas construções teóricas, mais subserviente ao princípio do prazer-desprazer. Depois de Freud, aproveitando o exercício psicanalítico sobre o caso do

---

[176] Freud 1900a, p. 19.
[177] Freud 1908e, p. 141.

pequeno Hans e os trabalhos de Hermine von Hug-Hellmuth, Melanie Klein explorou de modo ainda mais efetivo esta nossa capacidade do efetuar trabalho onírico de vigília, por meio da técnica do brinquedo. Do ponto de vista prático, esta extensão, em si notável, acabou ficando restrita ao trabalho com crianças. Um novo avanço nos parece ter vindo pelo trabalho de Winnicott, que descobriu a existência de algo que denominou "objeto transicional", abrindo ainda mais a possibilidade de utilizá-lo na análise de adultos. Avanço ainda mais significativo ocorre na descoberta prática de Bion: tentar tratar qualquer sessão de análise do mesmo modo que Freud tratou os sonhos noturnos. Tornou-se possível que psicanalistas "sonhem o material advindo do paciente", em qualquer sessão de análise. A origem de tudo isto está no assinalamento crítico de Freud de que transferência é um fenômeno alucinatório, ocorrendo no aqui e agora de uma sessão de análise.[178]

A postura de Bion advém da análise de pessoas com distúrbios notáveis nos processos de pensar – pessoas que a psiquiatria clássica denominou "psicóticos". Uma postura que me parece ser de vanguarda no movimento psicanalítico, ainda não utilizada por boa parte dos membros do movimento psicanalítico, mais interessados em outros assuntos. É uma postura que permite um estudo científico (empírico) da inter-relação entre os sistemas consciente e inconsciente; que permite um estudo mais aprofundado do sistema inconsciente, fornecendo evidência para uma das extensões feitas por Bion a partir de uma teoria de Freud: a simultaneidade entre os sistemas consciente e inconsciente, aperfeiçoando a visão mais restritiva de Freud, que pensava haver uma sucessão entre os dois sistemas. A possibilidade de "sonhar o material de uma sessão analítica" fornece um instrumento possibilitador, para psicanalistas, de "de-sensorializar" e não concretizar o que o paciente lhes traz. Em outros trabalhos, qualificamos a Função-alfa, conforme definida por Bion, de uma função psíquica de-sensorializadora.[179] Podemos enumerar algumas

---

[178] Freud 1912b.
[179] Sandler 1997f; 2009; 2011.

possibilidades abertas por este ato, o de sonhar o material trazido pelo paciente, ou sonhar a sessão:

1. Apreender a natureza irreal de alguns climas emocionais criados durante uma sessão de análise, e compará-los com situações reais;
2. Apreender com menor dificuldade o fenômeno designado por Bion como "transformações em alucinose" – o meio pelo qual transferência e identificação projetiva ocorrem;
3. Aproveitar melhor as possibilidades criativas propiciadas por associações livres e pelo trabalho onírico, e pelo ato de sonhar;
4. Apreender o paradoxo de que resistências, expressas pelas palavras, termos e frases enunciadas durante uma sessão, escondem e ao mesmo tempo assinalam verdade (apontam).

A experiência psicanalítica demonstra que sonhos são um dos modos que encontramos para apresentar-nos a realidade, interna e/ou externa, a nós mesmos; um modo que vai além da apresentação pelos órgãos sensoriais. Há outros modos? Ainda não sabemos. No que se refere a sonhos, será necessário suportarmos um paradoxo: sonhos, como qualquer resistência, simultaneamente, são um modo de não-apresentar ou disfarçar de modo eficaz para o sistema consciente a mesma realidade que nos apresentam – poderíamos dizer, quase apresentam. É necessário o auxílio de um trabalho analítico para que o sonho consiga apresentar de modo mais eficiente a realidade, permitindo que possamos lidar com ela de modo pelo menos um pouco mais consciente. Na apresentação inconsciente, dados dolorosos, indicativos da passagem para a posição depressiva, e vice-versa, podem ser submetidos a novas resistências e esquecimentos. Bion observou algo que comunicou por metonímica: sonhos tentam servir a dois patrões, falhando neste serviço. Estes "patrões" seriam: o princípio da realidade e o princípio do prazer-desprazer. Conteúdos manifestos de sonhos são praticamente ininteligíveis para o sonhador, que ainda pensa depender totalmente da inteligibilidade racionalística do sistema consciente.

Usarei sempre o termo "sonho" para designar os fenômenos que Freud descreveu sob esse termo. Do ponto de vista do desenvolvimento, o sonho é uma experiência emocional que fracassou, por ser uma tentativa de suprir funções incompatíveis; situa-se no domínio do princípio da realidade e no domínio do princípio do prazer, representando uma tentativa de satisfazer a ambos. Ou seja, é uma tentativa de conseguir evasão da frustração e modificação da frustração, fracassando em ambas as tentativas. Como tentativa de modificar frustração, requer interpretação. Como tentativa de evasão de frustração, fracassa, porque o elemento de satisfação de desejo presente no sonho torna a personalidade cônscia de que o desejo não foi satisfeito na realidade. O sonho ocupa assim um papel conspícuo no tratamento; contém dolorosas tensões, sendo, ele mesmo, uma manifestação delas. Mas, justamente por esta razão, sua importância, dentre os processos envolvidos na manutenção da continuidade do desenvolvimento, é menor.[180]

Como na vida, como nas "profissões impossíveis" (tal como Freud considerava a psicanálise), trabalhar com sonhos constitui-se em mais uma tentativa de "tornar proveitosa, uma tarefa difícil" – ditado popular inglês, título de um dos últimos trabalhos de Bion.[181] Na formulação de Shakespeare, "pelo descaminho, encontra-se uma saída" (*By indirections, find the direction out*. Hamlet II i). De modo compactado, pode-se *aprender com a experiência* – outro título para outra contribuição de Bion.

Assinalei que a capacidade de "sonhar" uma experiência mental corrente, independente de ela ocorrer na vigília ou no sono, é essencial para a eficiência mental. Com isso quero dizer que os fatos, à medida que forem representados pelas impressões sensoriais da pessoa, têm que ser

---

[180] Bion 1959c, p. 95.
[181] Bion 1976b, p. 247.

convertidos em elementos equivalentes às imagens visuais encontradas usualmente nos sonhos, como os sonhos, em geral, nos são relatados. Caso o leitor considere o que ocorre na *reverie*, tal ideia não parecerá estranha; a própria palavra, escolhida para nomear a experiência, é significativa da natureza generalizada da experiência. Para que se leve a cabo esse trabalho de conversão, são necessárias certas condições. No entanto, essas condições, conforme veremos posteriormente, podem ser negadas, de modo a tornar α impossível ou, pelo menos, dificultá-la muito. O analista precisa ter essas condições para seu trabalho, pois é essencial que a função-α opere sem impedimentos. Ele precisa ser capaz de sonhar a análise conforme ela vai ocorrendo, mas, é claro, ele não deve dormir.[182]

Na atividade onírica, integram-se com menor dificuldade aquilo que Freud denominou os três sistemas mentais: sistema inconsciente, sistema pré-consciente e sistema consciente. Podemos dizer que sonhos são feitos à nossa imagem e semelhança? Será que esta expressão bíblica do Gênesis nos relata um sonho da humanidade, pelo menos na tradição judaico-cristã? Será este um sonho bom ou sonho mau? Cada leitor poderá fazer sua ideia. Nossa intenção prática constitui-se naquilo que ocorre com qualquer sonhador e com o trabalho analítico sobre o sonho: tentamos apresentar a pessoa a ela mesma. Se as características apresentadas são débitos ou créditos, cabe à pessoa – o paciente – decidir. Não nos cabe fornecer luzes às pessoas, mas lhes apresentar suas próprias luzes.[183]

Atos no mundo externo podem ser atuações, ou *acting-out*: instintos em forma quase pura se transformam em ato externalizado, sem interpolação dos processos de pensar; como também em atos internos, ou *acting-in*.[184]

---

[182] Bion c. 1960, p. 216.
[183] Como assinalou Bion 1965, p. 53.
[184] Rosen 1965.

Sonhos, e, obviamente, o Trabalho Onírico, fator maior até hoje conhecido na formação de sonhos, parecem ocorrer de modo mais claro quando dormimos – estamos protegidos de boa parte dos estímulos externos. Nossas vias aferentes externas, como dizem os neurologistas, quase aram de funcionar: não fomos providos de pálpebras por mero acaso. Neurologicamente, dormir constitui um estado denominado "coma superficial". Pouco ou nada agimos no mundo externo. Sono poupa-nos de *acting-outs*, mas não de *acting-ins*. Nossos estímulos internos nunca param; em sonhos, podemos fazer acting-in, por exemplo, em pesadelos. Algumas pessoas sofrem de taquicardia, bradicardia, enfartos do miocárdio ou acidentes vasculares cerebrais, além de descontroles esfincterianos ao dormir.

Resumo não conclusivo

Dado o fato de que as extensões propostas por Bion ainda não são muito conhecidas, que as de Freud têm sido objeto de continua distorção por tendências sociais na formação de analistas – influenciadas por ideologias superficialmente determinadas por literatura, filosofia e sociologia, negando alguns fatos fundamentais na investigação analítica –, que tratamos de questões intrapsíquicas, e que realidade é material e psíquica, vamos obedecer a um critério didático, repetindo uma descrição já reiterada anteriormente: estímulos externos e internos são captados pelo nosso aparato sensorial, incluindo o sistema consciente, que constituiria, na hipótese de Freud, nosso sentido para captar qualidades psíquicas. Bion estendeu a hipótese de Freud na tentativa de examinar, usando o método analítico, uma pequena parte – dento do ainda insondável desconhecido que até então nos apresenta – do que ocorre após o momento em que estímulos internos ou externos tenham sido captados.

A hipótese de Bion é que haveria uma metabolização ou digestão, análoga ao que ocorre no sistema digestório, por uma função ainda desconhecida em seu âmago, que transforma estes estímulos internos ou externos em pensamentos, memórias e sonhos. Denominou-a de "função-alfa" – conhecida desde os antigos gregos. Bion, ao utilizar uma notação matemática, com o sinal que pode ser visto como termo "alfa", tentou dar conta do desconhecido que ainda permanece; o termo é destituído de significado e equivale a uma incógnita em matemática. Os "restos diurnos" que compõem o conteúdo manifesto dos sonhos tornam-se, na extensão de Bion, "restos de vida", compondo, qual música ou poesia interna, composta e entoada por nós mesmos, para nós mesmos, um pensar, como também o memorizar e o sonhar. Socialmente, compõem mitos e mitos individuais, ou "mitos pessoais" na denominação de Bion (1963), sobre o funcionar no grupo básico de todos nós, que chamamos, desde tempos que o próprio tempo perdeu, "família". Temos adotado uma abreviatura psicanalítica, proposta por Ester Hadassa Sandler, para denominar "família": "Édipo Complexo".[185]

Via régia: necessidade de disciplina

O trabalho onírico é a "via régia para o conhecimento dos processos inconscientes da mente".[186] Pode ser um prelúdio de atuações, como premonição, caso o princípio do prazer-desprazer prevaleça sobre o princípio da realidade; surgem sonhos diurnos que facilmente se transformam em alucinações e delírios: índices dos nossos afastamentos da realidade.

Caracterizando erro que me parece extremamente sério e persistente no movimento psicanalítico, a citação de Freud tem sido feita na maioria esmagadora de estudos, independente da escolástica preferida pelos autores, em forma de artigos e de livros, omitindo a expressão "processos inconscientes". Os exemplos são tantos que lotariam vários livros; por outro lado, não conseguimos encontrar nenhum exemplo

---

[185] Ester Sandler 2014.
[186] Freud 1900a, p. 613.

(em pesquisa no *International Journal of Psychoanalysis*, desde 1950) que não cometesse este sério engano.[187]

Há uma negação grave e profunda do método psicanalítico: negação total da existência do sistema inconsciente, ou seja, a constatação de que o inconsciente não pode ser conhecido. Freud – como alguns outros antes dele, por exemplo, Platão, Spinoza, Kant, Mendelssohn – reconhece, ainda antes de Kurt Gödel,[188] que algo não pode ser conhecido. Podemos conhecer os processos, mas não o inconsciente, que fica materializado e coisificado neste tipo de falsa apreensão.

Apesar de tentativas anteriores para apontar e esclarecer este problema, em algumas publicações nacionais e internacionais, em resenhas de trabalhos para periódicos e prefácios para livros, é necessário relatar o pouco sucesso alcançado.[189] O erro foi multiplicado por idealização, autoritarismo, falta de atenção e indisciplina científica, resultando – ou talvez, originada por – desamor e desconsideração por verdade e vida.[190] Alguma "autoridade" provavelmente não conseguiu ler e, menos ainda, apreender minimamente aquilo que Freud escreveu.

Objetivos: conclusão compactada com a ajuda da obra de Bion

ROBIN: E seu dia de trabalho não consiste em discutir as qualidades e defeitos dos outros?

---

[187] Citamos este fato em vários outros estudos, dos quais podemos utilizar apenas um exemplo, para que a afirmação não fique anticientífica, uma entrevista dada pela Dra. Hanna Segal a Daniel Pick e Lyndal Roper (Sandler 2015c, p. 105). A entrevista trata a Dra. Hanna Segal como se fosse uma autoridade superior; se algo foi dito por ela, então está dito, e não poderia ser alvo de análise crítica – algo que poderia ser feito durante a própria entrevista, caso o ambiente grupal messiânico não existisse. A Dra. Hanna Segal, como centenas e centenas de autores, omite a expressão e super-simplifica a citação: ela diz "via régia para o conhecimento do inconsciente".

[188] O matemático que elaborou a prova matemática da indecidibilidade última, nos problemas matemáticos, em que até mesmo uma decisão sobre indecidibilidade não pode ser conhecida. Uma apresentação para psiquiatras, psicanalistas e psicólogos pode ser vista em outro estudo (Sandler 1997b, p. 229; 1997c, p. 293).

[189] Sandler 2001c; 2015c.

[190] Bion 1960, p. 136.

P.A.: Tento demonstrar as qualidades do indivíduo. Se elas são créditos ou débitos, ele pode então decidir por si mesmo.
ROLAND: Achei que você os curava.
ROBIN: Eu também achava isto.
P.A.: "Cura" é uma palavra que, como "doença" ou "estado mórbido", é emprestada dos médicos e cirurgiões para descrever nossas atividades de um modo compreensível.[191]

Em *Cogitations*, Francesca Bion incluiu o fac-símile do exemplar de Bion de *The future of an illusion*.[192] Exemplar, como boa parte dos livros na biblioteca de Bion, pleno de anotações (do próprio Bion) à margem, contém comentários a respeito do final do capítulo II, quando Freud discorre sobre as "satisfações substitutivas" providas pela arte (termos de Freud). Bion observa que:

"Ainda não se fez nenhuma menção do que talvez constitua o item mais importante do inventário psíquico de uma civilização, item que consiste, no sentido mais amplo, em suas ideias religiosas ou, em outras palavras... em suas ilusões". As notas à margem de Bion observam que no movimento psicanalítico "assume-se que uma teoria é falsa se ela não parece estar a serviço do 'bem' da maioria da humanidade. E como ideia de 'bem' é uma platitude. A ideia toda de 'cura', de atividade terapêutica, permanece sem escrutínio. Ela é amplamente determinada pelas expectativas do paciente, embora isso seja questionado em uma boa análise (conforme eu a conheço). Mas em física nuclear uma teoria é considerada boa se ela ajuda a construção de uma bomba, que destrói Hiroshima. Muitíssimo do pensamento sobre psicanálise impede a possibilidade de considerar como boa uma teoria que poderia destruir o indivíduo ou o grupo. Ainda assim, nunca haverá um escrutínio científico de teorias analíticas até que essa investigação inclua a apreciação crítica de uma teoria que por sua

---

[191] Bion 1979, p. 154.
[192] Freud 1927c.

própria consistência, poderia levar à destruição da estabilidade mental; por exemplo, uma teoria que incrementasse memória e desejo a um ponto que eles impossibilitassem a sanidade".[193]

Referências

Bacon, F. (1620). Novvm Organon. Aphorisms concerning the interpretation of nature and the kingdom of man. In *The great books of the western hemisphere*. Chicago: Encyclopaedia Britannica Inc., 1994.

Bell, E. T. (2014 [1937]). *Men of mathematics*. Seattle: Touchstone Books. Kindle Edition, 2014.

Berezin, R. A. (2019). On consciousness: Explaining the brain's beautiful illusion *psychiatry*. Recuperado em <https://www.medscape.com>.

Bracken, P.; Thomas, P.; Timimi, S.; Asen, E.; Behr, G.; Beuster, C.; Bhunnoo, S.; Browne, I.; Chhina, N.; Double, D.; Downer, S.; Evans, C.; Fernando, S.; Garland, M. R.; Hopkins, W.; Huws, R.; Johnson, B.; Martindale, B.; Middleton, H.; Moldavsky, D.; Moncrieff, J.; Mullins, S.; Nelki, J.; Pizzo, M.; Rodger, J.; Smyth, M.; Summerfield, D.; Wallace, J.; Yeomans, D. (2012). Psychiatry beyond the current paradigm. The *British Journal of Psychiatry*, 201, 430-434.

Bion, W. R. (1956). Development Of Schizophrenic Thought. In *"Second Thoughts"*. Londres: Heinemann Medical Books, 1967. [Desenvolvimento do pensamento esquizofrênico. In *No entanto...* (Versão brasileira de *Second Thoughts*, por P. C. Sandler). São Paulo: Editora Blucher (no prelo)].

---

[193] 2002 Cogitations, p. 389. Bion, F. 1992. Fac simile do exemplar de Bion de "The Future of an Illusion", que está cheio de anotações. A passagem seguinte foi escrita no final do capítulo II, p. 14. In Bion (2002 *Cogitações*).

_____ (1957). Differentiation Of The Psychotic From The Non-Psychotic Personalities. In "*Second Thoughts*". Londres: Heinemann Medical Books, 1967. [A diferenciação entre a personalidade psicótica e não psicótica. In *No entanto…* (Versão brasileira de *Second Thoughts*, por P. C. Sandler). São Paulo: Editora Blucher (no prelo)].

_____ (1959a). 25 de julho de 1959. In *Cogitações* (Editado por F. Bion). [Versão brasileira, por E. H. Sandler e P. C. Sandler]. Rio de Janeiro: Imago, 1992.

_____ (1959b). In *Cogitações* (Editado por F. Bion). [Versão brasileira, por E. H. Sandler e P. C. Sandler]. Rio de Janeiro: Imago, 1992.

_____ (1959c). 17 de outubro de 1959. In *Cogitações* (Editado por F. Bion). [Versão brasileira, por E. H. Sandler e P. C. Sandler]. Rio de Janeiro: Imago, 1992.

_____ (1959d). Necessidade de verdade e necessidade de reajustar constantemente os desajustes. In *Cogitações* (Editado por F. Bion). [Versão brasileira, por E. H. Sandler e P. C. Sandler]. Rio de Janeiro, Imago, 2002.

_____ (c.1960). Ataques à função alfa do analista. In *Cogitações* (Editado por F. Bion). [Versão brasileira, por E. H Sandler e P. C. Sandler]. Rio de Janeiro: Imago, 1992.

_____ (1961a). *Experiences in groups*. London: Tavistock Publications.

_____ (1961b). Uma teoria do pensar. In *No entanto…* [Versão brasileira de *Second Thoughts*, por P. C. Sandler]. São Paulo: Editora Blucher (no prelo).

_____ (1962). *Learning from experience*. London: Heinemann Medical Books.

_____ (1963). Elementos de psicanálise [Versão brasileira, por E. H. Sandler e P. C. Sandler]. Rio de Janeiro: Imago, 2002.

_____ (1965). *Transformações* [Versão brasileira, por P. C. Sandler]. Rio de Janeiro: Imago, 2004.

_____ (1967). *Pensando melhor…* [Versão brasileira, por P.C. Sandler]. São Paulo: Editora Blucher (no prelo, lançamento previsto para 2020). Os números das páginas referem-se ao original em inglês: *Second Thoughts*. London: Heinemann Medical Books.

_____ (1970). *Atenção e interpretação* [Versão brasileira, por P. C. Sandler]. Rio de Janeiro: Imago, 2007.
_____ (1971). Psicanálise profética e psicopatologia profética – *Uma fábula para a nossa época*. In *Cogitações*, Bion, F. (Ed.) [Versão brasileira, por E. H. Sandler e P. C. Sandler]. Rio de Janeiro: Imago, 2000.
_____ (1974). *Bion's brazilian lectures II*. Rio de Janeiro: Imago.
_____ (1975). O Sonho. In *Uma memória do futuro* (Vol. I). [Versão brasileira, por P. C. Sandler]. Editora Martins Fontes, 1988.
_____ (1976a). Evidência [Versão brasileira, por P. C. Sandler]. *Revista Brasileira de Psicanálise*, 12, pp. 129-141, 1985.
_____ (1976b). How to make the best from a bad job. In *Clinical Seminars and Four Papers*, Bion, F. (Ed.). Oxford: Fleetwood Press, 1978.
_____ (1976c). Entrevista para Albert Bannet, Jr. In *Seminários na Clínica Tavistock* [Versão brasileira, por P. C. Sandler]. São Paulo: Editora Blucher.
_____ (1977a). Turbulência emocional e sobre uma citação de Freud [Versão brasileira, por P. C. Sandler]. *Revista Brasileira de Psicanálise*, 21: 121, 1987.
_____ (1977b). O Passado apresentado. In *Uma memória do futuro* (Vol. II). [Versão brasileira, por P. C. Sandler]. Rio de Janeiro: Imago, 1986.
_____ (1979a). A Aurora do esquecimento. In *Uma memória do futuro* (Vol. III). [Versão brasileira, por P. C. Sandler]. Rio de Janeiro: Imago, 1986.
_____ (1979b). Transcrição de fita magnetofônica, Abril. In *Cogitações*, Bion, F. (Ed.). [Versão brasileira, por E. H. Sandler e P. C. Sandler]. Rio de Janeiro: Imago, 2000.
Bleuler, E. (1913). Kritik der freudschen theorie. *Allgemeine zeitschrift für psychiatrie und psychisch-gerichtliche medizin*, 70, pp. 665-718.
_____ (1916-1930). *Tratado de psiquiatria* (Revisto por M. Bleuler) [Versão espanhola, por Alfredo G. Miralles]. Madrid: Espasa-Calpe S.A., 1967.

Celli, A. (2010). Recorte da contribuição de Durval Bellegarde Marcondes à psicologia e à psicanálise (ex-ocupante da Cad. 01). *Boletim Academia Paulista de Psicologia*, 80 pp. 12-16, 2011.

Cytrynowicz, M. M. (sem data). Percursos da Psicologia Clínica em São Paulo. In *Um percurso pela história e pela memória da Psicologia Clínica em São Paulo* (Vol. 10). São Paulo, Conselho Regional de Psicologia. Recuperado de <http://www.crpsp.org.br/memoria/clinica/artigo.aspx>.

Dalzell, T. G. (2007). Eugen Bleuler 150: Bleuler's reception of Freud. *History of Psychiatry*, 18, pp. 471-482.

Dirac, P. A. M. (1932). *The principles of quantum mechanics*. Oxford: University Press, 1999.

Denson, J. & Bacheller, M. A. (1967). *The five worlds of our Lives. Ingredients and results of war and revolution. A Geo-history*. New York: Newsweek, Inc. and C. S. Hammond & Co, Inc.

Fenichel, O. (1945). Neurotic acting-out. In *The collected papers of otto fenichel*. New York: W. W. Norton & Co., 1954.

Frege, G. (1884). *The Foundations of Arithmetic*. London: Pearson, 2007.

Freud, S. (1891). *On aphasia* [Versão inglesa, por E. Stengel]. New York: IUP, 1953.

_____ (1895a). *Project for a scientific psychology*. SE 1.

_____ (1900a). *The interpretation of dreams*. SE 4 e 5.

_____ (1908e). *Creative Writers and day-dreaming*. SE 9.

_____ (1911b). Formulations on the two principles of the mental functioning. SE 11.

_____ (1911c). Psycho-analytic notes on an autobiographical account of a case of paranoia. SE 12.

_____ (1912b). The Dynamics of Transference. SE 12.

_____ (1914d). On the history of the psychoanalytic movement. SE 14.

_____ (1920g). Beyond the Pleasure Principle. SE 18.

_____ (1921c). Group psychology and the analysis of the ego. SE 18.

_____ (1923b). The Ego and the Id. SE 19.

_____ (1925h). Negation. SE 19.

_____ (1926e). The question of lay analysis. Talks with an impartial person. SE 20.
_____ (1927c). The future of an illusion. SE 21.
_____ (1933a). New introductory lectures on psycho-analysis, Lesson 35. On the question of a weltanschaauung. SE 20.
_____ (1937c). Analysis terminable and interminable. SE 23.
_____ (1937d). Constructions in analysis. SE 23.
_____ (1939a). Moses and monotheism. SE 23.
_____ (1940a). An outline of psycho-analysis. SE 23.
_____ (1940e). Splitting of the ego in the process of defence. SE 23.
Fulgencio, L. (2006). O método analógico em Freud. *Estilos da Clínica*, 21: 204-223.
Goethe, J. W. (1780-1829). Reflexiones sobre naturaleza e historia natural. In *Joahann W. Goethe – Obras completas* [Versão espanhola, por R. Cansinos Assens] (pp. 399 e 398, máximas 1.190 e 1.174). Madrid: Aguilar, S.A. Ediciones, 1959.
_____ (1811-1830). *Memorias: poesia e verdade* [Versão brasileira, por L. Vallandro]. Porto Alegre: Editora Globo, 1971.
Green, A. (1992). Book Review: Cogitations. *International Journal of Psychoanalysis*, 73: 585-588.
Gross, C. G. (1998). Claude Bernard and the Constancy of the Internal Environment. *Neuroscientist* 4, pp. 380-385.
Grosskurth, P. (1986). *Melanie Klein: Her world and her work*. New York: Knopf.
Hadden, S. B. (1955). Historical Background of Group Psychotherapy, *International Journal of Group Psychotherapy*, 5: 162-168. Pode ser recuperado em DOI: <10.1080/00207284.1955.11508583>.
Harrison, T. (2000). *Bion, Rickman, Foulkes and the Northfield Experiments*. London: Jessica Kingsley Publishers.
Hingham, N. J. (2008). Cayley, Sylvester, and Early Matrix Theory. *Linear algebra appl.*, 428, pp. 39-43.
Jaspers, K. (1913). Psicopatologia General [Versão espanhola, por R. O. Saubidet e D. A. Santillán]. Buenos Aires: Editoral Beta, 1967.

Joseph, B. (2003). Reprodução em disco magnético da supervisão para um caso clínico apresentado por P. C. Sandler, em Reunião Científica da Sociedade Brasileira de Psicanálise de São Paulo.

Kant, I. (1781). Critique of pure reason [Versão em inglês, por M. T. Meiklejohn]. In *The great books of the western world*. Chicago: Encyclopaedia Britannica Inc., 1994.

_____ (1783). Prolegômenos [Versão em português, por T. M. Bernkopf]. In *Os Pensadores*. São Paulo: Abril Cultural, 1980.

_____ (1946). Notes on some schizoid mechanisms. In Klein, M.; Heimann, P.; Isaacs, S. & Riviere, J. (Eds). *Developments in psycho-analysis*. London: The Hogarth Press and the Institute of Psycho-Analysis, 1952.

_____ (1961). As Origens da transferência [Versão brasileira, por J. Sandler]. *Revista Brasileira de Psicanálise*, 2 (4), pp. 618-630, 1969.

Kline, M. (1972). *Mathematical Thought from Ancient to Modern Times*. Volume III. New York: Oxford University Press, p. 1192.

Lyth, O. (1980). Obituary of W.R. Bion, *International Journal of Psychoanalysis*. 61, 271.

Mello Franco Fo., O. M. & Sandler, P. C. (2005). Intersubjetividade: Progresso em psicanálise? [Intersubjectivity: progress in psychoanalysis?]. *Revista Brasileira de Psicanálise*, 39, pp. 89-112.

Nozick, R. (2001). *Invariances. The strucutre of the objective world*. Cambridge, MA: Harvard University Press.

Pereira, A. A. M. & Sandler, J. (*in memoriam*) (2013). As sementes da psicologia: O setor de reabilitação psicossocial. In *Ciências da Saúde no Instituto Dante Pazzanese de Cardiologia*. XIX, pp. 23-43. São Paulo: Editora Atheneu.

Pisani, R. A. (Curatore) (1991). *Introduzione alla psicoterapia gruppoanalitica*. Roma: Edizioni Universitarie Romane.

Pope, A. (1711). *An essay on criticism*. <http://www.poemhunter.com/poem/an-essay-on-criticism>: *A little learning is a dangerous thing*.

Porter, R. (1987). *The greatest benefit to mankind. A medical history of humanity*. New York: W. W. Norton & Co.

Reik, T. (1948). *Listening With The Third Ear*. Nova Iorque: Grove Press.

Rickmann, J. (1950). The factor of number in individual and group dynamics. In *Selected contributions to psycho-analysis*. Scott, W. C. M. & Payne, S. (Eds.). London: The Hogarth Press and the Institute of Psycho-Analysis.

Rosen, J. (1965). The concept of acting. In Abt, L. E. & Weissman, S. L. (Eds.). *Acting out: theoretical and clinical aspects*. New York: Grune & Stratton.

Rosen, I. B. (2006). Wilfred Trotter: surgeon, philosopher. *Journal can chir*, 49: (4), 278.

Rouvray, D. H. (1989). The pioneering contributions of Cayley and Sylvester to the mathematical description of chemical structure. *Journal of Molecular Structure*: THEOCHEM 185, pp. 1-14.

Sandler, Ester Hadassa (2014). "Édipo complexo?: uma contribuição ao 11º fórum teórico-clínico da Diretoria Científica". São Paulo: SBPSP, 2014. 22p. (Apresentado em: Décimo Primeiro Fórum Teórico-Clínico, São Paulo, 15 maio 2014).

Sandler, J. (1975). Contribuições para uma psicoterapia de grupo com coronariopatas. *Revista Brasileira de Psicanálise*, 9: 445-456.

Sandler, P. C. (1986). Grade? *Revista Brasileira de Psicanálise*, 21: 203-230.

_____ (1988). *Introdução a Uma memória do futuro de W. R. Bion*. Rio de Janeiro: Imago.

_____ (1997a). *A apreensão da realidade psíquica*. (Vol. I) Rio de Janeiro: Imago.

_____ (1997b). Quinta conversa, reflexões com a matemática: Alternativas ao Formalismo. In *A apreensão da realidade psíquica*. (Vol. I) Rio de Janeiro: Imago.

_____ (1997c). Quinta conversa, reflexões com a matemática: Aquilo que não pode ser sabido, aquilo que não pode ser calculado. In *A apreensão da realidade psíquica*. (Vol. I). Rio de Janeiro: Imago.

_____ (1997f). The apprehension of psychic reality: extensions of Bion's theory of alpha-function. *International Journal of Psychoanalysis.* 78: 43-52.

_____ (2000a). *A apreensão da realidade psíquica.* (Vol. III: *As origens da psicanálise na obra de Kant*). Rio de Janeiro: Imago.

_____ (2000b). *A apreensão da realidade psíquica.* (Vol. II: *A origem da psicanálise na obra de Kant*). Rio de Janeiro: Imago.

_____ (2001a). *A apreensão da realidade psíquica.* (Vol. IV: *Turbulência e urgência*). Rio de Janeiro: Imago.

_____ (2001b). *A apreensão da realidade psíquica.* (Vol. V: *Goethe e a psicanálise*). Rio de Janeiro: Imago.

_____ (2001c). Le projet scientifique de Freud en danger un siècle plus tard? In Green, A. (Ed.). *Courants de la psychanalyse contemporaine.* Paris: PUF.

_____ (2002). *A apreensão da realidade psíquica.* (Vol. VI: *O belo é eterno.*) Rio de Janeiro: Imago.

_____ (2003). *A apreensão da realidade psíquica.* (Vol. VI: *Hegel e Klein, a tolerância de paradoxos*). Rio de Janeiro: Imago.

_____ (2005). *The language of Bion: a dictionary of concepts.* London: Routledge.

_____ (2006). The origins of Bion's work. *International Journal of Psychoanalysis.* 87:179.

_____ (2009). *A clinical application of Bion's concepts.* (Vol. I: *Dreaming, transformation, containment and change*). London: Karnac Books.

_____ (2011). *A clinical application of Bion's concepts.* (Vol. II: *The analytic function and the function of the analyst*). London: Karnac Books.

_____ (2012). Publicações, psicanálise e o movimento psicanalítico. In Montagna, P. K.; Buschinelli, C.; Ditolvo, H. H. S.; Warchavchik, I.; Khouri, M. G.; Della Nina, M.; Gonçalves, S. M. & Rea, S. (Eds). *Dimensões. Psicanálise. Brasil. São Paulo.* São Paulo: SBPSP.

_____ (2013). A sixth basic assumption? In *A clinical application of Bion's concepts* (Vol. 3: Verbal and Visual Approaches to Reality). London: Karnac Books.

_____ (2015a). Introduction to W. R. Bion's "*A memoir of the future*". In Bion, W. R. Bion (Vol. I: *Authoritative, not authoritarian psychoanalysis*). London: Karnac Books.

_____ (2015b). The fumbling infancy of Psychoanalysis. In An introduction to W. R. Bion's "*A memoir of the future*" (Vol. II: *Facts of matter of a matter of fact?*) London: Karnac Books.

_____ (2015c). Commentary on transformations in hallucinosis and the receptivity of the analyst by Civitarese. *International Journal of Psychoanalysis*, 96, pp. 1139-57.

_____ (2016). Curso de psicoterapia psicanalítica: Meritocracia técnica e meritocracia política. In Sion, R.; Yamamoto, K. & Levinson, G. K. (Org.). *Novos avanços em psicoterapia psicanalítica*. São Paulo: Zagodoni.

Segal, H. (1982). O desenvolvimento infantil nas etapas precoces, da maneira que ele se reflete no processo psicanalítico: passos na integração [Versão brasileira, por P. C. Sandler]. *Revista Brasileira de Psicanálise*. 21: 415, 1987.

Shakespeare, W. (1599-1606). Macbeth. Bernard Lott, Editor. In the *New Swan Shakespeare* Essex: Longman Group. Ltd, 1983.

Tauber, A. (2009) Freud's dream of reason: the Kantian structure of psycho-analysis. *Hist Human* Sci. 22: 1-29.

Whitaker, R. & Cosgrove, L. (2015). *Psychiatry under the Influence – Institutional corruption, social injury and prescriptions for reform*. New York: Palgrave: Macmillan.

Winnicott, D. W. (1969a). The use of an object. *International Journal of Psychoanalysis*. 50: 711.

_____ (1969b). A cura. In *Tudo começa em casa*. p. 86. [Versão brasileira, por P. C. Sandler]. São Paulo: Livraria Martins Fontes Editora, 1989.

Young-Bruehl, E. (1999). *Anna Freud, a biography*. New York: Pocket Books.

Capítulo 6

Winnicott e os objetivos do tratamento psicanalítico
Leopoldo Fulgencio

O objetivo do todo e qualquer tratamento psicoterápico está veiculado, necessariamente, a um modelo de homem e a um *horizonte* para o qual os esforços terapêuticos procuram convergir. Nesse sentido, procurarei aqui, em primeiro lugar, explicitar, por um lado, o modelo ontológico de homem do ponto de vista de Winnicott e, por outro, sua noção de saúde, estabelecendo tanto quais são os impulsos fundamentais que caracterizam a natureza humana quanto o *télos* do desenvolvimento emocional, ambos determinando os objetivos do tratamento psicanalítico. Em seguida, como complemento necessário dessa perspectiva, tratarei de explicitar quais são os principais modos de funcionamento clínico utilizados para alcançar esses objetivos, distinguindo a aplicabilidade desses meios às diversas psicopatologias.

Cada um dos grandes sistemas teóricos da psicanálise formularia essa questão de forma díspar, não só numa semântica diferente, mas também numa compreensão empírica que descreveria esse objetivo se referindo a realidades, por vezes, incomensuráveis entre si. Não creio que seja possível comparar hierarquicamente essas perspectivas, julgando-as em termos de melhores ou piores, da mesma maneira que não é possível afirmar que uma língua é melhor ou pior do que outra. Talvez cada uma dessas perspectivas possa evidenciar certos aspectos da existência que seriam interessantes de serem considerados por outras perspectivas! No entanto, antes de fazer algum tipo de comparação crítica para o diálogo e intercâmbio entre essas perspectivas, é necessário que as explicitemos cada uma no seu cenário semântico-conceitual e factual. Trata-se, pois, aqui, de fazer isso no quadro da teoria psicanalítica do desenvolvimento emocional tal como Winnicott a descreveu.

1. O modelo de homem para Winnicott

O objetivo de Winnicott, com a psicanálise, é poder fazer um *estudo da natureza humana*.[1] E o que é esta natureza? Ele se refere a ela de diversas maneiras, mas, sempre, marcando que se trata de algo característico da própria humanidade, algo que não pode ser reduzido a outros tipos de existentes, tais como as máquinas, ou ainda, outros tipos de animais. O ser humano, a natureza humana, tem, por essência, a característica de fazer a si mesmo no tempo, produzindo (em termos de dar sentido a) a si e ao mundo em que vive. É por isso que Winnicott diz, nesse mesmo texto citado acima: "A natureza humana é quase tudo o que possuímos",[2] "O ser humano é uma amostra-no-tempo da natureza humana",[3] "A vida de uma pessoa consiste num intervalo entre dois estados de não-estar-vivo".[4]

Essa natureza humana, ainda que seja uma criação do próprio homem, ainda que não tenha uma essência específica e seja aquilo que o homem fizer dela, paradoxalmente, para Winnicott, ela permanece a mesma ao longo da história recente da humanidade:

> A natureza humana não muda. Esta é uma ideia que poderia ser contestada. Contudo, presumirei sua veracidade e desenvolverei o tema sobre essa base. É verdade que a natureza humana evoluiu, como os organismos humanos evoluíram no curso de centenas de milhares de anos. Mas há muito pouca evidência de que a natureza humana se alterou no curto espaço registrado pela história; e comparável a isto é o fato de que o que é verdade sobre a natureza humana em Londres hoje, é verdadeiro também em Tóquio, Acra, Amsterdam e Timbuktu. É verdadeiro para brancos e negros, gigantes e pigmeus, para as crianças do cientista de Harwell ou Cabo Canaveral ou para as crianças do aborígine australiano.[5]

---
[1] Winnicott 1988, p. 21.
[2] Winnicott 1988, p. 21.
[3] Winnicott 1988, p. 29.
[4] Winnicott 1988, p. 154.
[5] Winnicott 1963d, p. 88.

As explicações e descrições que Winnicott procura fornecer correspondem, pois, aos aspectos universais dessa natureza humana. Mas, então, como é essa natureza humana, quais são os seus aspectos universais, quais são os seus fundamentos ontológicos? Em primeiro lugar, trata-se de algo propriamente humano e não passível de ser reduzido a máquinas ou qualquer outra proposição que não seja propriamente humana, seja em termos formais, simbólicos ou matemáticos.

O ser humano, sua vida psíquica ou emocional, é considerado na sua especificidade ontológica, sem ser pensado ou descrito em termos que não seriam adequados para isso, ou seja, numa linguagem direta e não numa linguagem figurativa ou analógica. É por isso que Winnicott não usa, *grosso modo*, a expressão metafórica de Freud, *aparelho psíquico*, para designar a vida da alma como objeto de sua ciência.[6]

A comparação entre a maneira de Freud objetivar a vida da alma tal *como se fosse* um aparelho e a maneira de Winnicott referir-se à natureza humana corresponde a uma diferença epistemológica significativa, com decorrências teórico-clínicas de grande monta. Enquanto

---

[6] André Green 2005 já notara que Winnicott não usa a noção de aparelho psíquico, ainda que não tenha dado importância a este fato e considere que a proposta, metapsicológica, de considerar a vida psíquica como se fosse um aparelho, deva ser usada. Diz Green: "Freud defendeu a ideia de um aparelho psíquico. É fácil entender por que a imagem de um aparelho para definir a psique parece mesmo chocante e desagradável do ponto de vista humanístico e Winnicott nunca usa essa construção. O ponto de vista de Freud negligencia a perspectiva dos relacionamentos, fora aqueles estabelecidos com o aparelho. Eu gostaria de defender a ideia de um aparelho do ponto de vista abstrato – é muito difícil defendê-la epistemologicamente, mas, dentro da organização teórica de Freud, o conceito de um aparelho que lhe permitiu enfatizar que a mente, como o cérebro, está dividido em diferentes formações filogenéticas, não sendo uma estrutura unificada, mas dividida em diferentes "instâncias" em conflito, em relações antagônicas e agnósticas. Eles pertenciam a diferentes fases de evolução. A mente era, portanto, mais heterogênea que homogênea – e o aparelho [a noção de aparelho] tinha a tarefa de fazer essas agências dissonantes trabalhar juntas, apesar de terem regimes diferentes. Isto era ainda mais importante no segundo modelo topográfico devido ao incremento das diferenças entre as instâncias do id-ego-superego, em comparação com a primeira perspectiva, diferenciando os processos conscientes, inconscientes e pré-conscientes. Consciência, no entanto, é o seu núcleo comum. Além disso, há nesta idéia, específica de Freud, [a concepção] de que a personalidade total é fundada num terreno primitivo, o id, com uma grande parte deste herdado, com todos os seus desenvolvimentos (ego, superego) como resultado das diferenciações diretas ou indiretas desse núcleo primitivo. Todas essas instâncias marcadamente diferenciadas trazem a marca de sua origem: *made in* id". (Green 2005, p. 13).

Freud se ocupou de fazer uma descrição da vida da alma em termos metapsicológicos, na lógica do *como se* – a vida da alma é tal *como se fosse* um aparelho movido por forças e energias –, Winnicott buscou descrever o que é a natureza humana numa linguagem adequada a esse fenômeno, não analógica nem metafórica, considerando, então, que essa natureza humana é caracterizada por duas características principais: 1. a necessidade de ser e continuar sendo; e 2. a de ter uma tendência inata à integração.

Cabe, pois, procurando explicitar a posição de Winnicott, retomar uma passagem em que ele define a questão do ser como sendo um fundamento ontológico da natureza humana:

> Gostaria de postular um estado de ser que é um fato no bebê normal, antes do nascimento e logo depois. Esse estado de ser pertence ao bebê, e não ao observador. A continuidade do ser significa saúde. Se tomarmos como analogia uma bolha, podemos dizer que quando a pressão externa está adaptada à pressão interna, a bolha pode seguir existindo. Se estivéssemos falando de um bebê humano, diríamos 'sendo'. Se por outro lado, a pressão no exterior da bolha for maior ou menor do que aquela em seu interior, a bolha passará a reagir à intrusão. Ela se modifica como reação a uma mudança no ambiente, e não a partir de um impulso próprio. Em termos do animal humano, isto significa uma interrupção no ser, e o lugar do ser é substituído pela reação à intrusão.[7]

Esse modelo da bolha foi utilizado por Winnicott para representar a relação entre o indivíduo e o ambiente, especialmente no que diz respeito aos momentos mais precoces do desenvolvimento. Num artigo de 1958, ele comenta mais explicitamente esse modelo com a apresentação e comentário de duas situações: uma na qual o ambiente sustenta o indivíduo, sem invadi-lo (Figura 1) e, outro, quando ocorre falha ambiental (Figura 2):

---

[7] Winnicott 1988, p. 148.

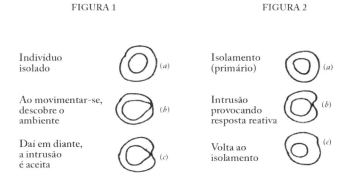

A Fig. 1 mostra como, por uma adaptação ativa às necessidades do bebê, o ambiente lhe permite manter-se em isolamento sem ser perturbado. O bebê nada sabe. Nesse estado, ele faz um movimento espontâneo e o ambiente é descoberto sem perda da sensação de ser.

A Fig. 2 mostra uma adaptação falha, que resulta em intrusão do ambiente sobre a criança, levando-a a reagir. A sensação de ser é perdida nessa situação e pode ser readquirida somente por uma volta ao isolamento. (Nota-se a introdução do fator tempo, significando que há um processo em andamento).[8]

A experiência de ser, inicialmente a mais primitiva das experiências, mas que constitui um fundamento da existência, corresponde a uma experiência ativa, dado que "reagir interrompe o ser e o aniquila",[9] na qual o indivíduo, sustentado pelo ambiente ou até mesmo respondendo a ele, não perde o ponto de apoio e referência (em si mesmo) a partir de onde age ou, noutros termos, segue sua existência sem perda em demasia da sua espontaneidade. Essa experiência de ser corresponde um fundamento que faz com que a vida possa valer a pena de ser vivida: "É somente pela continuidade da existência que o sentimento de si, do

---

[8] Winnicott 1953a, pp. 309-310.
[9] Winnicott 1960c, p. 67.

real e o sentimento de ser podem finalmente se estabelecer enquanto traço da personalidade individual".[10]

Pode-se considerar que a noção de *continuidade de ser* tem como correlato a consideração da existência de uma *tendência inata à integração* ou ao *crescimento*, de modo que, pode-se afirmar que Winnicott compreende *a tendência inata à integração como sendo o que fornece o impulso em direção ao ser e ao continuar sendo*.[11]

Essa tendência corresponde a um pressuposto desenvolvimentista, inserido por Winnicott como um tipo de pressuposto (talvez correlato ao impulso inato para o desenvolvimento embriológico, ainda que não tão determinista quanto este último), um impulso que dependerá, profundamente, do ambiente, para que possa se realizar:

> A dinâmica é o processo de crescimento, sendo este herdado por cada indivíduo. Toma-se como certo, aqui, o meio ambiente facilitador e suficientemente bom, que, no início do crescimento e desenvolvimento de cada indivíduo, constitui um *sine qua non*. Há genes que determinam padrões, e uma tendência herdada a crescer e a alcançar a maturidade; entretanto, nada se realiza no crescimento emocional sem que esteja em conjunção à provisão ambiental, que tem de ser suficientemente boa. Observe-se que a palavra 'perfeito' não figura nesse enunciado; a perfeição é própria das máquinas, e as imperfeições, características da adaptação humana à necessidade, constituem qualidade essencial do meio ambiente que facilita.[12]

A integração, em seus diversos aspectos (integração no tempo, no espaço, na associação psique-soma, da personalidade etc.), não está, no entanto, garantida por essa tendência, ou seja, há uma série de fatores que podem contribuir ou atrapalhar seu funcionamento. No que se

---

[10] Winnicott 1971f, p. 24.
[11] Winnicott 1960c, p. 51.
[12] Winnicott 1968g, p. 188.

refere à personalidade, para dar um exemplo das diversas dinâmicas que podem levar à integração, considerando a existência dessa tendência, Winnicott afirma: "A tendência a integrar-se é ajudada por dois conjuntos de experiências: a técnica pela qual alguém mantém a criança aquecida, segura-a e dá-lhe banho, balança-a e a chama pelo nome, e também as agudas experiências instintivas que tendem a aglutinar a personalidade a partir de dentro".[13]

É considerando, pois, a natureza humana como o ente que tem uma necessidade de ser e continuar sendo, impulsionado por uma tendência inata à integração, que Winnicott caracterizará, em termos ontológicos, o que é a vida emocional do homem. Mais ainda, ele integrará nessa concepção de natureza humana o fato de que o ser humano é um ser dependente e que isto é mais fundamental e constitucional do que a própria questão das excitações da vida instintual do homem: primeiro SER, mas o ser depende de ser-com e, depois, o fazer, inclusive o instintual.

Esse quadro, caracterizando uma ontologia que tem na continuidade de ser o seu fundamento, impulsionado por uma tendência inata à integração que, por sua vez, dependerá de uma série de processos relacionais e de sustentação ambiental, para que ocorra o desenvolvimento emocional, também estará associado a uma concepção de saúde, ou do que seria um modo de ser saudável do ser humano, o que não corresponde nem a um ser humano normal (ou normalizado) nem a um ser humano mediano (ou medíocre); caracterizando, assim, um *télos* para o desenvolvimento emocional e para os tratamentos psicoterápicos, seja este atingível ou não, em particular ou em geral.

2. A noção de saúde para Winnicott

Winnicott tem uma concepção descritiva da saúde emocional, evidentemente em consonância com o seu modelo ontológico. Ele diz, por exemplo:

---

[13] Winnicott 1945d, p. 224.

A vida de um indivíduo não se caracteriza mais por medos, sentimentos conflitantes, dúvidas, frustrações do que por seus aspectos positivos. O essencial é que o homem ou a mulher se sintam *vivendo sua própria vida*, responsabilizando-se por suas ações ou inações, sentindo-se capazes de atribuírem a si o mérito de um sucesso ou a responsabilidade de um fracasso. Pode-se dizer, em suma, que o indivíduo saiu da dependência para entrar na independência ou autonomia.[14]

Podemos retomar aqui diversas referências de Winnicott à caracterização do que é o estado de saúde, procurando ampliar esse quadro descritivo: "De uma ou de outra forma nossa teoria inclui a crença de que viver criativamente constitui um estado saudável, e de que a submissão é uma base doentia para vida";[15] "o indivíduo pode tornar-se capaz de substituir o cuidado recebido por um cuidar-de-si-mesmo, e pode desta forma alcançar uma grande independência, que não é possível nem no extremo paranoide, nem no extremo ingênuo";[16] são também aspectos da saúde a *capacidade de reparar danos*[17] e de *sentir-se deprimido*;[18] "a saúde que é inerente à capacidade de se sentir deprimido, sendo que o humor deprimido está próximo da capacidade de se sentir responsável, de se sentir culpado, de sentir arrependimento e de sentir alegria quando as coisas correm bem [...] é verdade que a depressão, mesmo que terrível, tem de ser respeitada como evidência de integração pessoal".[19] Cabe ainda ressaltar que a saúde se diz muito mais em relação à riqueza ou pobreza da personalidade do que em relação a um estado em que não existam sintomas (1971f, p. 29).

Essa saúde ideal corresponde, por sua vez, a um desenvolvimento emocional ideal, de modo que aos estados patológicos corresponderá,

---

[14] Winnicott 1971f, p. 30.
[15] Winnicott 1971g, p. 95.
[16] Winnicott 1988, p. 146.
[17] Winnicott 1996f, p. 236-237.
[18] Winnicott 1971f, p. 17.
[19] Winnicott 1971f, p. 17.

como origem, a consideração de que o desenvolvimento não ocorreu: "o distúrbio psicológico é imaturidade, imaturidade do crescimento emocional do indivíduo, e esse crescimento inclui a evolução da capacidade do indivíduo para relacionar-se com pessoas e com o meio ambiente, de um modo geral".[20] Esta concepção nos leva, então, a abordar o que é o tratamento psicoterápico, em termos dos processos de desenvolvimento que podem ser retomados numa psicoterapia psicanalítica: "Num contexto profissional, dado o comportamento profissional apropriado, pode ser que o doente encontre uma solução pessoal para problemas complexos da vida emocional e das relações interpessoais; o que fizemos não foi aplicar um tratamento, mas facilitar o crescimento".[21]

3. Objetivos do tratamento psicanalítico para Winnicott

A obra de Winnicott pode ser considerada como um tipo de desenvolvimento teórico e prático da psicanálise como ciência, o que implica em considerar a tradição, ou seja, considerar todos os avanços, descobertas e propostas feitas por outros psicanalistas, principalmente Freud e Klein. Logo, a compreensão do que são os objetivos do tratamento psicanalítico para Winnicott depende, em grande medida, de retomarmos, ainda que sinteticamente, como Freud e Klein expuseram quais seriam esses objetivos.

Freud diz, sinteticamente, qual seria o objetivo do tratamento psicanalítico: "fortalecer o eu, torná-lo mais independente do superreu, aumentar seu campo de percepção e expandir sua organização, de maneira que ele possa se apropriar de uma parte do id".[22] De maneira mais descritiva, pode-se dizer que o tratamento psicanalítico busca conquistar a *capacidade de agir e de ter prazer na vida*, em termos gerais, sem grandes restrições[23] e, para isso, deve-se "suprimir as amnésias",

---

[20] Winnicott 1984i, pp. 265-266.
[21] Winnicott 1986f, pp. 113-114.
[22] Freud 1933a, p. 80.
[23] Freud 1912c, p. 236.

"fazer regredir os recalcamentos", "tornar o inconsciente acessível ao consciente, o que ocorre pela vitória sobre as resistências";[24] ou, numa enunciação mais simples, a afirmação de que a psicanálise "torna a vida mais simples [...] ela fornece o fio que conduz a pessoa para fora do labirinto do seu inconsciente".[25] Isso não significa, no entanto, a eliminação da neurose e de todos os sintomas, mas tão somente a conquista de uma maior autonomia nas relações interpessoais do paciente.[26]

Considerando as transformações e progressos propostos por Melanie Klein, pode-se afirmar que uma análise visa, em última instância, à "integração da personalidade do paciente; para ela, a afirmação de Freud, "onde era id, ego será", corresponde à direção do tratamento psicanalítico.[27] Isso corresponde, por um lado, à integração dos impulsos amorosos e destrutivos que caracterizam a posição depressiva, sempre focada nas relações de objeto marcadas pela instintualidade e o cenário edípico, e, por outro, critérios ideais para a saúde, tais como ter atingido a capacidade de amar com potência instintual e heterossexualidade estabelecidas, de estabelecer relações de objeto e trabalhar, e possibilitar a integração do ego, que opera em favor da estabilidade mental ligada a defesas adequadas.[28]

Quando Winnicott explicita quais seriam os objetivos do tratamento psicanalítico, ele o faz em uma linguagem e em uma perspectiva que é diferente da maneira como Freud e Klein o fazem, ainda que esteja apoiada neles. No seu texto dedicado a analisar os objetivos do tratamento psicanalítico, Winnicott aponta três grandes fases do tratamento, sendo que a última delas pode ser compreendida como o objetivo último de todo tratamento psicoterápico, ainda que seja um horizonte ideal e nem sempre alcançável. Diz ele sobre essas três fases:

---

[24] Freud 1904a, p. 253.
[25] Freud 1988.
[26] Freud 1912b, p. 107.
[27] Klein 1957, p. 263.
[28] Klein 1950, pp. 65-67.

1. Contamos com certa força do ego nos estágios iniciais da análise, pelo apoio que simplesmente damos ao ego por fazer análise padrão, e fazê-la bem. Isto corresponde ao apoio dado ao ego pela mãe que (na minha teoria) torna forte o ego da criança se, e somente se, é capaz de desempenhar sua parte especial nesta época. Isto é temporário e faz parte de uma fase especial.
2. Segue-se então uma longa fase em que a confiança do paciente no processo analítico acarreta todo tipo de experimentação (por parte do paciente) em termos de independência do ego.
3. Na terceira fase o ego do paciente, agora independente, começa a se revelar e afirmar suas características individuais, começando o paciente a ver como natural o sentimento de existir por si mesmo.[29]

A essas fases que caracterizariam o processo analítico, deveríamos, pois, colocar como um *télos* do processo, a própria noção de saúde, tal como a descrevemos no item anterior.

A questão que pode ser, agora, colocada é a de saber como isso pode e deve ser feito no quadro do *setting* psicanalítico descrito por Winnicott, especificando, pois, os aspectos gerais do funcionamento dos tratamentos psicoterápicos feitos com base na teoria psicanalítica do desenvolvimento.

4. Meios e modos para o desenvolvimento da psicoterapia psicanalítica

Para Winnicott, o adoecimento corresponde a um tipo de imaturidade, uma interrupção no processo de desenvolvimento; e a psicoterapia, por sua vez, ao conjunto de ações e sustentações ambientais que podem retomar esse processo:

> pela teoria subjacente em nosso trabalho, um distúrbio que não tem causa física e que, portanto, é psicológico representa um prurido no

---
[29] Winnicott 1965d, p. 154.

desenvolvimento emocional do indivíduo. A psicoterapia visa simples e unicamente, eliminar esse prurido, para que o desenvolvimento possa ter lugar onde antes não podia ocorrer.[30]

Mas como isso deve ser feito, considerando que os pacientes podem estar imaturos de diversas maneiras? Winnicott indica que nem sempre faz psicanálise, mas sempre faz psicoterapia com base na teoria psicanalítica do desenvolvimento, com base nas concepções fundamentais da psicanálise (o reconhecimento da existência e importância dos processos psíquicos inconscientes, a transferência e a resistência, bem como, para aqueles pacientes que já amadureceram a esse ponto, os problemas que derivam da administração da vida sexual nas relações interpessoais no quadro do cenário edípico). A psicanálise padrão, ou *standard*, é um trabalho a ser feito com aqueles que podem (afetiva e cognitivamente, bem como, economicamente), ou seja, delimitando-os apenas no que se refere ao tipo de organização psíquica, os neuróticos, ou seja, aqueles que estão integrados como pessoas inteiras e se relacionam com os outros, também apreendidos como pessoas inteiras, e encontram perturbações significativas na administração da vida instintual nessas relações interpessoais; a *psicanálise modificada* corresponde a todas as outras situações em que não é possível usar o método *standard*.

Nessa direção Winnicott distingue três tipos de pacientes, associando-os aos cuidados psicoterápicos a serem a estes aplicados: os *neuróticos*, ou seja, aqueles que funcionam como pessoas inteiras e que têm problemas de administração da vida nas suas relações interpessoais, marcadas pelo cenário edípico, cujo tratamento consiste, *grosso modo*, ao método desenvolvido inicialmente por Freud; os *deprimidos*, que têm problemas de humor, ou seja, aqueles que são recém-integrados na sua unidade como sujeitos, cujo tratamento é similar ao dos neuróticos, mas cuja função central do analista é sobreviver (em termos afetivos, aos ataques e seduções que o paciente fizer); e, por fim, os *psicóticos*, ou

---

[30] Winnicott 1984i, pp. 265-266.

não-integrados, cujo tratamento diz respeito à retomada da sustentação ambiental (tal como uma mãe sustenta seu bebê, tal como um ônibus é sustentado pela parte hidráulica) no quadro da re-experimentação de uma situação de dependência. Como quadros complementares ele ainda cita os *borderlines*, que são pacientes que funcionam socialmente como neuróticos, mas têm problemas psicóticos, cujo tratamento implica inicialmente ultrapassar todas as defesas que foram estabelecidas (em geral, do tipo falso *self*) até que se possa chegar às situações traumáticas mais primitivas (que quebraram, de forma significativa, a sua continuidade de ser, aniquilando-os);[31] os que têm atitude antissocial, cujo tratamento é fornecer provisão ambiental que reconheça neles a situação de privação. Além disso, ele ainda indica os pacientes que têm problemas psicossomáticos, bem como problemas de adicção ou similares, cujos tratamentos são complexos e envolvem uma sobreposição do que foi citado, como prescrição psicoterapêutica em todos os outros casos citados.

Falando, em termos gerais, sobre o que é a psicoterapia, sem apontar as diferenças específicas dos distintos tipos de organização psicopatológica, Winnicott dirá que ela ocorre na sobreposição entre a área do brincar do analista e a do paciente: "A psicoterapia trata de duas pessoas que brincam juntas".[32] Quando o paciente não consegue brincar, o analista deve trabalhar para levá-lo a conquistar essa possibilidade. Brincar aqui é sinônimo de estar-com, compartilhar, comunicar e compreender, possibilitar um encontro verdadeiro com o paciente.

A psicoterapia é uma relação humana simplificada. O psicoterapeuta não é, propriamente falando, um técnico, mas uma pessoa que coloca sua possibilidade de compreensão e comunicação a serviço do paciente. Toda análise ocorre assentada e fundamentada na relação afetiva que anima a relação inter-humana terapeuta-paciente; se o terapeuta

---

[31] O livro de Robert Sweden (1995) parece conseguir resumir um aspecto central dos princípios e dos objetivos do tratamento psicanalítico para Winnicott: *Regression to dependence. A second opportunity for ego integration and developmental progression.*
[32] Winnicott 1968i, p. 59.

ou analista colocar-se apenas de maneira técnica ou "profissional", ele, paradoxalmente, se retira da situação, se retira como pessoa, ainda que essa relação não seja pautada pelo aconselhamento, pela satisfação dos desejos do paciente, mas pelas regras de abstinência básicas que tornam possível ao paciente construir as suas próprias soluções. Diz Winnicott, nessa direção:

> um psicoterapeuta deve ter a capacidade de identificar-se com o paciente sem perder a identidade pessoal; o terapeuta deve ser capaz de conter os conflitos dos pacientes, ou seja, contê-los e esperar pela sua resolução no paciente, em vez de procurar ansiosamente a cura; deve haver uma ausência da tendência a retaliar sob provocação. Além disso, qualquer sistema de pensamento que proporciona uma solução fácil é por si mesmo uma contraindicação, já que o paciente não quer outra coisa além da resolução de conflitos internos, junto com a manipulação de obstruções externas de natureza prática que podem ser operantes ou mantenedoras da doença do paciente. [...] É desnecessário dizer que o terapeuta deve ter confiança profissional como algo que acontece com facilidade; é possível, para uma pessoa séria, manter uma atitude profissional mesmo quando experimenta tensões pessoais muito fortes na vida privada e no processo de crescimento pessoal que, esperamos, nunca cessa.[33]

O analista fornecerá uma compreensão e um encontro humano que deve fazer com que o paciente se sinta visto em sua história e em seu sofrimento. Uma comunicação ou interpretação adequada corresponde a um tipo de sustentação ambiental: "Sempre que compreendemos profundamente um paciente e mostramos isso por meio de uma interpretação correta e oportuna, estamos, de fato, oferecendo um *holding* ao paciente e tomando parte de um relacionamento no qual o paciente está, em algum grau, regredido e dependente".[34]

---

[33] Winnicott 1971b, p. 10.
[34] Winnicott 1955e, p. 354.

A partir da *relação afetiva* estabelecida entre o paciente e seu analista ou, noutros termos, a partir da transferência, o analista pode acompanhar o paciente na procura do significado e origem dos seus sofrimentos, dos seus sentimentos, do seus modos de ser, retomando sua história e refazendo seus modos de ser-estar. O objetivo do processo psicoterapêutico psicanalítico, para Winnicott, é fortalecer o paciente, fortalecer o seu eu ou ego, para que ele mesmo possa lidar com seus sofrimentos, lidar com sua vida sentindo-se no comando desta. Diz Winnicott, nesse sentido:

> A força do ego resulta em uma mudança clínica no sentido do relaxamento das defesas, que são mais economicamente empregadas e alinhadas, sentindo-se o paciente não mais preso à sua doença, como resultado, mas livre, mesmo que não esteja livre de sintomas. Em suma, observamos crescimento e desenvolvimento emocional que tinha ficado em suspenso na situação original.[35]

5. O fim de análise para Winnicott

Uma análise deve, necessariamente, aspirar ao seu fim. Para o paciente, trata-se de encontrar um lugar (no mundo) para viver a partir de si mesmo, sentindo que ela lhe é própria e possível de ser vivida; para o analista trata-se de ter conseguido proporcionar o desenvolvimento emocional e levado o paciente até uma autonomia relativa, exercendo seu papel de reparador (o que certamente corresponde a uma necessidade afetiva significativa, no seu modo de ser na vida), estando, também com esse resultado, mais fortalecido para iniciar outro ou outros processos psicoterapêuticos.

Não se trata de ajustar ou modelar o paciente a um tipo ideal, dado que o horizonte para o qual procuramos nos dirigir não constitui uma moral, mas sim uma ética, apontando para princípios gerais

---

[35] Winnicott 1965d, p. 152.

relativos aos modos de ser-estar-no-mundo. Não se trata, pois, de esperar ou propagandear uma normalidade, para o paciente, mas de encontrar um tipo de organização interna e relacional na qual o paciente possa se sentir relativamente livre, seja das suas pressões internas, instintuais e superegoicas, seja das externas, associadas aos seus relacionamentos inter-humanos: "na saúde, o indivíduo foi capaz de organizar suas defesas contra os conflitos intoleráveis da realidade psíquica pessoal, mas em contraste com a pessoa doente de psiconeurose, a pessoa sadia é relativamente livre da repressão maciça e da inibição do instinto".[36] Esse estado dinâmico, ao qual aspiramos que nossos pacientes possam chegar, corresponde também à possibilidade de exercer certa flexibilidade ante a realidade, seja interna, seja externa, podendo mudar suas estratégias de defesa contra as angústias existenciais e relacionais que caracterizam a existência humana. Sinteticamente e conceitualmente falando, na saúde há uma flexibilidade enquanto na enfermidade há uma rigidez das organizações defensivas. Mais ainda, na saúde, por um lado, uma atitude natural de reação ao "prato feito", à "realidade dada", uma vez que o indivíduo sente como necessário criar, dar sentido, e fazer o seu mundo; por outro lado, cabe ao estado de saúde uma integração que leva o indivíduo a preocupar-se com o mundo, a prezar por determinadas relações (de objeto), de modo que o sentimento de culpa e a depressão seriam fenômenos necessariamente presentes. É por isso que Winnicott afirma: "quero sugerir que, clinicamente, o indivíduo realmente sadio está mais próximo da depressão e da loucura que da psiconeurose. A psiconeurose é entediante. É um alívio concedido por um senso de humor, e conseguir, por assim dizer, flertar com as psicoses" (1989vl, 58).

Podemos, ainda nessa direção, apontar alguns outros aspectos que orientam ou caracterizariam esse horizonte ético, em termos de um *télos* psicoterapêutico. Cada pessoa tem suas singularidades

---

[36] Winnicott 1989vl, p. 58.

e essa obviedade deve, no entanto, estar associada, como parte da conquista peculiar ao desenvolvimento emocional, à compreensão daquilo que se é, da história que se tem, do que é possível e impossível a si mesmo em função das características próprias e em função da história que constitui a pessoa. Diz Winnicott, nessa direção: "As pessoas têm que aceitar o que são e aceitar a história de seu desenvolvimento pessoal, justamente com as influências e atitudes ambientais locais; elas têm que continuar vivas e, vivendo, tentar se relacionar com a sociedade de modo a haver uma contribuição nos dois sentidos".[37]

Para finalizar essa exposição, quero ainda ressaltar a importância da aquisição de uma riqueza da personalidade e de uma vida cultural, como aquisições que são integrações que tornam a vida mais interessante de ser vivida, mesmo que seja uma vida sofrida. A riqueza de personalidade consiste na aquisição da possibilidade de interação e comunicação associada a diversas áreas do conhecimento e da experiência (história, política, as artes em geral, o esporte etc.), o que implica, necessariamente, em adquirir conhecimento e familiaridade com esses campos. Essa riqueza de personalidade, meta desejável (com coloridos muito variáveis em cada caso) é tanto algo almejado para o desenvolvimento do paciente quanto uma característica necessária aos psicoterapeutas.[38] Essa riqueza corresponde ou está associada à possibilidade de interagir com o outro, associando vida cultural e socialização, de modo que corresponderia ao estado de saúde a possibilidade de estar-com-o-outro, estar-no-mundo compartilhando-o consigo mesmo, sem ser aniquilado:

---

[37] Winnicott 1986f, p. 189.
[38] Um dos aspectos que caracteriza os limites de uma análise deve ser creditado à riqueza ou pobreza do analista na sua possibilidade de comunicar-se, com certa agilidade, em tais ou tais campos do conhecimento que seriam, por sua vez, os campos semânticos e os campos de comunicação (modos de estar-com) do paciente. Noutra maneira de falar sobre isso, essa riqueza corresponderia à possibilidade do analista de poder brincar com o paciente ocupando o campo das brincadeiras dele.

A maturidade do ser humano é uma palavra que implica não somente crescimento pessoal, mas também socialização. Digamos que na saúde, que é quase sinônimo de maturidade, o adulto é capaz de se identificar com a sociedade sem sacrifício demasiado da espontaneidade pessoal; ou, dito de outro modo, o adulto é capaz de satisfazer suas necessidades pessoais sem ser antissocial, e, na verdade, sem falhar em assumir alguma responsabilidade pela manutenção ou pela modificação da sociedade em que se encontra.[39]

Sem essa riqueza pessoal e cultural, um indivíduo que está restringido em si mesmo, rígido em suas defesas, inibido na possibilidade de agir, vive o legado cultural e a beleza do mundo, diz Winnicott, como um *colorido torturante, impossível de desfrutar*.[40]

Caberia, ainda, para caracterizar o fim de análise, considerar que o destino do analista (e mesmo da relação transferencial) nesse processo é o de ser desinvestido pelo paciente. Por um lado, o paciente torna-se cada vez menos dependente e mais autônomo, cada vez mais tendo a necessidade de viver a intimidade e a comunicação (que ele pôde viver no processo analítico) noutros espaços e noutros relacionamentos: o espaço analítico torna-se pequeno e limitado para o paciente e suas necessidades. Por outro, num sentido próximo a esse, a análise e o analista têm o mesmo destino que os objetos transicionais, eles vão, pouco a pouco, perdendo seu interesse, são afastados sem serem recalcados, sem serem lamentados, eles simplesmente perdem, pouco a pouco, a "aura" que os tornava tão vivos, tão interessantes, e tão necessários. Aquilo que Winnicott diz, em relação ao destino dos objetos transicionais, também serve para o analista e o espaço analítico, num fim de análise: "Os velhos soldados nunca morrem; apenas desvanecem. O objeto transicional tende a ser relegado ao limbo das coisas semiesquecidas no fundo

---

[39] Winnicott 1965r, p. 80.
[40] Winnicott 1957n, pp. 20-21.

das gavetas da cômoda ou na parte de trás do armário de brinquedos. É costumeiro, contudo, que a criança saiba".[41]

Do ponto de vista do paciente, ele não precisa mais da análise (ainda que ele sempre possa retornar exatamente no ponto em que deixou o analista e a análise, caso os acontecimentos da vida o levem a uma regressão); do ponto de vista do analista, este pode abrir espaço para reiniciar outro processo de cura.

6. Semelhanças e diferenças na compreensão de Freud e Winnicott sobre os objetivos do tratamento psicanalítico

Winnicott considera que tudo que ele faz é freudiano – "se houver algo que eu faça que *não seja* freudiano, gostaria de sabê-lo"[42] –, ainda que ele considere que as formulações metapsicológicas dêem "uma aparência de compreensão onde tal compreensão não existe",[43] o que, a meu ver, tenha feito com que ele evitasse as formulações metapsicológicas[44] e ampliasse as descritivas, enunciadas por Freud, sobre os objetivos do tratamento psicanalítico. Além disso, é necessário salientar que o modelo ontológico de Freud (a vida da alma é tal *como se fosse* um aparelho movido por forças e energias) e de Winnicott (a necessidade de ser e continuar sendo) têm bases e estruturas diferentes, caracterizando o próprio sentido da existência de maneiras diferentes.

Nesse sentido, procurei mostrar, no "Capítulo 2. Freud e os objetivos do tratamento psicanalítico", que Freud pensa o objetivo do tratamento psicanalítico em termos de uma estabilidade do eu nas relações interpessoais, pressionadas pela vida instintual e pelos valores superegoicos (também referidos à sexualidade), enunciado tanto de forma metapsicológica quanto descritiva, tendo em vista a diminuição do sofrimento; e, agora, que Winnicott, numa ampliação da proposta

---

[41] Winnicott 1989i, p. 46.
[42] Winnicott 1989f, p. 437.
[43] Winnicott 1987b, p. 51.
[44] Cf. Fulgencio 2018

de Freud, aponta esse objetivo para além da vida instintual ou sexual (ainda que sem deixar de considerá-la), buscando a conquista de um lugar para ser e continuar sendo sem perda de si mesmo, adaptando-se ao mundo embora sem perder a espontaneidade, ainda que isto possa caracterizar uma vida sofrida.

Referências

Freud, Sigmund. (1904a). Freud's Psycho-Analytic Procedure. *The Standard Edition of the Complete Psychological Works of Sigmund Freud* (Vol. 7, pp. 248-254).

Freud, Sigmund. (1912b). The Dynamics of Transference. *The Standard Edition of the Complete Psychological Works of Sigmund Freud* (Vol. 12, pp. 98-108).

Freud, Sigmund. (1912c). Types of Onset of Neurosis. *The Standard Edition of the Complete Psychological Works of Sigmund Freud* (Vol. 12, pp. 229-238).

Freud, Sigmund. (1933a). New Introductory Lectures On Psycho-Analysis. *The Standard Edition of the Complete Psychological Works of Sigmund Freud* (Vol. 22, pp. 3-182).

Freud, S. (1988). O valor da vida: uma entrevista rara de Freud. *IDE*, v.15, pp. 54-58.

Green, A. (2005). Winnicott at the Start of the Third Millennium. In L. Claadwell (Ed.), *Sex and Sexuality: Winnicottian Perspectives (Winnicott Studies Monograph Series)* (pp. 11-31). London: Karnac Books.

Klein, M. (1950). Sobre os critérios para o término de uma psicanálise. In *Obras completas de Melanie Klein (Volume III. Inveja e gratidão e outros trabalhos 1946-1963)* (pp. 64-69). Rio de Janeiro: Imago.

Klein, M. (1957). Inveja e gratidão. In *Obras completas de Melanie Klein (Volume III. Inveja e gratidão e outros trabalhos 1946-1963)* (pp. 205-267). Rio de Janeiro: Imago.

Winnicott, D. W. (1945d). Desenvolvimento Emocional Primitivo. In *Da Pediatria à Psicanálise: Obras Escolhidas* (pp. 218-232). Rio de Janeiro: Imago Ed., 2000.

Winnicott, D. W. (1953a). Psicoses e Cuidados Maternos. In *Da Pediatria à Psicanálise: Obras Escolhidas* (pp. 305-315). Rio de Janeiro: Imago Ed., 2000.

Winnicott, D. W. (1955e). Retraimento e Regressão. In *Da Pediatria à Psicanálise: Obras Escolhidas* (pp. 347-354). Rio de Janeiro: Imago Ed., 2000.

Winnicott, D. W. (1957n). Um Homem Encara a Maternidade. In *A Criança e seu Mundo* (pp. 15-18). Rio de Janeiro: Zahar Editores, 1982.

Winnicott, D. W. (1960c). Teoria do Relacionamento Paterno-Infantil. In *O Ambiente e os Processos de Maturação* (pp. 38-54). Porto Alegre: Artmed, 1983.

Winnicott, D. W. (1963d). Moral e Educação. In *O Ambiente e os Processos de Maturação* (pp. 88-98). Porto Alegre: Artmed, 1983.

Winnicott, D. W. (1965d). Os Objetivos do Tratamento Psicanalítico. In *O Ambiente e os Processos de Maturação* (pp. 152-155). Porto Alegre: Artmed, 1983.

Winnicott, D. W. (1965r). Da Dependência à Independência no Desenvolvimento do Indivíduo. In *O Ambiente e os Processos de Maturação* (pp. 79-87). Porto Alegre: Artmed, 1983.

Winnicott, D. W. (1968g). Conceitos Contemporâneos de Desenvolvimento adolescente e Suas Implicações para a Educação Superior. In *O Brincar & a Realidade* (pp. 187-203). Rio de Janeiro: Imago Ed., 1975.

Winnicott, D. W. (1968i). O Brincar: Uma Exposição Teórica. In *O Brincar & a Realidade* (pp. 59-77). Rio de Janeiro: Imago Ed., 1975.

Winnicott, D. W. (1971b). *Consultas Terapêuticas em Psiquiatria Infantil.* Rio de Janeiro: Imago Ed., 1984.

Winnicott, D. W. (1971f). O Conceito de Indivíduo Saudável. In *Tudo Começa em Casa* (pp. 3-22). São Paulo: Martins Fontes, 1999.

Winnicott, D. W. (1984i). Variedades de Psicoterapia. In *Privação e Delinquência* (pp. 263-273). São Paulo: Martins Fontes, 1999.

Winnicott, Donald Woods. (1986f). A cura. In *Tudo Começa em Casa.* São Paulo: Martins Fontes, 1999.

Winnicott, D. W. (1988). *Natureza Humana.* Rio de Janeiro: Imago, 1990.

Winnicott, D. W. (1989i). O Destino do Objeto Transicional. In *Explorações Psicanalíticas: D. W. Winnicott* (pp. 44-48). Porto Alegre: Artes Médicas, 1994.
Winnicott, D. W. (1989vl). Psiconeurose na Infância. In *Explorações Psicanalíticas: D. W. Winnicott* (pp. 53-58). Porto Alegre: Artes Médicas, 1994.

CAPÍTULO 7

Para se chegar a algum lugar, deve-se saber para onde ir: considerações sobre a direção e o final da análise
Ivan Estevão

Esse texto tem como intuito traçar algumas considerações sobre a questão da direção e da ideia de final de análise, bem como das mudanças que estes sofreram dentro do campo da teoria freudiana e lacaniana.

Para se chegar a um lugar, deve-se saber para onde ir, pois senão pode-se chegar a lugar algum – ou pior. Ou seja, deve-se ter uma direção a tomar. Lacan se vale da ideia de *direção do tratamento*,[1] não como uma expressão de linguagem, mas como um conceito (no sentido forte do termo). O tratamento tem uma direção e obedece a certas etapas que, não obstante, não se reduzem a etapas temporais, mas a etapas lógicas; o que não quer dizer, de forma quase paradoxal, que tenha um objetivo. A ideia de objetivo implica em um conteúdo, um saber prévio sobre aonde se espera chegar, posição que se aproxima da mestria e que, justamente, o psicanalista lacaniano recusa (como condição a ser dada para que uma análise possa ocorrer). A direção remete a uma forma. Tem-se a forma, no sentido de formalização, mas não se tem o conteúdo. Podemos dizer que a psicanálise e seus derivados flertam, constantemente, com a tentativa de estabelecer o conteúdo: por exemplo, quando se define que o final de análise é "a identificação do Eu do analisante com o Eu do analista", supondo um conteúdo prévio, o "Eu do analista" como lugar aonde se deve chegar. Lacan se esforça por formalizar o final de análise sem, contudo, oferecer um conteúdo.

Para discutir tais ideias, partamos, como de costume, de Freud.

---
[1] Lacan 1958.

Freud

Se acompanharmos Freud, veremos que sua primeira preocupação era tipicamente médica. Na emergência de novas formas de se pensar a clínica médica, a histeria surge como uma patologia enigmática, não condizente com o paradigma médico de meados do século XIX, enunciando um problema: qual a etiologia dessa patologia e, principalmente, como criar um tratamento possível para os sintomas e o sofrimento decorrente dele? Freud começa a constituir uma clínica, pensando uma terapêutica e uma teoria etiológica.[2] Sua terapêutica começa a partir da ideia de catarse (ou ab-reação) que aponta para a primeira teoria etiológica, na qual os sintomas são efeitos das representações recalcadas por evocarem um afeto insuportável. O corpo é o suporte de uma nova representação – simbólica – da representação mental retirada do fluxo da consciência. A direção do tratamento, dessa forma, é trazer à consciência a representação recalcada e possibilitar uma descarga afetiva catártica, que dissiparia o efeito insuportável do afeto evocado.

Ainda em *Estudos sobre a Histeria*,[3] Freud faz um movimento de mudança tanto na terapêutica como na teoria etiológica: a terapêutica sai do campo da hipnose e chega à ideia de associação livre – que será mais bem desenvolvida no *A Interpretação dos Sonhos*[4] –; a teoria etiológica se desloca dos afetos insuportáveis para outra categoria conceitual, os desejos. É na articulação com os desejos que a cadeia representacional evoca o afeto insuportável. Não é o afeto que é re-representado no sintoma, mas o desejo recalcado.

O tratamento se adéqua a essa nova teoria etiológica e busca trazer à tona a representação dos desejos inconscientes. Ora, isso leva a uma questão central. O que está em jogo é a categoria de um conflito psíquico e daí a ideia de certa dinâmica psíquica: haveria o Eu em conflito

---

[2] Nesse sentido vale conferir a útil caracterização que Christian Dunker (2000) faz da clínica em quatro elementos estruturais: a etiológica, a diagnóstica, a semiologia e a terapêutica.
[3] Freud & Breuer 1895d.
[4] Freud 1900a, pp. 122-125.

com os desejos insuportáveis. Se a catarse continua presente, Freud pressupõe algo a mais, uma espécie de *alteração subjetiva* que torne o desejo conciliável com o Eu.

Se o foco ainda é o sintoma, é preciso ir além: a teoria etiológica da qual se pauta a terapêutica freudiana a faz lidar com a noção de fantasia inconsciente articulada à concepção psicanalítica de desejo. A alteração subjetiva pretendida faz com que a relação – inconsciente – do sujeito com o desejo se altere: ele pode negá-lo de forma consciente (e daí temos uma repressão [*Unterdrückung*]); ele pode aceitá-lo de forma consciente; ou pode, como a melhor saída proposta por Freud naquele momento, sublimá-lo.[5] Em todos os casos, haveria uma alteração ética e moral, que operaria inclusive dentro de uma moral inconsciente. A direção da análise muda em termos de que só se consegue remitir o sintoma a partir de mudanças (retificações) subjetivas. O caso Dora[6] e o Homem dos Ratos[7] são bons exemplos dessa modalidade de tratamento.

Mas a questão se torna ainda mais aguda com a problemática da repetição que, primeiramente, é assimilada pela via da transferência – como em *Repetir, Recordar e Elaborar*[8] –, mas que se torna outra coisa com *Além do princípio de Prazer*[9] e a introdução da polêmica *pulsão de morte*.

Nesse ponto, em 1920, Freud tem já conceituado a ideia de uma fantasia primária, central, a fantasia fundamental, o que lhe permite pensar também a questão do Complexo de Édipo e de castração. Todos esses conceitos juntos lhe dão subsídio para ampliar sua teoria da realidade psíquica, amarrando a realidade a um sistema fantasmático, ou seja, a forma com que uma pessoa constitui sua realidade e sua neurose está fortemente ligada a sua fantasia fundamental. Essa concepção nos é importante, pois Lacan desenvolve a partir daí uma etapa essencial do direcionamento de uma análise.

---

[5] Freud 1910a, p. 24.
[6] Freud 1905e.
[7] Freud 1909d.
[8] Freud 1914g.
[9] Freud 1920g.

Ao mesmo tempo, em Freud, a compulsão à repetição e a noção de objeto perdido vão, aos poucos, evidenciar que o que está por trás da problemática do objeto do desejo é o vazio.

Mas há algo que ainda ganha espaço nessa questão da direção do tratamento, se tomado pela via sintomática. É bem sabido que o tratamento, desde o começo, lida com os sintomas como aquilo que é da ordem da experiência clínica. Em termos de consciência/inconsciente, pode-se dizer que o sintoma em princípio é o que se está na "superfície". A lógica do tratamento implica em um processo de desvelamento em "camadas", ou seja, o próprio processo lento, gradual e aparentemente errático da associação livre permite que aos poucos o recalcado possa aparecer, seja pela via do *insight*, seja da interpretação ou da construção.

Esse tipo de questão clínica já está presente desde o caso de Anna O., mas se torna evidente no caso do Homem dos Lobos com a concepção de uma cena/fantasia primária[10] como apontamos acima. Vejam bem: a ideia é ainda a de uma clínica focada no sintoma, mas o que se sabe é que "retirar" o sintoma implica, assim, em uma mudança que diz respeito a algo que Freud chama de "nuclear", ou seja, o complexo nuclear das neuroses (nome dado ao Complexo de Édipo antes de 1910).[11] A ideia é que há um núcleo da neurose que tem de ser "mexido", trazido à consciência para a remissão do sintoma.

Do que se trata, exatamente, essa "mexida" no núcleo neurótico, é complicado dizer ou saber. Talvez seja aí, exatamente, que Freud se refira à base rochosa [*gewachsenen Fels*] que se costuma atribuir à castração.[12]

O que entra em jogo em *O Eu e o Isso*[13] é a articulação desse núcleo neurótico com as condições da constituição subjetiva. O Complexo de Édipo e de castração – que aos poucos se tornam de grande importância teórica, pois se impõem na clínica – são elevados, ao mesmo tempo, à ideia de complexo nucleares da neurose e da constituição subjetiva.

---

[10] Freud 1918b, pp. 29-46.
[11] Freud 1908c, p. 191.
[12] Freud 1937c, p. 253.
[13] Freud 1923b.

Pode-se dizer que isso confere outro estatuto à concepção freudiana de sintoma, que passa a ser – a partir do texto do *Mal-estar na civilização*,[14] mas já esboçado antes – um efeito do próprio processo de constituição do sujeito dentro da sociedade. O que ganha destaque é que para se possibilitar a remissão do sintoma é necessária uma mudança geral na própria constituição do sujeito, ou seja, uma mudança de posição subjetiva.

Se até o momento a ideia consistia em por em consonância o Eu e o conteúdo inconsciente, Freud parece, nesse sentido, pessimista, ao postular a questão do *Mal-Estar*. Nesse texto, pensa na impossibilidade de uma adaptação plena, ou seja, uma consonância entre o social, o pulsional e o sujeito. Há sempre um resto e, ainda mais, o núcleo do sujeito é a fantasia de castração (que no frigir dos ovos, é uma modalidade fantasiosa – ficcional – para dar conta do insuportável do desamparo). O tratamento ainda visa os sintomas, mas passa a girar mesmo em torno de como lidar com esse resto não adaptado, esse mal-estar constante e inextinguível que tem como base a castração. Freud postula: não se pode avançar para além da rocha da castração, ou seja, não se avança para além da fantasia de castração.[15] A análise produz uma mudança subjetiva que faz com que o sujeito deixe seu sofrimento neurótico e lide com um sofrimento ordinário, comum, sem a carga pesada de sua neurose, mas estancado na castração.

Lacan

A vantagem de Lacan é que ele pôde partir de Freud. Em seu retorno à Freud, ele reorganiza a teoria tendo então toda a construção teórica e clínica sobre o Édipo e a castração, além dos modos de interpretação freudiana; e a partir disso constitui uma teoria das formas da experiência, em termos de registros, conhecidos como: Real, Simbólico e Imaginário.

---

[14] Freud 1930a.
[15] Freud 1937c, p. 253.

Os três registros dão conta de organizar o arcabouço conceitual e clínico de Freud, indo inclusive para as modalidades de laço social. No que tange ao conceito de Eu, conceito controverso para os pós-freudianos, pois nele recai elementos importantes da direção do tratamento, Freud oscila em termos de poder ou não dar consistência a ele, ou seja, de sustentar que a clínica deve ter o Eu e o seu fortalecimento como direção ou, ao contrário, esvaziá-lo de investimento. Lacan é taxativo: o Eu é o Outro[16] e, ainda mais, possuiu um estatuto imaginário, sendo impossível criar uma síntese do Eu. Fortalecê-lo é o mesmo que ampliar a divisão, aumentando o sofrimento neurótico ao invés de diminuir. Lacan avança conceituando as mudanças objetais a partir da ideia de falta[17] que mais tarde se configura no *Das Ding*[18], no *Agalma*[19] e, por fim, no objeto *a*,[20] objeto causa de desejo que tem em sua característica central não existir a não ser em termos de causa psíquica. Em torno do objeto se constitui a fantasia fundamental que rege a relação do sujeito com o Outro. Sobre estas concepções Lacan pensou o processo analítico. É comum se pensar etapas lógicas e não cronológicas do processo analítico, pois estas não descrevem um desenvolvimento homogêneo da análise; Leturgie, por exemplo, refere-se às seguintes etapas lógicas:

- Localização dos significantes mestres;
- Modificação do gozo;
- Aceitação da castração;
- Travessia da Fantasia;
- Extração do objeto *a*;
- Redução dos Ideais: destituição subjetiva;
- Identificação ao sintoma ou produção do sinthoma.[21]

---

[16] Lacan 1954-5, pp. 14-18.
[17] Lacan 1956-7, pp. 24-39.
[18] Lacan 1959-60, pp. 48-88.
[19] Lacan 1960-1, p. 139-151.
[20] Lacan 1961-2, lição de 24 de janeiro de 1962.
[21] Leturgie 2011, p. 107.

Assim, indo para além da rocha da castração, Lacan propõe, como um dos processos que permite o final de análise, justamente, a travessia da fantasia; o que implica, antes de tudo, a própria construção da fantasia fundamental que amarra a rede de significantes do sujeito. Se Freud chamava o Complexo de Édipo de *complexo nuclear das neuroses*, a fantasia fundamental pode ser entendida com esse mesmo estatuto, ou seja, nuclear, mas um núcleo que se articula em torno de um vazio, o objeto pequeno a. A fórmula da fantasia, bem conhecida, expõe essa condição ($<>a).

A fantasia fundamental não é acessada pela via da associação livre, ela é uma construção lógica – como Freud demonstra em "Uma criança é espancada"[22] – que será feita ao longo da análise. Ela põe em xeque o estatuto da própria fantasia e consequentemente da relação do sujeito com o Outro. O que advém daí não é um tratamento do sintoma, mas sim um reposicionamento subjetivo em que o Outro deixa de operar sobre o sujeito, que pode, assim, assumir uma posição de responsabilização em relação ao seu desejo.

É daí a ideia lacaniana de *direção do tratamento*. Em "A direção do tratamento e os princípios de seu poder", texto central sobre a proposta analítica de Lacan, ele é categórico ao afirmar que o analista dirige o tratamento, mas não dirige o analisando.[23] Isso diz respeito à posição do analista que permite dar condições de análise. Não se assume a posição de mestria, mas se mantém na posição de falta-a-ser, furo, na posição de semblante de objeto *a*.[24] O que o analista faz, principalmente na análise dos neuróticos e perversos (pois a psicose exige um estudo outro e mais aprofundado), é a desmontagem das fantasias, evidenciando o furo e podendo, em determinado momento, extrair o objeto *a*.

Já a destituição subjetiva (que Lacan conceitua cronologicamente depois da travessia da fantasia) implica a desmontagem dos

---

[22] Freud 1919e.
[23] Lacan 1958, p. 592.
[24] Lacan 1969-70, p. 40.

significantes-mestres, que advêm do Outro, operando como ficção de determinação do sujeito. O que acontece na destituição subjetiva é a própria desmontagem do Eu e, consequentemente, do Outro, bem como da possibilidade de um sentido fixo para dizer de si.[25]

Em termos do saber, o que muda não é que o sujeito deixa de operar a partir do saber, mas a relação do sujeito com o saber se modifica. Não se trata de chegar a uma verdade absoluta, até a uma verdade da verdade, mas de que se esteja avisado da inconsistência do saber e, até mesmo da inconsistência da verdade. O sujeito opera a partir do saber (pois dele não nos livramos), mas o saber já não tem mais valor de verdade. Disso resulta que uma análise passa pelo levantamento do saber e, consequentemente, pelo drama familiar que opera como uma ficção com valor de verdade, constituindo uma suposição de determinação. Não se livra do seu saber, mas se deixa cair seu valor de verdade, revelando-se a verdade da indeterminação. Quando isso se opera, a dimensão moebiana do Eu/Outro pode colapsar.

Não se pode dizer que a destituição subjetiva seja um momento na análise, mas sim um processo. Ao longo da análise se é destituído para aos poucos se chegar a uma destituição que inclui, também, o analista. A travessia da fantasia torna-se elemento que possibilita a destituição subjetiva.

Mas, e desse ponto? E feita a travessia da fantasia e a destituição subjetiva, termina-se a análise?

Em mais de uma vez, um colega winnicottiano (que estuda Lacan) insiste em debater a possibilidade de "simbolizar por completo o Real". A tese é a seguinte: Lacan não estava atento à ideia de uma falha ambiental primitiva e nem à possibilidade de se ter como tática a técnica da *regressão*, como pensada por Winnicott (que não se pode confundir com o conceito freudiano de regressão). O que pudemos entender da regressão nesse sentido (e correndo o risco de estarmos equivocados)

---

[25] Lacan 1967, pp. 248-264.

é dar condições ao analisando de regredir a uma posição em que se depara com a falha ambiental (aqui presentificada pela falha do analista) e que ao contrário do momento em que essa falha ambiental foi experimentada e ficou congelada, o analisante pode agora dizer de sua raiva diante dessa falha e o analista justamente não interpreta e nem rebate: o analista suporta (no duplo sentido da palavra).

Não iremos entrar no mérito dessa técnica: o que nos importa aqui é o erro conceitual dentro da epistemologia da teoria lacaniana. É da base da própria teoria, desde a ideia freudiana de mal-estar e depois da concepção lacaniana de Real, de que há um resto não simbolizável como efeito da estruturação psíquica. Daí que objetivar a simbolização plena, dentro da teoria lacaniana é o que chamamos de "dar murro em ponta de faca" ou "tapar o Sol com a peneira". Não funciona! Mas daí surge um problema: como constituir uma clínica que não seja nem do cinismo (posição de defesa diante do Real, pautado no fortalecimento do Eu) e nem do conformismo, uma clínica do niilismo?

O que Lacan propõe é certa inversão dos negativos. Antes da análise, o sujeito neurótico negativiza o gozo e entende o sintoma como forma de sofrimento. O Real e o furo que esse efetua nos outros dois registros também são negativizados. Essa negativização é uma posição subjetiva que engendra uma modalidade de sujeito. A ideia lacaniana não é dar condições de um sujeito forte que se possa manter apartado daquilo que é negativizado: ao contrário, trata-se de fazer algo com isso, o que Lacan diz ser um *savoir-y-faire avec*.[26] Pode-se dizer que o sujeito destituído se reconstitui a partir do seu sintoma, o que Lacan chama de identificação com o sintoma[27] (em oposição à identificação com o Eu do analista). Trata-se de um saber fazer com o sintoma: chegar ao "Eu sou" que não seja um semblante. A identificação já não está pautada no Outro, nas identificações imaginárias, mas em algo que é próprio do sujeito.

---

[26] Lacan 1976-7, lição de 16 de novembro de 1976.
[27] Lacan 1976-7, lição de 16 de novembro de 1976.

As três possibilidades de uma análise

Dissemos no começo sobre a questão da direção do tratamento poder conduzir a lugar algum, ou pior. Podemos falar que dependendo de como se dirige uma análise, teremos consequências que não são exatamente o que se espera de um fim de análise. A título de exemplo, pensamos três "posições" de final de análise e algumas ilustrações nesse sentido.

A posição niilista

Para pensarmos a posição niilista, iremos nos valer do filme *Gravidade*, de 2013. A personagem da atriz Sandra Bullock pode ser tomada como um exemplo de duas possibilidades de mudanças subjetivas. O filme se passa no espaço em sua grande parte e isso nos interessa, pois entra em jogo a questão da improbabilidade, do impossível de se controlar, daquilo que escapa... que Lacan bem nomeia como o Real. Pois o espaço é uma representação cinematográfica do Real, justamente por sua alta chance de produzir uma situação incontrolável e, em geral, fatal. E é disso que o filme trata, do incontrolável, do imponderável.

A personagem se chama Ryan Stone. Está no espaço e lida com ele a partir do medo, forma esperada diante dos riscos que corre. Isso contrasta com o astronauta veterano, Matt Kowalski (interpretado pelo ator George Clooney) que parece bem à vontade, mesmo em um ambiente inóspito como aquele. Cada um dos personagens tem, para nós, uma importância designatória específica: se Stone lida com o Real a partir de uma modalidade melancólica e niilista, Matt é o exato inverso, trata o Real de forma irônica sem, contudo, subestimá-lo.

A improbabilidade se dá, no filme, a partir de dois polos: diante do imaginário de uma escola infantil americana, na qual estava a filha de Stone, e a suposição de que "temos tudo sobre controle"; esta filha morre ao bater a cabeça num acidente banal na escola, coisa que a personagem qualifica como "uma besteira", mas também como "é o pior que pode acontecer". O outro polo é o da impossibilidade estatística de se sobreviver a uma situação como a que Stone está, no espaço, submetida.

Ryan Stone está presa a certa posição niilista, conformista e melancólica. É curioso, pois a problemática do desamparo e da imponderabilidade está ali, e pode-se inclusive supor a inoperância do Outro. Stone pode se encaixar em alguém que faz a travessia da fantasia, mas opera a partir de um sintoma (sem h) como amarração. O conformismo e certa espera, que implica num ciclo repetitivo (trabalho-casa-carro), são seu cotidiano. Ou seja, temos aí uma alteração subjetiva que desfaz laço social. Podemos pensar que assim é também um final de análise, coisa com que Lacan parece se ver às voltas ao conceituar a problemática da falta. Até o seminário VII, Lacan parece caminhar para a ideia de um final de análise niilista, ao estabelecer formas de inscrição da falta.

A posição cínica

Temos uma segunda modalidade que pode acarretar determinadas direções de tratamento: a posição cínica. Esta, numa análise, é produzida pela queda do Outro sem, contudo, advir o eu ético, mas sim o Ego. Essa distinção é bem-posta por Sonia Alberti em seu livro sobre a adolescência.[28] Ao discutir o projeto terapêutico da perspectiva da Psicologia do Ego, que busca tornar "forte" o Ego, Alberti relembra a interpretação de Marie Bonaparte à conhecida expressão de Freud, *Wo Es war soll Ich werden*, que ela verte para "*o Ego deve desalojar o Id*". Ora, isso é reforçar um Ego que já é excessivamente forte[29] e daí, em última instância, reforçar a neurose.

---

[28] Alberti 2009, pp.118-125.
[29] O Ego, como instância psíquica, é o ponto de investimento da libido, situação que Freud chama de Narcisismo (primário ou secundário). Trata-se de um Ego que se projeta para o futuro como pleno (Ideal de Ego) e que se defende diante da invasão da pulsão, das cobranças do Supereu e das exigências da realidade exterior. A questão é que um Ego defensivo implica um Ego em estado de alerta, protegendo-se. A neurose, e o sofrimento decorrente dela, situa-se muito mais no excesso de proteção do que em relação àquilo de que se protege: nesse sentido, quanto mais forte o Ego se configura, quanto mais investido libidinalmente, mais a neurose se amplia.

O erro da Psicologia do Ego e suas variações é confundir Ego e Eu, coisa que Alberti faz questão de separar, a partir de Lacan. A direção do tratamento não seria a do fortalecimento do Ego, mas, ao contrário, a sua destituição. Alberti diz:

> Essa direção [do tratamento para Lacan] sugere a destituição subjetiva, isto é, a queda do ego que se quer senhor de tudo, de modo que o eu passe a dever ser ali onde, até então, desconhecia sua própria existência. Trata-se, em outras palavras, do dever ético em que o sujeito é e age conforme o que tem de mais singular.[30]

Assim, a posição cínica remete ao fortalecimento do Ego na destituição do Outro, o que conduz a uma ética individualista. Se não há Outro, pode-se gozar. Além de cínica, essa posição, ao invés de diminuir a alienação neurótica a sustenta ainda mais, promovendo uma suposição de gozo pleno e de unidade impossível. A citação de Alberti remete à ideia do Eu como sujeito e põe em cena a questão ética do sujeito que age conforme sua singularidade. Contudo, ao contrário do cínico, essa é uma ética que sustenta o laço: o Eu como sujeito, possível na destituição subjetiva (do Ego e do Outro), traz à tona a possibilidade da singularidade, concernida dentro de certo campo de impossibilidade, ou seja, de um sujeito em quem está posta a questão da sua singularidade e se este está avisado do Real, podendo assim o Eu ocupar a condição de agente.

A singularidade pelo lado imaginário pode não tender à unidade social, mas a uma unidade egoica, alienante e individualista, ampliando uma ética cínica e neurotizante. Isso posto, essa modalidade da singularidade se aproxima das formas subjetivas discutidas em alguns textos,[31] apontando para uma tendência da constituição de uma subjetividade narcisistas na atualidade.

---

[30] Alberti 2009, p. 121.
[31] Cf., por exemplo, Santi 2005, p. 173-204, que faz um apanhado dos textos sobre essa problemática.

A psicologia do Ego, no sentido que vimos acima, pode dirigir o tratamento para a produção do sujeito narcisista e dessa maneira "adaptado" à suposta subjetividade da contemporaneidade dos moldes propostos.

A posição irônica/cômica

Falamos acima de Matt Kowalski, personagem de George Clooney em *Gravidade*. Kowalski, como Stone, sabe muito bem do risco de morte constante que paira sobre eles naquela situação; mas, diferente de Stone, Kowalski lida com o perigo não de forma inconsequente, mas sim avisado, subjetivamente, que não há Outro e muito menos Outro do Outro. Resumindo: não há garantias e nem cabelos em que se pode segurar.

Portanto ele age a partir do que tem, sustentando diante do desamparo não um conformismo (niilista) e nem um desdém (cínico), mas uma posição irônica, que não se desmonta diante do Real, mas cria instrumento para saber fazer aí com o Real. Esta posição implica a constituição de algo que faz outra modalidade de amarração que não mais o sintoma (sem h) ou a fantasia: o sinthoma (com h), que implica pura criação em torno do vazio, mas sem as amarraras do Outro.

No texto "O aturdido", Lacan aponta quais saberes o analisando está avisado no final de análise:[32]

> a) Sobre o sexo. Não há relação sexual! Trata-se aqui de um efeito da travessia da fantasia. Toda fantasia se constitui em torno de sustentar a existência da relação sexual, da possibilidade do gozo pleno; no entanto, o saber que está posto no final de análise é o da inexistência desse gozo. Isto opera, inclusive, na queda do Ideal de Eu. Contudo, o sujeito deixa de operar no sentido do gozo pleno, para poder fazer algo com seu gozo, sempre parcial;

---

[32] Lacan 1972, p. 489. Aqui nos valemos da interessante análise que Sandra Kruel faz dessa passagem em Kruel 2007.

b) Sobre a significação. Toda significação provém da fantasia: não há forma de significar algo que não seja medida pela fantasia. Depois da travessia da fantasia, o sujeito está avisado que a fantasia não oferece nenhuma consistência; não há uma medida infalível que ofereça um saber que seja uma verdade;

c) Sobre o sentido. Ele não é sério, é cômico. Ou seja, todo sentido é, no fundo, pautado pelo sem sentido, evidenciado pelo pastelão, por exemplo. Jerry Lewis e Jim Carrey são bons exemplos da transformação do sério em cômico, mas talvez o mais forte destes no cinema seja o Dr. Fantástico, de Stanley Kubrick, a única comédia sobre o fim do mundo: "Nada pode ser dito 'a sério' (ou seja, para formar limite de série) senão extraindo sentido da ordem cômica".[33]

Conclusão

Assim, em todas as modalidades analíticas de Lacan, o que se busca é a destituição subjetiva, a identificação com o sintoma e a construção do sinthoma, ou seja, no processo criativo do sujeito que esteja destacado do Outro (quando possível) e que, portanto, seja da ordem de uma singularidade não passível de normatividade. O sinthoma permite, como Lacan frisou em diversos momentos de seu seminário 23, fazer amarração dos registros e ao mesmo tempo dá condições de gozar do inconsciente de forma circunscrita, não mais um gozo avassalador e mortífero. Temos a ideia de certa posição irônica, no sentido quase socrático, de se localizar a partir do não saber e fazer algo com isso: temos aí a direção do tratamento.

---

[33] Lacan 1972, p. 489.

Referências

Alberti, S. (2009). *Esse sujeito adolescente*. Rio de Janeiro: ContraCapa.
Dunker, C. I. L. (2000). Clínica, linguagem e subjetividade. *Revista Distúrbios da comunicação*, XII (1), pp. 39-43.
Freud, S. (1900a). *A Interpretação dos Sonhos. Obras completas de Sigmund Freud*. Buenos Aires: Amorrortu Editores. (AE) Volume 4.
Freud, S. (1905e). Fragmento de análisis de un caso. AE Vol. 7.
Freud, S. (1908c). Sobre las teorías sexuales infantiles. AE 9.
Freud, S. (1909d). A propósito de un caso de neurosis obsesiva. AE 10.
Freud, S. (1910a). Cinco conferencias sobre psicoanálisis. AE 11.
Freud, S. (1914g). Recordar, repetir y reelaborar. AE 12.
Freud, S. (1918b). De la historia de una neurosis infantil. AE 17.
Freud, S. (1919e). Pegan a un niño: contribución al conocimiento de la génesis de las perversiones sexuales. AE 16.
Freud, S. (1920g). Más allá del principio de placer. AE 18.
Freud, S. (1923b). El yo y el ello. AE 19.
Freud, S. (1930a). El malestar en la cultura. AE 21.
Freud, S. (1937c). Análisis terminable e interminable. AE 23.
Freud, S. & Breuer, J. (1895d). Estudios sobre la histeria. AE 2.
Kruel, S. (2007). Final de Análise. *Reverso*, 29 (54), pp. 89-94.
Lacan, J. (1954-5). *O seminário, livro 2: o eu na teoria de Freud e na técnica da psicanálise*. Rio de Janeiro: Zahar.
Lacan, J. (1956-7). *O seminário, livro 4: a relação de objeto*. Rio de Janeiro: Zahar.
Lacan, J. (1959-60). *O seminário, livro 7: a ética da psicanálise*. Rio de Janeiro: Zahar.
Lacan, J. (1960-1). *O seminário, livro 8: a transferência*. Rio de Janeiro: Zahar.
Lacan, J. (1961-2). *O seminário, livro 9: a identificação*: Não publicado.
Lacan, J. (1969-70). *O seminário, livro 17: o avesso da psicanálise*. Rio de Janeiro: Zahar.
Lacan, J. (1976-7). *O seminário, livro 24: L'insu que sait de l'une-bévue s'aile a mourre*. Não publicado.

Lacan, J. (1998). *Escritos*. Rio de Janeiro: Zahar.
Lacan, J. (2003). *Outros Escritos*. Rio de Janeiro: Zahar.
Leturgie, E. (2011). Pase y fin de análisis: ¿Qué urgencia puede ligar-los? *Revista da Asociación América Latina Norte, 2*.
Santi, P. L. R. (2005). Consumo e desejo na cultura do narcisismo. *Revista Comunicação, Mídia e Consumo, 2* (5), pp. 173-204.

CAPÍTULO 8

Os objetivos do tratamento psicanalítico: historicidade e polifonia
Gilberto Safra

O campo psicanalítico é vivo e dinâmico, o que significa que o conhecimento psicanalítico, tanto teórico como clínico, está em contínua transformação e expansão. Nessa perspectiva quero explicitar um tópico fundamental, que Freud apresentou por meio de suas contribuições e que considero importante pela sua dimensão ética, tanto do ponto de vista do trabalho clínico quanto do corpo teórico psicanalítico: a vocação *apofática*[1] da psicanálise.

No texto *"Análise terminável e interminável"*,[2] encontramos a explicitação de que o horizonte psicanalítico é fundamentalmente "devir". Claro que há um momento em que o processo psicanalítico será, eventualmente, interrompido, mas ele é sempre devir. Essa é uma posição fundamental da situação clínica, do campo psicanalítico e da subjetividade humana.

Não há uma saturação do conhecimento psicanalítico, tampouco do processo de devir inerente a esse campo. Há, sim, uma contínua abertura em direção ao porvir, na busca do que necessita ser posicionado, problematizado e respondido historicamente. O campo psicanalítico é vivo, dinâmico e orgânico, assim como é a subjetividade humana.

Ao longo da história do movimento psicanalítico, houve a contribuição de diferentes autores-psicanalistas que buscaram investigar e responder às questões fundamentais da condição humana e abordar

---

[1] O *apofático* refere-se à abordagem racional de um objeto de conhecimento por meio de negações, o que posiciona o horizonte de conhecimento em um registro de não saturação e de transcendência continuamente mantida.
[2] Freud 1937c.

a subjetividade humana em interface com o mal-estar cultural, a cada momento da história. Embora possamos considerar cada uma dessas contribuições fecunda, esse fato não nos exime de nos mantermos em investigação analítica a cada momento da história, para conduzirmos a situação clínica respondendo ao modo como determinado contexto histórico afeta a subjetividade de nossos analisandos.

A cada momento da situação clínica, embora tenhamos princípios fundamentais que nos orientam em nossa prática, necessitamos reinventar o dispositivo clínico analítico com cada analisando. Perspectiva demandada não só pela singularidade do analisando, mas também, pelo fato de que o processo analítico, que está sendo conduzido, ocorre em um determinado momento histórico, com particularidades próprias. Como clínicos, somos demandados a responder analiticamente às singularidades desses fenômenos.

Por meio da condução de diferentes situações clínicas, conduzidas ao longo dos anos, foi-me possível reconhecer a genialidade de Freud ao apresentar o método psicanalítico. É lugar comum afirmar que a psicanálise oferece uma terapêutica, um método de investigação e uma metapsicologia; mas considero, em acréscimo às afirmações acima, que é no método psicanalítico que devemos reconhecer o elemento nodal do trabalho clínico e da construção teórica em psicanálise. Ao longo da história a profundidade e a especificidade do método foram reconhecidas por diferentes psicanalistas.

O método psicanalítico é constituído de alguns fatores, que gostaria de explicitar com o objetivo de abordar a questão dos objetivos do tratamento psicanalítico. Um ponto genial da contribuição de Freud é o fato de que o método psicanalítico é sintônico às características da subjetividade humana. Ambos ocorrem como devir, ambos têm horizonte apofático.

Um elemento importante do método psicanalítico é o eixo do fenômeno transferencial-contratransferencial, presente na situação clínica. As diferentes escolas posicionaram-se de modos distintos diante desse fenômeno, no entanto, os diferentes autores o reconheceram como um dos eixos fundamentais do método. A discussão sobre o campo transferencial foi se adensando e ganhando complexidade ao longo do tempo.

No início da prática psicanalítica, houve grande ênfase no fenômeno transferencial, como elemento primordial da situação clínica, mas nos anos cinquenta apareceu grande número de textos que buscam discutir o fenômeno da contratransferência. A ênfase cada vez maior da importância do fenômeno contratransferencial na situação clínica levou ao reconhecimento da intersubjetividade, como dimensão fundamental constitutiva da experiência humana.

A partir da década de sessenta, observa-se o aparecimento de trabalhos que consideraram o fenômeno da transferência-contratransferência e da intersubjetividade como um "lugar" que possibilitaria um novo acontecimento. Ele foi abordado por diferentes autores, como espaço do "entre".[3] Essa perspectiva é importante, pois, podemos encontrar esse tipo de contribuição não só no campo psicanalítico, mas em outros campos do conhecimento, tal como na antropologia, na fenomenologia, dentre outros. Essa perspectiva, reconhecidamente, possibilitaria um acontecimento de outra ordem, pois transcenderia a subjetividade das pessoas envolvidas no evento, constituindo um terceiro fenômeno que ressituaria a subjetividade de cada uma das pessoas envolvidas no processo.

É interessante notar como as discussões sobre os fenômenos da transferência e da contratransferência ganharam complexidade e aprofundamentos ao longo do tempo.

Em um primeiro momento na história da psicanálise ocorreu a compreensão de que a situação clínica possibilitaria a ressignificação da história do analisando, em decorrência do desvelamento dos elementos reprimidos de sua interioridade. Seguiu-se, posteriormente, a compreensão de que a situação clínica possibilitaria um evento constitutivo, que inauguraria nova possibilidade de ser do analisando. A fecundidade da experiência da situação clínica ampliou-se com as contribuições dos diferentes autores ao longo da história.

---

[3] Winnicott 1953c; Green 1972; Ogden 1994.

Com o objetivo de reconhecer a fecundidade decorrente das diferentes contribuições realizadas por psicanalistas ao longo do tempo, proponho considerar essa produção por meio dos conceitos de *dialogismo* e *polifonia* de Bakhtin:

> no fato de que as vozes, aqui, permanecem independentes e, como tais, combinam-se numa unidade de ordem superior à homofonia. E se falarmos de vontade individual, então é precisamente na polifonia que ocorre a combinação de várias vontades individuais, realiza-se a saída de princípio para além dos limites de uma vontade. Poder-se-ia dizer assim: a vontade artística da polifonia é a vontade de combinação de muitas vontades, a vontade do acontecimento.[4]

Nessa perspectiva, as diferentes contribuições dos diferentes autores são importantes a fim de que possamos conduzir o processo psicanalítico sem redução de sua complexidade e, do mesmo modo, compreender a subjetividade humana como composta de inúmeras áreas do inconsciente.

As escolas em psicanálise, com frequência, têm concepções de angústias muito peculiares, têm diferentes concepções de como a análise deve ser conduzida, tratam de facetas que cada uma delas considera como a mais significativa da experiência humana, etc., mas é necessário reconhecer que cada uma delas respondeu a um horizonte sociocultural que ocorreu em determinado momento histórico.

É frequente o fenômeno no qual uma determinada escola se afirma como se exercesse a verdadeira ou a mais fecunda modalidade de psicanálise. Perspectiva mítica complicada, por ser este um posicionamento antipsicanalítico, pois corrompe a ética apofática inerente à psicanálise.

Algo que me parece significativo é a possibilidade de reconhecer que cada uma das escolas de psicanálise respondeu a determinada situação sociocultural, e desvelou aspectos fundamentais da condição

---

[4] Bakhtin 1963, p. 23.

humana. Cada uma delas explicitou áreas, regiões do inconsciente. Claro está que ao fazer esse tipo de colocação estou assinalando que não me parece que as diferentes escolas estariam, simplesmente, fazendo teorizações sobre a interioridade humana. Do meu ponto de vista, cada uma delas tem seu corpo teórico, mas faz também contribuição para o conhecimento de determinada região da interioridade humana. Nessa perspectiva, temos acesso a complexidade do inconsciente, por meio das diferentes contribuições.

Freud apresentou o seu método, respondendo a uma sociedade que colocava a questão da sexualidade nos bastidores, em decorrência da moralidade hegemônica existente naquela época.

Melanie Klein fez importante contribuição ao campo psicanalítico, a partir de seu trabalho analítico com crianças. No entanto, é interessante observar que em seu pensamento surgiu a necessidade de tematizar a potencialidade destrutiva do ser humano. Perspectiva fundamental em uma época na qual ocorria a Segunda Guerra Mundial e a situação do Holocausto. Klein contribui, com sua obra, para a investigação e problematização do potencial destrutivo do ser humano.

Na década de cinquenta e sessenta, houve um predomínio, principalmente no mundo inglês, da compreensão da importância para a subjetividade humana das relações objetais. Não se pode deixar de reconhecer que a explicitação da importância das relações objetais ocorreu paralelamente ao processo de destituição das relações humanas por meios econômicos e pela criação de hiper-realidades, decorrentes de excesso de abstrações na abordagem da vida humana. Dessa situação, emergiu a contribuição de Winnicott. Podemos, de certo modo, reconhecer que a contribuição desse autor ocorrreu diante de um mundo (no qual houve um excesso de especializações) que destituía o saber tácito das mães sobre a experiência humana.

A partir dos anos setenta, com o pensamento de Lacan, Bion e do próprio Winnicott, tivemos uma contribuição cada vez mais direcionada para a região do inconsciente não representacional. Devido a esses autores houve uma compreensão mais complexa da interioridade humana, e, ocorreu, em nosso tempo, a explicitação da inquietude do ser humano diante do que podemos denominar a dimensão originária da condição humana, dimensão existente no campo da experiência não representacional. O horizonte sociocultural no qual estes autores se posicionaram foi o mesmo que de outros autores, de diferentes áreas das ciências humanas, assinalando a importância da experiência humana para além do registro das representações. Essa perspectiva de trabalho buscou resgatar a experiência humana do excesso de representação e da funcionalidade presente na situação cultural, naquele momento da história.

Desse modo, observa-se que cada autor, com sua obra, responde à situação problemática num campo sociocultural específico que afeta, de modo peculiar, o modo de subjetivação das pessoas. Nesse processo, podemos reconhecer que cada um dos autores explicitou diferentes facetas da condição humana, diferentes regiões do inconsciente humano e diferentes modos de subjetivação decorrentes de um dado momento histórico.

Nesse horizonte de discussão, não penso que uma escola de psicanálise supere as outras. Em meu modo de ver, cada uma delas traz uma contribuição que precisa ser considerada e que nos permite realizar uma cartografia do inconsciente, pela qual podemos ter uma compreensão da complexidade do fenômeno do inconsciente.

Os objetivos do tratamento psicanalítico foram explicitados na origem da psicanálise, mas foram reposicionados ao longo do tempo, em decorrência da complexidade que emergiu no campo experiencial do ser humano, no transcorrer da história. Se a cada momento histórico observou-se o aparecimento de diferentes modalidades de subjetivação e de modos de sofrimento humano, podemos então reconhecer que cada momento histórico demanda diferentes objetivos do tratamento psicanalítico.

Na atualidade, por exemplo, tenho observado a ocorrência de outro tipo de mal-estar, que nos demanda novas respostas analíticas. Necessitamos nos situar para além da questão da sexualidade, da destrutividade, do não-representacional, ou mesmo do originário. Hoje, a questão da singularidade demanda maior atenção dos psicanalistas.

Se no início da psicanálise tínhamos um ocultamento da dimensão da sexualidade do ser humano, na atualidade temos uma situação sociocultural na qual há uma determinação do "Mesmo" veiculada pelo mundo digital. Há uma hipertrofia da determinação tecnológica do horizonte existencial humano, de modo que observamos um tipo de organização social na qual as pessoas não devem ter rostos próprios, devem ser clones umas das outras. A psicanálise é chamada a posicionar-se em meio a um mundo no qual há uma forclusão da singularidade e há também tentativa de abolir o sofrimento humano. O ego ideal, na atualidade, é vir a ser um ente virtual para quem o sofrer é vergonhoso. Nesse tipo de situação, a pessoa necessita algo de fundamental no espaço da interpessoalidade oferecida pela situação clínica: a experiência do testemunho. O analisando demanda que o analista testemunhe a sua dor e lhe possibilite ter rosto. O sofrimento testemunhado fala a verdade da condição humana e manifesta a vocação daquele que sofre.

O sofrer humano é visita da verdade. De modo que aquele que tem o seu sofrimento testemunhado é falado pela sabedoria da condição humana. Perspectiva significativa, que demanda que o analista honre o sofrimento de seu analisando, sem minimizá-lo ou reduzi-lo, reconhecendo-o e testemunhando-o. O sofrimento nesse contexto pode vir a ser portado pelo analisando, para poder vir a destiná-lo à comunidade humana.

Grande parte dos analisandos, que chega para a análise na atualidade, busca o rosto próprio. Demanda de que seja possível o resgate do que foi destituído: o rosto! O rosto emerge da dor oculta que não pode ser reconhecida e, portanto, não pode se manifestar.

No mundo contemporâneo não se pode falar de uma superação de uma escola pela outra, mas estamos sim todos reunidos por meio da *ética psicanalítica*, para investigar e discutir a situação humana com toda a sua complexidade.

A polifonia está presente na situação clínica por meio da multiplicidade de vozes que aparecem na sessão em psicanálise. Nela ocorre não só as vozes do analista e do analisando, mas também as diversas vozes provindas da interioridade de cada um dos participantes da situação clínica, e da participação das diversas vozes que, historicamente, constituíram o campo psicanalítico, possibilitando que algum evento significativo possa acontecer, produzindo transformações e constituições fundamentais da subjetividade humana.

O campo clínico é um lugar de coexistência de alteridades, de diferentes vozes que se tecem constituindo um novo evento e novas possibilidades de subjetividades. A situação clínica possibilita tessitura de diferentes vozes, na qual ocorrem novas significações, novas constituições, novas modalidades de ser e novos horizontes no campo da psicanálise.

Referências

Bakhtin, M. (1963). *Problemas da poética de Dostoiévski*. Rio de Janeiro: Forense Universitária, 2008.
Freud, S. (1937c). Analysis Terminable and Interminable. SEB 23.
Green, A. (1972). Notes sur le processus tertiaires. In *Propédeutique. La métapsychologie revisitée* (pp. 151-155). Seyssel: Editions Champ Vallon.
Ogden, T. (1994). *Subjects of Analysis*. Northvale – New Jersey: Jason Aronson, 1994.
Winnicott, D. W. (1953c). Objetos transicionais e fenômenos transicionais. In *O brincar e a realidade*. Rio de Janeiro: Imago, 1975.

Este livro foi composto em
Adobe Caslon Pro
e impresso em Lux Cream 80 gr.
pela Paym Gráfica e Editora
em março de 2020.